LA
VIERGE D'ARDUÈNE;

TRADITIONS GAULOISES.

DE L'IMPRIMERIE DE BAUDOUIN FILS,
RUE DE VAUGIRARD, N° 36.

*Dolmin, près de Gisors, Dépt de l'Oise
dessiné d'après nature, par C. Lef...., Éditeur
en 1820.*

La Vierge d'Arduène,
Traditions Gauloises,
ou
Esquisse des Mœurs et des Usages de la Nation, avant l'Ère Chrétienne.

Par Madame Élise Voïart.

Idoïne à la fontaine.

Paris,

Chez { Bataille et Bousquet, Libraires, Palais Royal, Galeries de Bois, N.° 246 et 247. — Brunot Labbe, Lib.re de l'Université, Quai des Augustins.

1821.

A MONSIEUR
LE COMTE DE SÉGUR,

PAIR DE FRANCE, MEMBRE DE L'ACADÉMIE FRANÇAISE, ETC.

Monsieur le Comte,

C'est à la faveur de votre nom, de ce nom si éminemment français, qu'une femme ose publier un ouvrage inspiré par l'amour national. Ce pur motif ne suffirait point pour rassurer le timide auteur, si vous ne l'aviez encouragé vous-même en acceptant l'hommage de son travail : ce suffrage flatteur donnera du prix à la Vierge d'Arduène ; puisse l'intérêt qu'elle fera naître, justifier celui dont vous daignez honorer l'auteur !

ÉLISE VOÏART.

INTRODUCTION.

Des peuples généreux virent dans la beauté
Un emblême vivant de la Divinité;
Dans les sons de sa voix, ou propice ou funeste,
Les Celtes entendaient la volonté céleste,
Et, prêtant à la femme un pouvoir plus qu'humain,
Consacraient les objets qu'avait touchés sa main. »

LEGOUVÉ.

Frappée de l'influence secrète qu'exercent encore les femmes sur les mœurs et les habitudes de notre nation, j'ai voulu en rechercher la cause, sans autre motif, d'abord, que celui de satisfaire ma curiosité. J'ai cru reconnaître que cette influence était fondée sur des principes religieux, évanouis, à la vérité, dans le vague des siècles, mais dont les souvenirs s'étaient conservés à l'aide des traditions populaires. « Les Gaulois ainsi que les Ger-

» mains attribuaient à leurs femmes quel-
» que chose de divin, » dit Tacite. Cette croyance, que l'histoire atteste, était due au sentiment le plus doux, à la reconnaissance que ces peuples chasseurs et guerriers avaient vouée à celles qui, partageant avec eux tous les travaux de leur vie sauvage, élevaient leur robuste enfance, pansaient leurs blessures et consolaient leur vieillesse. Les marques de respect les plus éclatantes furent la récompense de ces touchantes vertus. D'un commun accord, les Gaulois remirent entre les mains de leurs prudentes et belliqueuses épouses les balances de la justice et le glaive des lois (*a*). Des siècles s'écoulèrent ainsi ; ce furent ceux de la gloire gauloise. Bientôt un pouvoir sanguinaire s'approcha, par degrés, du trône où l'amour national avait placé les femmes, et finit par l'envahir. Ce sexe faible ne put y résister, et lui-même, cédant aux

---

(*a*) Plutarque, *OEuvres morales*, page 331.

prestiges de la terreur, il courba la tête sous le joug des druides.

Cependant la reconnaissance et l'amour ne s'éteignirent point dans le cœur du peuple celte ; partout il chercha à diviniser les objets de son affection. Les rochers, les torrens, les fontaines, les sources salutaires, furent placés sous l'invocation des vierges. Cette douce superstition, par laquelle un peuple entier rendait un secret hommage aux *femmes bienfaisantes*, aux *mères-déifiées*, subsiste encore de nos jours, et le culte de la vierge-mère a succédé à celui des vierges gauloises.

Après l'extinction des druides, les femmes retinrent long-temps la couronne de chêne et la serpe d'or, symboles de la religion de Teutatès ; le pouvoir magique de jeunes et belles druidesses prit la place de celui des redoutables semnothées, dont l'aspect sévère portait partout la crainte et l'effroi. Bientôt parut une religion nouvelle, dont le génie tendre, grave et mélancolique, devait naturellement charmer ces peuples. Ce culte bienfaisant dut à Clotilde sa splendeur, et renversa pour jamais les sanglans autels de Hésus. Toutefois cette révolution ne put bannir de l'esprit des Gaulois les souvenirs de leurs divinités chéries. La croyance aux fées, à des êtres mystérieux, habitant les lieux secrets des forêts, les puits profonds, les fontaines limpides et les antres des rochers, divinités dont l'amour ou la haine étaient également redoutables, remplaça, chez ce peuple, la crainte et la vénération qu'il portait à ses druidesses.

Les siècles d'ignorance, siècles marqués par le malheur et l'abaissement des femmes, s'écoulèrent avec lenteur. La lumière parut enfin : avec elle le culte des graces reprit son empire. Plus les mœurs s'améliorèrent, plus le sort des femmes s'adoucit. Il semble que leur prospérité, attachée à celle de la patrie, soit destinée à en marquer les phases successives. De leurs vices ou de leurs vertus dépendent le malheur ou la gloire de leur nation. Lorsqu'on cherchait à les corrompre, l'État penchait sur le bord de l'abîme ; depuis que des philosophes, amis de la nature, leur apprirent à être épouses et mères, le respect, la vénération les accompagnent; et les hommes qui leur doivent la vie, déjà dignes d'elles par leurs vertus, illustrent leur patrie et assurent sa prospérité.

Les nombreux extraits que nécessitèrent mes recherches prirent naturellement une forme, et il me fallut peu de chose pour les lier entre eux ; je choisis une époque dans l'histoire, celle du commencement du règne d'Auguste, alors que son fils adoptif résidait à Lyon. Cette époque, qui répond à l'année 735 de Rome, ou 16 ans avant l'ère chrétienne, m'était nécessaire, afin de pouvoir peindre à la fois les usages apportés par les Romains, et les mœurs, non encore altérées, des Gaules-Belgiques. J'imaginai ensuite une fable, et j'en plaçai le théâtre dans les vieilles Ardennes, qui ne furent qu'imparfaitement connues pendant les premiers siècles de la domination romaine. Au temps de César, des peuples tout entiers se réfugiaient dans ces vastes profondeurs où le vainqueur, malgré ses nombreux soldats et toute sa puissance, ne pouvait pénétrer. Sous les fils de Charlemagne elles furent la Thébaïde de la France, et le désert où se cachèrent au monde les pieux solitaires et les anachorètes, ce qu'atteste le grand nombre d'abbayes célèbres et d'ermitages que renfermait cette forêt. Hors des routes tracées dans ces contrées depuis deux mille ans par les armées romaines, gauloises et françaises, il est des vallées où de petites peuplades naissent, vivent et meurent sur le sol paternel. Il existe même une commune (*a*) qui, de nos jours, encore entourée de bois impraticables, n'a jamais vu, dans le cours de la révolution, une armée française ou étrangère, ni même un soldat, traverser ses hameaux.

(*a*) La Grange-aux-Pois, à huit lieues de Marche en Famène.

D'après un tel isolement, j'ai cru pouvoir supposer que le *Pagus* auquel je donne le nom de *Phaémanie*, quoique la scène ne se passe pas positivement dans le lieu qu'occupe aujourd'hui *Marche en Famène*, avait échappé au joug du conquérant des Gaules.

La croyance que les habitans de cette antique forêt conservent encore de l'existence des fées, m'a fourni le merveilleux : d'après les traditions populaires, les mystérieux ombrages de ses chênes, les bords de ses marais, les sources de ses fontaines, sont encore peuplés de la troupe aérienne des lutins, des farfadets et des fées ; c'est dans ces clairières qu'ils se rassemblent, témoins la *roche aux fées*, le *chêne aux miracles*, la *fontaine aux mères*, etc., et les vieilles complaintes qu'on chante encore dans les villages de Lorraine. D'après ces traditions j'ai feint que les fées protectrices des Gaules devaient se réunir, à certaines époques, dans les Ardennes, pour conférer sur les destins des peuples confiés à leurs soins ; ces lieux célèbres ayant été le berceau de l'empire des Francs, je ne pus résister au désir de marquer les premières traces d'un événement aussi plein d'intérêt pour nous. Selon les auteurs que je cite à l'appui de mes assertions, les Francs étaient des Gaulois sortis à diverses époques du sein de leur patrie, et qui en y rentrant obéissaient à une impulsion secrète, semblable à celle qui ramène l'abeille à la ruche mère. C'est afin de célébrer ces migrations et ce retour mémorable, que je présente mon peuple, animé du plus saint enthousiasme, préférant l'exil à la servitude, et se réfugiant chez les Sycambres, dont les forêts devaient servir d'asile à la liberté, jusqu'à ce que les siècles amenassent le jour marqué par les destins pour affranchir les Gaules du joug honteux qui pesait sur elles : tel est l'arrêt des fées gauloises.

Ce généreux effort s'effectue par le courage de Théodemir, fils d'un roi sycambre.

Les fées protègent ce jeune héros. Elles l'ont transporté, tout enfant, dans les Ardennes. Elevé par le monarque de la contrée sous un nom obscur, ignorant son origine, il combat pour la patrie qu'il croit être la sienne, et qui en effet était celle de ses pères.

Hemdal, prêtre ambitieux qui aspire à obtenir le rang d'archi-druide, vacant par la mort du souverain pontife, veut soumettre son peuple aux Romains, afin que ceux-ci appuient en sa faveur, de leur crédit et de leurs armes, l'élection qui doit se faire dans les forêts de Chartres.

La nomination des rois étant une des attributions des druides, Hemdal profite de la mort de Diciomar, roi des Ardennes, pour favoriser Isarn, jeune guerrier qu'il a corrompu et déterminé à recevoir le joug des lieutenans d'Octave.

Idoïne, fille de Diciomar, est aimée du protégé des fées et du favori du druide. Le premier l'emporte sur son rival. Les

Romains, attirés par les promesses du perfide Hemdal, sont vaincus par Théodemir ; les fées qui ont éloigné Idoïne jusqu'à l'issue du combat, la lui donnent pour épouse ; et, dans une dernière apparition, lui traçant sa conduite, elles l'instruisent des événemens qui doivent arriver avec les siècles.

J'ai tâché de renfermer dans ces bornes un peu circonscrites, toutes les traditions curieuses que les auteurs du temps et les usages de nos campagnes nous ont laissées sur ces antiques mœurs. Craignant qu'un plan plus vaste fût au-dessus de mes forces, j'ai réduit le mien à peu d'événemens ; cependant ils fournissent des tableaux assez intéressans : tels que l'assemblée des fées ; les travaux domestiques des jeunes Gauloises ; les funérailles selon les rites accoutumés ; l'arrivée d'un étranger, les soins de l'hospitalité ; la description d'un repas et des mœurs intérieures ; celle d'une assemblée religieuse convoquée au milieu de la nuit ; le retour des jeunes guerriers sur la terre de la patrie, célébré par une fête au sein des forêts; un repas guerrier et les jeux qui lui succèdent ; la description des armures et des vêtemens ; la manière dont se faisaient les présens de noces; l'élection d'un souverain; la pompe qu'étalaient les druides dans les cérémonies publiques; les chants des bardes, les coutumes des eubages, l'eau lustrale, la verveine sacrée, et l'auguste fête du gui recueilli au sixième jour de la lune, sur les chênes de Hésus; une bataille entre les Gaulois et les Romains; la victoire des premiers; détails sur leur camp ; le vainqueur élevé sur le pavois et proclamé roi des Ardennes; enfin l'apparition prophétique des trois sœurs que Divodure ou Metz adorait sous le titre de *déesses-mères*, et dont les noms mystérieux signifiaient, *le présent, le passé et l'avenir.*

Pour suppléer à l'exiguité de mon plan, et appuyée de l'autorité des meilleurs auteurs, qui assurent que les lois, les préceptes et la religion des Gaulois étaient contenus dans des vers que les disciples des druides étaient quelquefois vingt ans à graver dans leur mémoire, j'ai ajouté à ma fiction des chants dans le genre de ceux que nous ont transmis les Eddas des Scandinaves. Ainsi, le chant du Travail rappelle les industries alors existantes ; l'hymne destiné à célébrer les funérailles d'un roi pacifique, contient, selon l'usage, des préceptes de piété et de vertu ; on lira peut-être avec quelque intérêt le chant du Retour et celui de la Douleur, l'hymne d'Hercule et le bardit ou chant de Guerre (*a*).

Cet ouvrage intéressera au moins par son but ; surtout dans cet instant où une noble émulation semble animer nos compatriotes, et les engage à soulever le voile que l'insouciance et l'oubli avaient

---

(*a*) « Plusieurs des hymnes gaulois, dont les sa-
» vans ont si souvent regretté la perte, sont renfermés
» dans un poëme erse, nommé l'*Edda*. »

Latour-d'Auvergne; page 16.

jeté sur nos antiquités. Une plume élégante s'empressera sans doute de recueillir le fruit de leurs recherches. Je ne regarde cette production que comme une ébauche très-imparfaite, mais je dis avec le poëte national (a):

> On peut donner du lustre à leurs inventions ;
> On le peut, je l'essaye, un plus savant le fasse.

Je désire que mes recherches soient utiles, sinon aux érudits, au moins aux personnes qui n'auraient ni le temps ni la possibilité de feuilleter les auteurs anciens et modernes que j'ai consultés pour réunir ce dont se compose mon travail. C'est celui de dix années ; non que je l'aye écrit de suite, mais je m'en suis occupée sans cesse. Tantôt, comme l'abeille, je recueillais péniblement de quoi composer mes fragiles rayons, et tantôt j'y transportais un peu de miel amassé sur des fleurs déjà butinées.

(a) La Fontaine.

Puisse le généreux sentiment qui m'animait en traçant ces esquisses de notre gloire primitive, passer dans l'âme de mes lecteurs; alors ils me liront avec indulgence, seule faveur que j'ambitionne et que j'ose espérer de mes compatriotes.

TABLE.

Livre premier. — La clairière, les Gaules, l'oracle.   1

Livre ii. — La vierge et les travaux des femmes. . 56

— Chant du Travail. 75

Livre iii. — La mort et les funérailles. 94

— Chant de Diciomar. 99

Livre iv. — L'émissaire, le druide, l'hospitalité. 127

Livre v. — Le sacrifice nocturne, la pierre du serment. 159

— Chant de la Terreur. 166

Livre vi. — Le voyage, les chasseurs, les présens. 190

— Chant des Chasseurs. 204

Livre vii. — Le retour, le festin, les jeux. . . 228

— Chant du Retour. 229

Livre viii. — La douleur, l'espoir, l'évocation. . 263

— Chant de la Douleur. 271

— Chant de l'Amant. 276

Livre ix. — L'œuf anguinum, les pompes religieuses, l'assemblée du peuple. 291

— Chant d'Hercule. 301

Livre x.—Le combat, la victoire, les Gauloises. 328
—Bardit (chant de la Guerre). 334
Livre xi.—L'apparition, l'avenir. 356
Livre xii. — La résolution, le départ, l'adieu. . 394
—Chant de l'Adieu. 410

LA

VIERGE D'ARDUÈNE,

TRADITIONS GAULOISES.

LIVRE PREMIER.

La Clairière ; — Les Gaules ; — L'Oracle.

La Gaule était soumise : courbée sous la verge de ses oppresseurs, son sang généreux avait en vain baigné le sol envahi ; chaque jour de longues suites de chars conduisaient à Rome les trésors de ses contrées fertiles et les tributs de l'industrie de ses habitans. Ses forêts saintes, gémissant sous les coups de la hache sacrilège, avaient vu fuir leurs dieux épouvantés, tandis que des autels consacrés par un zèle impie au dominateur des Gaules, s'élevaient insolemment de toutes parts [1]. La patrie asservie, plongée dans le calme de la stupeur, attendait vainement un vengeur.

La sainte Liberté, déesse adorée des Gaulois, fuyant le joug brillant d'Octave, s'était réfugiée dans les forêts profondes, où, pauvre, oubliée, méconnue, elle se dérobait aux regards des tyrans, pour apparaître ensuite plus grande et plus terrible.

Les déités protectrices de ces contrées, ces vierges aériennes, doux objets de la vénération publique, que plus tard les siècles honorèrent du nom mystérieux [2] de fées, l'avaient suivie; et là, plus d'une fois, leurs inspirations, leurs prodiges et leur voix prophétique avaient ranimé l'espoir des enfans de la Gaule.

Une nuit, la lune avait atteint le plus haut point de sa course; sa lumière brillante et paisible blanchissait le front des tours, pénétrait dans les vallées profondes, ou scintillait sur les eaux. Nul bruit ne s'élevait du sein des cités, dont les habitans étaient plongés dans le sommeil; la nuit était sans voix, le silence régnait seul dans les airs.

Tout-à-coup une corneille centenaire, perchée sur le faîte d'un chêne que les siècles ont dépouillé, vint troubler ce repos solennel; l'oiseau fatidique pousse trois cris aigus, pareils à ceux que laissent échapper les antiques sybilles lorsqu'elles évoquent les génies.

A ce signal la troupe aérienne des fées s'éveille, s'élève et s'assemble dans une clairière de l'antique forêt d'Arduène [3]. Les unes quittent le creux des rochers ou le bord des torrens, qu'elles avaient choisis pour retraite; les autres, d'un vol rapide, abandonnent le haut des tours ou la cime des chênes sacrés; d'autres les places publiques, les remparts des villes et les demeures des hommes vertueux qu'elles affectionnent.

Les vierges protectrices de Divodure [a] [4], celles qui président à ses eaux limpides, à la sûreté de ses murailles, accourent les premières sur leurs nuages vaporeux; celles de Langres arrivent tout armées. Le dieu Vosé-

---

[a] Metz.

gus [a] [5] voit descendre de ses cîmes inégales toutes les nymphes qui puisent leurs ondes dans ses flancs : la Mosa [b], fière de mêler ses flots à ceux du fleuve sacré que le Celte et le Germain adorent [c], et de porter avec lui, jusqu'à la mer, le nom mystérieux de Wahal [d]; la Savarre [e] qui coule tristement entre des coteaux déserts; la Nayade inconnue, dont l'urne féconde doit un jour verser sur ces contrées les eaux bienfaisantes qui raniment la vie et guérissent toutes les douleurs[f] [6]; la belle Mosella [g], doux objet des chants des poëtes [7]; et toi, nymphe modeste! douce et timide Murta [h], dont les eaux va-

---

[a] Les Vosges.

[b] La Meuse.

[c] Le Rhin.

[d] Le Vahalla était le paradis des peuples du Nord.

[e] La Sarre.

[f] Les sources de Plombières.

[g] La Moselle.

[h] La Meurthe.

gabondes baignent les délicieux vallons des Leuciis [8]. Toutes accourent le front couronné de roseaux et des véroniques azurées qui bordent leurs rivages.

Voici la fée aux cheveux d'or, la gardienne des eaux de jalousie. Que de fois, pour calmer le cœur des vierges qui recouraient à l'épreuve de la fontaine, n'a-t-elle pas soutenu, d'une main invisible, les tablettes de leurs amans au niveau du miroir de ses ondes? Sans cela, le bassin profond eût peut-être été comblé depuis long-temps [9].

Près d'elle, et se tenant par la main, sont les déesses qui président aux fontaines de l'amour et de la haine [10] : également limpides, abondantes et redoutables, ces sources sont fréquemment l'objet du culte des cœurs malheureux. Hélas! souvent la vierge qu'un long tourment dévore, est venue chercher aux ondes de la haine un remède contre l'amour. Souvent aussi, guidé par le hasard, l'ardent chasseur s'est arrêté sur leurs bords mystérieux; et croyant étancher sa soif dans des eaux salutaires, l'infortuné remporte dans son sein les poisons de la haine ou les flammes de l'amour ¹¹.

Les fées de la Sequana [a], celles des bords du Ligër [b], celles enfin de la Novempopulanie, que les peuples de ces contrées honorent du nom de reines ¹², viennent en dansant au bruit plaintif de leurs harpes eoliennes; parées de l'or des conquêtes, les gardiennes des trésors des Tectosages brillent aux rayons de l'astre des nuits ¹³.

Plus graves et non moins bienfaisantes, arrivent les sœurs qui président aux trois temps de la vie : la génération, la naissance et la mort ¹⁴. L'habitant du Nord leur donne un nom mystérieux ¹⁵ ; les femmes gauloises les appellent libératrices ¹⁶ ; les guerriers, destinées victorieuses ¹⁷, et le peuple leur donne le doux nom de mères ¹⁸.

Les vents de l'ouest apportent sur leurs ailes

---

[a] La Seine.
[b] La Loire.

rapides les chastes filles de Sena [19]. Leur nombre sacré est celui des muses ; elles président aux tempêtes et à la navigation ; elles savent des chants magiques qui calment ou excitent les orages. Lorsque le jeune nautonnier, habitant de la côte des Osismiens[a], s'apprête à faire voguer son bateau de cuir sur les sombres vagues de l'Océan, il va d'abord offrir un pieux sacrifice aux vierges de l'île sainte ; il implore leur protection pour ses courses lointaines. Sa confiance n'est point vaine ; pour prix de ses offrandes, il obtient des dards aigus, des avirons enchantés et un collier de coquillages, doux gage de l'affection des déesses [20].

Après elles, volent en se jouant parmi les fleurs, les belles et ravissantes sylphides, filles de l'air et de la lumière, aimables fantômes qui plus d'une fois, éprises d'amour pour les enfans de la terre, se manifestent à eux aux brillantes clartés de la lune, dans le fond des forêts ou sur le bord des eaux écumantes, et

---

[a] Basse-Bretagne.

qui, après les avoir enlacés de leurs bras d'ivoire, et secoué sur eux leurs chevelures odorantes, s'évanouissent dans le vague des airs [21]. Celles qui accourent les bras entrelacés, sont les fées de la vieille épine, la vierge des ronces [22], celle de la source salutaire où chaque printemps les filles des vallons viennent exécuter des danses et célébrer des jeux. La plus sage aperçoit la déesse au fond de ses eaux transparentes; mais la sévère divinité demeure invisible pour celle qui a laissé délier sa ceinture [23]. Viennent ensuite les fées des chemins fourchus, celle du puits du hameau, du foyer de la ménagère, de la fontaine du clair-chêne. Malheur au voyageur qui passe aux chemins croisés sans invoquer les déesses [24]... ses pieds s'égarent dans les bruyères, et des lueurs trompeuses le conduisent dans des marais infects où il passe la nuit à entendre les cris sinistres des fantômes, ou les ris moqueurs des esprits de la forêt! Instruit par sa vieille aïeule, le pieux villageois rend à ces divinités champêtres un culte assidu;

il leur élève des *celles* ²⁵, où brûlent, à la nouvelle lune, des torches de cire et l'encens des sapins. Il cache, pour les charmer, des pains de froment, des herbes magiques et des ligatures teintes en pourpre, dans le creux des arbres qui servent de retraite aux Sulèves, divinités volages ²⁶.

A travers les ténèbres, voltige la troupe fantastique des Lamies, qui, envoyées par les déesses vengeresses, se glissent furtivement dans les demeures des méchans, bouleversent les meubles, rallument les lampes éteintes, enlèvent les enfans au berceau, excitent les chiens à hurler contre la lune, et portant partout le trouble et la terreur, font périr les troupeaux par des charmes secrets ²⁷. Voici l'Empuse aux pieds d'airain, à la démarche chancelante. Messagère de malheur, elle fait entendre ses gémissemens à l'heure de midi, au temps où l'on enterre les morts. Toutefois, malfaisante pour les seuls coupables, elle donne de salutaires avis à ceux auxquels elle s'attache, mais elle ne parle qu'à voix basse : le tintement de l'oreille annonce sa présence [28].

Dépouillée de tout vêtement et couverte seulement de longues chevelures, la troupe du Holda parcourt les airs [29]; des monstres lui servent de montures. Portée par deux serpens, la Bensozia [30] est à leur tête; elle tient dans ses mains le col livide des reptiles, et... spectacle horrible!... elle semble les approcher de ses mamelles! [31]. Plus innombrables que les feuilles des bois, qu'une gelée légère détache des arbres, toutes les fées enfin sont rassemblées : un cercle immense se forme, et le conseil, composé de toutes ces diverses intelligences, est présidé par la belle Andarté, déesse des augures [32].

Mais afin qu'aucun profane ne vienne troubler les mystères, la reine prescrit aux divinités du second ordre de garder les issues de la forêt. A sa voix leur troupe mobile se répand dans les clairières, à l'orée des bois; le chasseur, que l'appât de sa proie retient sur la bruyère, voit ces ombres fantastiques se jouer autour de lui. A leur aspect son sang se glace;

une sainte terreur s'empare de lui; il tombe la face contre terre, et dompté par une force supérieure, il essaie vainement de se traîner hors de l'enceinte consacrée [33].

Chacune des fées s'approche à son tour, et rend compte de l'emploi qui lui a été confié: les unes avaient la garde des chemins, des forêts et des champs; d'autres veillaient sur les urnes des fleuves et des fontaines; plusieurs, chargées de présider aux assemblées des peuples, s'introduisaient dans le conseil des sages, là, revêtant une forme terrestre, elles élevaient leur voix contre l'injustice, en faveur de l'innocence, et long-temps leur divine influence fit rompre les alliances et les décisions qui eussent été funestes aux peuples qu'elles protégeaient [34].

A la tête de ces dernières, parut la sage Ardoïna, protectrice d'Arduène [35]. L'enceinte de ces forêts sacrées contenait un peuple nombreux confié à ses soins. En s'approchant du trône, l'auguste fée laissa voir son front céleste chargé d'un sombre nuage.

«Divine Andarté, dit-elle, vous que le peuple des Éduens adore sous le nom de la Victoire immortelle, et que nous révérons comme notre reine, écoutez-moi ! une vive douleur a pénétré mon ame. Chargée par vous de veiller sur cette partie de la Gaule, j'ai long-temps rempli cette mission avec joie. Mais le temps des calamités, marqué par le destin, est arrivé. La domination s'avance à pas de géant ; elle s'est emparée de nos villes, elle a pénétré dans nos forêts et jeté ses immenses réseaux sur les Gaules entières. A sa suite marche la fraude et l'audace, l'hypocrisie et la rébellion, l'oubli des devoirs ; enfin, l'horrible anarchie !

»O nobles sœurs ! infortunées protectrices de nos fils assujettis, vous n'avez donc su les défendre ? Ni vos inspirations divines, ni les merveilles de votre puissance, n'ont pu relever le courage des vaincus, et repousser l'audacieux étranger ! Ah ! vous baissez vos célestes fronts : à la douleur qui les couvre, je mesure toute l'étendue de nos malheurs ! Que sont-ils devenus ces temps fortunés où l'heureuse

Atlantide (*a*), ignorée des conquérans, visitée par les dieux, habitée par des sages, connue par la douceur de ses lois et l'équité de ses enfans, voyait cent peuples heureux bénir leurs destins ! [36]. Les siècles se sont accumulés, et la barbarie a couvert de son voile funèbre ces florissantes contrées. Chargées par les dieux de la patrie de conserver parmi les peuples le souvenir des lois saintes qu'ils avaient tracées eux-mêmes, tant que nous avons été leurs organes, le bonheur a souri à leurs vœux. Ce fut sous notre divine influence qu'ils franchirent les monts glacés et les mers lointaines ; nous les conduisîmes à de glorieuses entreprises [37]. Ce fut pour nous offrir de pompeux sacrifices qu'ils ravirent les trésors de la Grèce et les anneaux d'or des chevaliers romains [38]. Alors leurs mœurs étaient pures, leur vie heureuse et les dieux bienfaisans

---

[*a*] Quelques auteurs ont placé l'Atlantide dans la Gaule septentrionale. *Voyez* la note 36, à la fin du livre Ier.

de la Gaule accueillaient avec ces offrandes le lait, le miel et les fleurs. Tout est changé. Aux chants rustiques, aux accens de la joie ont succédé les cris de la guerre et le bruit du carnage. Les fils de Galatès ont déserté le culte de leurs douces divinités; courbés vers la terre, à la voix de leurs druides, ils implorent des dieux sanguinaires; et pour comble d'horreur, le sang humain a rougi leurs autels! Vous le savez, auguste reine, depuis que les druides ont élevé leur puissance sur la nôtre, les peuples sont tombés au pouvoir des vainqueurs [39]. C'est par eux qu'un traître a vendu la patrie [40]. Profitant des dissensions intestines, l'étranger s'est empressé d'accourir avec une joie cruelle. Il a vu les Gaulois s'entre-détruire et assurer son triomphe [41]. En vain les peuples tout entiers se sont soulevés contre l'oppression [42]. Les dieux n'ont pas souri à leurs généreux efforts !..... Noble et vaillant Induciomare, à quoi te servirent ton courage et tes succès? Tu succombas sous le fer des assassins, qui, pour mériter l'infâme salaire promis par

Labiénus, réunissent leurs efforts, dédaignent toute autre proie, et, furieux, te poursuivent jusqu'au sein des ondes du Sabis, où leurs mains impies osent t'arracher la vie [43] ! Généreux Ambiorix, en qui la patrie avait remis toutes ses espérances ! La victoire avait d'abord protégé tes armes ; mais bientôt, divinité volage, elle détourne de toi son regard. Les farouches ennemis se précipitent sur tes pas comme une troupe de vautours affamés; c'est en vain que tes fidèles compagnons s'opposent à leur rage; tu fuis loin des tiens, tu meurs de douleur, et ta tombe ignorée repose dans nos forêts [44]. Et toi, vénérable Cativulce, en perdant l'espoir de sauver la patrie, tu renonces à la vie, et les bayes vénéneuses de l'If portent la mort dans ton sein [45]. Mais dirai-je tous vos noms, augustes et saintes victimes de l'amour de la patrie ?.... Teutomar, Lucterie, Védéliac [46], Litavique, Éporédorix, Viridomar; tendres frères, vous tous, chefs d'une illustre jeunesse; toi surtout, brave Camulogène, dont la vieillesse n'arrêta point le courage ! Tu défendais ces murs auxquels les dieux avaient promis une gloire immortelle....[a] Un indigne stratagême t'arracha la victoire; tu ne pus y survivre, et les nymphes de Seine, les yeux en pleurs et le front sans parure, ensevelirent dans leurs eaux profondes ton corps vénérable [47]. Mais après tant de revers, tu nous restais encore, héros à jamais cher à la Gaule ! Toi, dont la grandeur d'ame égala la valeur, magnanime Vercingentorix ! seul tu ne désespéras point du salut de la patrie ; investi du pouvoir suprême, tu commandes des sacrifices inouis..... à ta voix puissante, la Gaule toute entière obéit. Long-temps tu balanças la fortune de César..... [48] Mais une destinée implacable met un terme à tes exploits : [b] Avaricum inondée de sang, [c] Gergovie fumante, et (d) Alexie en ruines, attestent

---

[a] Voyez *Siége de Paris*, par Labienus.
[b] Bourges.
[c] Clermont.
[d] Alise en Bourgogne.

seules les efforts de ton courage [49]. Plus grand dans ton malheur que dans ta prospérité, tu dévoues ta noble tête au salut des peuples que tu ne pus sauver ; et César, en te voyant à ses pieds, comprend seulement l'étendue de sa victoire [50].

» Avec Vercingentorix, succomba notre dernier espoir ; le temps n'a fait qu'accroître nos maux ; les aigles d'or des fils de Rome planent dans toutes nos cités ; d'obscurs tyrans ont succédé à nos vainqueurs ; et pour comble d'opprobre, aujourd'hui le timide et cruel Octave, par un ordre infamant, fait compter les enfans de la Gaule, comme on compte de vils troupeaux ! [51] »

A cet instant les fées des Gaules se voilèrent en silence de leur chevelure d'or : on eût dit de simples mortelles, frémissant de douleur au récit d'une calamité publique. Ardoïna reprit : « Grande reine, rendez le calme à mes esprits troublés. Il nous reste des oracles, et de tant de gloire promise à la patrie, celle de mourir en combattant pour elle sera-t-elle la seule que lui réservent les dieux ?... L'orgueilleux César a cru avoir soumis les Gaules entières ; il se trompe : mon peuple, grâces à son obscurité, n'a point encore porté le joug : gouvernée par le sage Diciomar, ancien compagnon d'armes du vaillant Ambiorix, Arduène est libre encore. Semblable à ces fruits, produits d'un été trop court, que les Esthoniens conservent au sein des neiges de leur froide patrie [a], mon peuple, retiré dans ses forêts profondes depuis vingt ans, pourrait croire à la paix du monde, s'il n'avait vu les ondes de ses ruisseaux rougies du sang des batailles ; mais du moins ses vierges heureuses et paisibles n'ont pas vu l'insolent vainqueur. Tel qu'un jeune lys, honneur de nos vallées, balance entre les fleurs son front noble et modeste, de même, parmi les filles d'Arduène s'élève l'innocente et belle Idoïne, dont les mains pures nous ont offert tant de pieux sacrifices ; c'est au nom de l'intérêt que m'ins-

---

[a] La Prusse septentrionale.

pire la fille de Diciomar, que je recours à
vos conseils, mes nobles sœurs. Selon l'usage,
son père joyeux nous appela au festin de sa
naissance, et vous vous plûtes à répandre sur
elle vos plus chères faveurs. Cette jeune vierge
est adorée de plusieurs braves; et cependant,
lequel est digne d'elle? Est-ce le fier Sigewald,
le noble Hérian, ou le blond Immir, si épris
de l'éclat de ses armes? Est-ce le sombre
Arnor, le terrible Salsk, dont les yeux lancent
des flammes et dont la bouche ne prononce
que des blasphêmes? Parmi cette brillante
jeunesse, se distingue, à sa haute stature, à
son air féroce et guerrier, le jeune Isarne,
qui serait un héros, s'il possédait le cœur d'un
homme. Mais son courage emporté ne connaît point de bornes; ses désirs sont ses lois;
il trouve ses plus doux plaisirs au sein du
carnage; il se rit du pouvoir des dieux, et
son aveugle superstition n'invoque que ceux
de la terreur et de la mort. L'ardent amour
qu'il a conçu pour Idoïne, loin d'adoucir son
fougueux caractère, ne fait qu'en accroître la

violence. Un motif secret l'engage encore à obtenir Idoïne pour épouse : Isarne est ambitieux ; il veut régner sur Arduène, et il espère captiver les suffrages en s'unissant à la fille d'un monarque adoré. Mais avant tous ces noms, j'aurais dû rappeler le premier, celui du noble et vaillant Théodemir, dont l'ame élevée se révolte à la vue de l'injustice, et dont les yeux, pleins de douceur et de fierté, recèlent les pleurs de la pitié.

» Les nobles soins de Diciomar ont nourri sa jeunesse, et les tendres exhortations de la chaste Sulmina ont rempli son cœur de force, de courage et de grandeur. Ignorant sa noble origine, ce jeune héros a quitté secrètement le palais tranquille du vieux monarque ; il s'est arraché des bras de l'amour, pour aller chez l'étranger, acquérir de la gloire. Avez-vous oublié, mes nobles sœurs, les prodiges qui accompagnèrent sa naissance, et ceux qui se renouvellent encore chaque année en sa faveur dans les forêts de Germanie ? Jusqu'à quand la destinée du héros et de la vierge d'Arduène tardera-t-elle à s'accomplir? Le temps presse, mes sœurs; le vénérable Diciomar touche aux portes du palais d'Hêla [a], Hemdal aspire au souverain pouvoir : druide redouté de cette partie des Gaules, il veut dominer sur toutes. Il s'est fait un parti puissant parmi les jeunes nobles, qu'un long repos irrite : à leur tête est le fougueux Isarne. Ils projettent de surprendre les peuples dont les troupeaux paissent sur les rives du Sabis [b]. Mais s'ils sortent de leur asile sacré; si, poussés d'un esprit ambitieux, ils veulent envahir les possessions de leurs voisins, ils attireront sur eux l'attention des vainqueurs de la Gaule, et leurs divisions causeront leur perte !..... O puissante reine! que deviendra mon peuple? Quel sera le sort de la patrie? »

Ardoïna se tut, et, comme toutes ses sœurs, attendit en silence la réponse de la souveraine.

---

[a] La mort.
[b] La Sambre.

La divine Andarté était plongée dans une méditation profonde; elle leva lentement son œil prophétique vers le ciel, et, selon la coutume des antiques Atlantes, chercha dans les feux étoilés la destinée de ses peuples chéris [52]. Long-temps son regard fut sombre et rêveur; tout-à-coup un astre brillant vient à paraître; remplie des pensées que son aspect lui inspire, Andarté s'écrie : « Non, la patrie ne périra point!... O terre féconde en héros! quelles nobles générations sortent de ton sein! Elles se succèdent et forment ainsi, avec la suite des siècles, les degrés mystérieux qui doivent élever ta gloire immortelle!... Que le fugitif rentre dans son héritage! Que la vierge dont l'esclavage n'a point courbé la tête, donne sa main libre encore au fils des Gaules...... qu'Idoïne soit l'épouse du héros!..... Tel est l'arrêt du Destin. »

A ces mots, Ardoïna pousse un cri de joie, elle a reconnu le héros et les destinées de l'empire des Gaules; la majestueuse Andarté lui désigne l'étoile radieuse, et la troupe assemblée, lisant avec elle dans les cieux, fait éclater ses transports ; Ardoïna reçoit les ordres de la souveraine, et toute entière aux vastes pensées de l'avenir, elle s'élance dans les airs, et dirige son vol vers les contrées qui retiennent encore le guerrier cher aux déesses gauloises.

Cependant, les fées célèbrent dans des danses mystérieuses les destins futurs de la patrie ; leurs chœurs mélodieux répètent les noms fameux qui doivent l'illustrer, tandis que les sons aériens des harpes et des cystres d'or, marquent la cadence ; mais bientôt la divine harmonie se perdit dans les bois, avec le souffle précurseur du matin ; et les lueurs blanchissantes de l'aube ne laissèrent voir sur le gazon que les cercles magiques formés par leurs traces légères [53].

FIN DU LIVRE PREMIER.

NOTES

DU LIVRE PREMIER.

(1) DE *toute part.*] « Drusus, qui avait accompagné Auguste, s'arrêta à Lyon, et fit élever en l'honneur de cet empereur un magnifique temple, à l'érection duquel soixante nations gauloises contribuèrent. Ceux de Narbonne, de Nîmes, de Béziers et de Bonne sur le Rhin lui érigèrent aussi des autels. On voit encore à Narbonne une pierre de marbre blanc, où d'un côté on lit le vœu que cette ville fit de lui offrir de certains sacrifices et à certains jours ; et de l'autre, les lois et conditions sous lesquelles cet autel était dédié. » (Mézerai ; *Histoire de France avant Clovis* ; liv. 1, p. 72.)

(2) *Du nom mystérieux de fées.*] Les meilleures autorités attestent que ces êtres mystérieux, connus depuis sous le nom de fées, n'étaient autres que les prophétesses et les druidesses gauloises, qui choisissant pour demeure les antres profonds, les fontaines salutaires et les vallons déserts, étaient devenues pour nos ancêtres les divinités des lieux où l'on avait coutume de les consulter.

(3) *L'antique forêt d'Arduène.*] « *Arduena*, dont
» nous avons fait Ardenne, est un mot celtique qui
» veut dire *noir-sombre*. Il se dit en particulier des fo-
» rêts épaisses et ombreuses. Les Bas-Bretons, pour *ar*,
» *coët*, *duen* qui signifie la Forêt noire, disent seule-

» ment *Arduen.* » (*Religion des Gaulois;* dom Martin; tom. II, pag. 43.)

C'est par ce motif que j'emploie le mot Arduène, pour désigner le lieu de la scène où se passe mon action, parce que ce mot m'a semblé plus poétique.

(4) *Protectrices de Divodure.*] « *Divodure* (Metz), capitale du pays des Médiomatriciens ; elle est située à l'endroit où la Seille se jette dans la Moselle. Sa situation est des plus belles et des plus agréables, et on lui donne, à bon droit, le titre de *délicieuse*, par l'affluence de toutes sortes de biens qui y abondent. Le poëte Fortunat en a fait une magnifique description, mais qui certainement n'est pas exagérée. En voici la traduction :

« La Moselle roule ses eaux tranquilles dans son vaste
» lit, apportant les objets d'un commerce éloigné, au
» sein de cette terre si fertile.

» Les ondes poissonneuses de la Moselle s'enorgueil-
» lissent de voir sur leurs bords Metz, cette ville su-
» perbe. Les sillons verdoyans sont tracés dans une
» campagne délicieuse : d'un côté, les moissons étalent
» l'or de leurs épis ; de l'autre, naissent mille bosquets
» de roses. Les nombreux côteaux se couvrent de pam-
» pres touffus. La fertile nature s'efforce de varier ses
» produits ; mais cette ville déjà si fortifiée par ses rem-
» parts et le fleuve qui l'entoure, est mieux défendue
» encore par les brillantes qualités de son chef. »

Tout s'accorde à désigner Metz comme le centre des honneurs qu'on décernait aux *déesses-mères*, témoin l'inscription suivante rapportée par Gruther, Montfaucon, Meurisse, et traduite par dom Martin :

« Ceux de la rue de la Paix ont consacré aux *déesses-*

» *mères* ce monument, pour la félicité de la famille
» impériale. » (*Antiq. de Metz ;* pag. 100.)

« *Divodurum* signifiait parmi les Celtes *eau sacrée.* On sait que ces peuples regardaient les fontaines minérales comme un bienfait signalé des dieux, et que la Seille, l'une des rivières qui baigne les murs de Metz, roulait parmi ses eaux des sels qui ont pu servir de fondement à cette appellation. » (*Antiq. de Metz;* pag. 32.)

« La tradition du pays a transmis jusqu'à nous la mémoire du culte que l'on rendait aux eaux salées d'une fontaine peu éloignée du village de Saint-Julien, à demi-lieue de Metz. Cette bizarre idolâtrie subsistait sous Thierry et la reine Brunehaut ; l'épître onzième du neuvième livre des Lettres de Grégoire-le-Grand, est une exhortation pathétique à cette princesse de proscrire des terres de sa domination les sacrifices sanglans, les autels construits de têtes d'animaux et la coutume d'adorer les sources salées. » (*Antiq. de Metz ;* pag. 57.)

(5) *Le dieu Vosegus.*] Les Vosges, sous le nom de Vosegus, recevaient des Gaulois un culte religieux. Ses grottes et ses rochers sont encore consacrés par des traditions mystérieuses ; un poëte national a célébré ces belles montagnes ; M. François de Neufchâteau, dans son poëme sur les Vosges, dit :

« Sous les sapins d'Ormont j'irai me reposer ;
» Là j'entendrai l'écho de la Roche des Fées
» Répéter les accens de l'un de nos Orphées. »

A l'orient de Saint-Dié, se trouve une montagne de 1,500 pieds de hauteur, où l'on voit deux promontoires appelés les Roches des Fées. Dans le temps où le vandalisme dominait à Paris, le traducteur des Géorgiques, le chantre des Jardins, le Virgile français, s'était réfugié à Saint-Dié.

(6) *Toutes les douleurs.*]

« Il vous montre du doigt la source salutaire
» Que visita Montaigne et que chanta Voltaire.
» Sur un lit de cailloux, qu'autrefois les Romains
» Ont dans un val étroit, façonné de leurs mains,
» Entre deux monts cornus, au fond d'un précipice,
» D'un faubourg de Paris, vous trouvez une esquisse ;
» C'est Plombières : c'est là que vingt sources au moins
» Préviennent en été vos vœux et vos besoins.
» C'est là qu'un air salubre et des vapeurs bouillantes
» Raniment par degrés vos forces chancelantes ;
» Rendent le mouvement à vos membres perclus,
» Et même l'appétit à ceux qui n'en ont plus. »

(*Poëme des Vosges*, par François de Neufchâteau.)

(7) *Du chant des poëtes.*] On lit avec plaisir dans Ausone, les louanges que ce poëte donne à la Moselle.

« Des chantres tels que ceux de Smyrne et de Man-
» toue, dit-il, auraient dû célébrer la déesse qui pré-
» side à ses eaux, et le Tibre se verrait obligé d'envier
» les honneurs décernés aux nymphes de cette rivière,
» s'il était ici bas des mortels dignes d'un emploi si
» glorieux. » (*Antiquités de Metz*, p. 5o.)

« Ausone était né à *Burdigalie* ou Bordeaux. Il fut précepteur de l'empereur Gratien, et préfet du prétoire en Italie, puis dans les Gaules. Le poëme qu'il a composé sur la Moselle passe pour son meilleur ouvrage. » (*Dictionnaire historique.*)

« De la Moselle ô vous nayades vagabondes,
» Qui roulez au hasard le tribut de vos ondes,

» Rendez comme vos flots mes vers majestueux;
» Donnez-moi, pour vous suivre, un style impétueux.
» Que ces monts, dont la tête est voisine des nues,
» Me laissent pénétrer sur leurs cimes chenues;
» Et qu'à des yeux mortels il soit donné de voir
» Des eaux que vous versez l'immense réservoir.
» Filles de l'Océan je verrai vos compagnes
» S'élancer, comme vous, du sein de nos montagnes :
» Et la Sarre et la Meurthe, à mes yeux attentifs
» Offriront le berceau de leurs flots fugitifs.
» La Saône, plus tranquille et plus lente en sa course,
» Dispense à d'autres lieux les trésors de sa source;
» Et ses flots retenus par un charme secret,
» Au Rhône impatient vont s'unir à regret.
» Nayades de nos bords, vos ondes égarées
» Courent vivifier de lointaines contrées :
» Précipitez leurs cours, mes regards empressés
» S'arrêtent aux sommets des monts où vous naissez. »

(*Poëme des Vosges*, par François de Neufchateau.)

(8) *Des Leuciis.*] «Toul était la capitale des *Leuciis*. Ils possédaient du temps de César une grande étendue de pays. Ils avaient le pays Messin au nord, ceux de Langres au midi, le pays de Rheims au couchant, et les montagnes des Vosges et de l'Alsace à l'orient.

» Pline dit que de son temps les *Leuciis* étaient un peuple libre, et Lucain loue leur adresse à lancer le dard et à tirer de l'arc. » (*Antiquités de Metz*, p. 38.)

(9) *Depuis long-temps.*] Ceci ressemble beaucoup à la fontaine Acadine que les poëtes placent en Sicile. Cependant j'ai cru pouvoir la transporter dans les Ardennes, d'autant plus que cette forêt fut célèbre

de tout temps par ses eaux magiques, et qu'on trouve la description d'une semblable fontaine dans les Recherches sur la France, de Pasquier, et dans un roman de chevalerie, écrit en vieux langage, et intitulé : *Le paladin à la lance d'or.*

(10) *De l'amour et de la haine.*] «Deux fontaines différentes coulent dans la forêt des Ardennes : l'une remplit le cœur d'amoureux désirs ; celui qui boit de l'autre reste sans amour, et son ame est glacée.» (Arioste ; *Roland furieux* ; chant 1er, p. 61.)

(11) *Flammes de l'amour.*] C'est dans la forêt des Ardennes que l'immortel Arioste fait paraître les déités fantastiques, emblèmes des passions.

« Enfin le Dédain sous la figure d'un chevalier aux
» armes d'or, portant pour cimier un joug brisé, dé-
» livre Renaud du funeste amour qui le retenait sous
» sa puissance ; mais pour terminer la cure, le che-
» valier conduit le paladin aux bords d'une fontaine
» dont l'eau pure et fraîche attirait souvent les ber-
» gers et les chasseurs, mais on ne voyait ni moineaux
» ni tourterelles sur ses bords ; cette fontaine était
» celle dont la puissance éteignait les feux de l'amour.»
(Arioste ; *Roland furieux* ; chant 42.)

A ces eaux merveilleuses joignez celle de St.-Hubert, qui, plus fameuse, conserve, dit-on, encore de nos jours, le pouvoir d'apaiser dans ses froides ondes les funestes effets de la rage.

(12) *Du nom de reines.*] «Oihenart, auteur du dix-septième siècle, dans ses Antiquités de Gascogne cite une inscription dont le sens est, que ce monument a été consacré au temple des dames du pays des Ausciens,

peuples de la *Novempopulanie*. Le terme d'*herá*, qui ne se dit que des maîtresses à l'égard des esclaves, exprime fort bien la dépendance que les Gaulois s'imaginaient être entre les personnes et les fées; en sorte qu'un homme ne manquait jamais d'être ce qu'elles avaient statué. » (*Religion des Gaulois*, tome 2, p. 167.)

(13) *De l'astre des nuits.*] «Cent ans avant la naissance du Christ, il y avait à Toulouse un lac célèbre consacré au dieu du jour, et dans lequel les Tectosages jetaient en offrandes, de l'or, de l'argent avec profusion, tant en lingots, et monnoyé, que mis en œuvre et façonné comme des meules d'argent massif. » (*Orose*, liv. 5, ch. 15; *Strabon*, liv. 4; *Cicéron*, *De la nature des Dieux*, liv. 3; *Aulugelle*, liv. 3, chap. 9.)

(14) *La naissance et la mort.*] «Un savant dit qu'étant toujours représentées au nombre de trois, elles sont l'image des trois temps qui forment la vie de l'homme : la génération, la naissance et la mort. » (Alberts, *Antiquités romaines*, p. 47.)

« Nos ancêtres appelaient ces *mères*, etc., *les trois
» sœurs*, ou les trois Parques ; elles présidaient selon
» eux à la naissance des hommes, auxquels elles com-
» muniquaient dès-lors, s'il leur en prenait *fantaisie*,
» le pouvoir de se transformer en loup, et en toutes
» sortes de bêtes, ce qu'on appelait au commence-
» ment du onzième siècle, *vervolfen*. Elles influaient
» si fort sur le genre et les différentes circonstances de
» la vie, qu'on ne manquait jamais d'être ce qu'elles
» avaient résolu qu'on fût en particulier. Les femmes
» des Gaules avaient coutume, certains jours de l'an-
» née, de dresser dans quelque appartement secret de
» leur maison, une table chargée de mets et de bou-

» teilles avec trois couverts, afin que les *trois sœurs*
» vinssent prendre un repas chez elles, et qu'en ré-
» compense elles fissent pleuvoir en tout temps dans
» leurs maisons les biens en abondance. » (Buchard ;
décr. ; liv. 17, tom. 5.)

(15) *Un nom mystérieux.*] « Les trois Parques nommées par les Grecs, *Clotho*, *Lachésis* et *Atropos*, ont des noms très-expressifs dans l'*Edda*; on les appelle *Urd*, *Verande* et *Skuld*, ou ce qui revient au même *Wierd*, *Wesende* et *Zullende*, trois termes des verbes flamands *wesen* et *worden*, *être* et *devenir* : *Wierd* exprime le passé; *Wesende*, le présent, et *Zullende* le futur.

» Les Parques étaient les symboles de cette grande et célèbre division du temps ; le fuseau filait le cours entier de la vie humaine. » (*Champs-Élysées* ; de Grave, tom. II, p. 28.)

(16) *Libératrices.*] «Quand nous disons que les déesses-mères étaient les Parques, nous ne les regardons pas sous l'idée de ces divinités inflexibles et implacables qu'on s'en forme quelquefois; mais nous entendons trois sœurs qui présidaient à la conception, aux enfantemens, et décidaient de la longueur ou de la brièveté de la vie, du bonheur ou du malheur des personnes, et enfin des richesses ou de la pauvreté des familles, selon qu'on s'étudiait à les gagner.

» Les femmes grosses ou en travail leur dressaient des monumens, témoin une inscription trouvée à Lyon. » (*Dom Martin* ; p. 159, tom. Ier.)

(17) *Destinées victorieuses.*] « Une médaille d'or de Dioclétien a pour revers trois femmes avec cette lé-

gende : *Fatis victribus. Aux destinées victorieuses.* »
(*Religion des Gaulois;* Dom Martin, p. 157, tom. Ier.)

(18) *Le doux nom de mères.*] « Le culte des déesses-mères était célèbre dans toutes les Gaules. Le nom de mères, attribué à ces divinités, sympathise avec les femmes officieuses qui donnaient toute leur attention au service des blessés et au soulagement des malades. On les représente avec des fruits et des fleurs, pour exprimer, sans doute, la nature des bienfaits que l'on attendait d'elles. » (*Ménestrier*, p. 7.)

« Ce qu'il y a de plus surprenant, c'est que presque jusqu'à nos jours, le gros du peuple tenait que les prétendues divinités que les anciens connaissaient sous le nom de Parques, de Mères, Matrônes, Dames, Junons, Hérès, Comodèves, etc., subsistaient encore : à la vérité, c'était sous le nom de fées ; mais qu'importe que ce fût sous un autre nom, puisque le démon y trouvait toujours son compte en tenant les hommes dans l'erreur, en se jouant de la crédulité des personnes simples. C'est là l'origine de ces merveilles qu'on débitait de ces puits de fées, de ces tours aux fées, de ces antres, de ces fontaines et autres lieux semblables, dispersés en différens endroits de la France, où l'on croyait bonnement que les Parques habitaient, et d'où elles venaient prendre des repas dans les maisons des particuliers. » (*Dom Martin*, p.... tom....)

(19) *Les chastes filles de Sena.*] « L'île de Sain est sur la côte occidentale de la Basse-Bretagne et du pays de *Cornouaille*; elle était autrefois célèbre par l'oracle d'une divinité qu'adoraient les Gaulois. Des femmes étaient chargées des sacrifices, des mystères, et de tout ce qui, au dedans et au dehors, concernait le temple

où se rendaient les oracles. Le nombre de ces femmes
ou prêtresses, était fixé à neuf; elles gardaient toute
leur vie la virginité ; leur état et leur condition les faisaient passer pour être animées d'un génie tout particulier, et pour être éprises et transportées d'enthousiasme. Elles usaient de charmes qui avaient la force
d'exciter des tempêtes sur la mer et dans les airs , de
prendre la figure et la forme des animaux qu'il leur
plaisait, et de guérir les maladies absolument incura-
bles. Enfin, elles pénétraient l'avenir et se découvraient
seulement à ceux qui naviguaient, et qui se mettaient
exprès en mer pour les venir consulter. Du reste, elles
n'avaient d'autre nom que celui de l'île qu'elles habitaient, ou, ce qui paraît plus vraisemblable, l'île avait
pris le nom de Sena (*Sena est un mot gaulois qui signifie vénérable, ancienne, dame*) de celui qu'elles
portaient et qui renfermait quelque sens mystérieux
que l'histoire n'explique pas. » (*Pomponius Mela;*
liv. 3, ch. 6.)

(20) *De l'affection des déesses.*] « Avant que le christianisme eût dissipé les ténèbres de l'idolâtrie, le Mont-
St.-Michel, en Bretagne, s'appelait Mont-*Belen*, parce
qu'il était consacré à *Belenus*, ou Apollon, l'un des
quatre grands dieux des Gaulois. Il y avait sur ce
mont un collége de neuf druidesses; la plus âgée rendait des oracles. Elles vendaient aussi des flèches qui
avaient la vertu de calmer les orages, en les faisant
lancer dans la mer par un adolescent, chaste encore.
C'était lui qui portait aux druidesses les offrandes des
marins ; les vierges l'initiaient, dit-on, aux mystères;
et le jeune nautonnier, à son retour du temple, s'attachait sur les épaules autant de coquillages qu'il avait

subi d'initiations. » (*Extrait de St.-Foix, et du voyage au Mont-Dol et au Mont-St.-Michel.*)

(21) *Le vague des airs.*] « Les Gaulois disaient qu'il y avait des femmes champêtres qu'ils appelaient *silvatiques*, qui avaient un corps, et se montraient à ceux qui avaient su les toucher, et leur accordaient les dernières faveurs : après quoi elles s'évanouissaient et se rendaient invisibles. Ces sylphides, sulphes et silvatiques ont eu aussi le nom de silvaines. » (Burh; décret.; liv. 19, chap. 5.)

(22) *La vierge des ronces.*] « Les Gaulois allaient aussi offrir des vœux et des sacrifices aux ronces et aux vieilles épines qui bornent les champs, ou plutôt aux divinités champêtres que ces broussailles représentaient. » (*Dom Martin;* tom. Ier, p. 127.)

(23) *Délier sa ceinture.*] Il y a près de Metz une source appelée la *bonne fontaine*, à laquelle on attribue des vertus médicinales. Il est d'usage encore d'aller, dans les premiers jours de mai, boire de ses eaux dès le matin : c'est une sorte de partie de plaisir.

La tradition raconte, que cette source est habitée par la vierge, mais qu'elle ne se manifeste qu'à celles qui lui ressemblent.

(24) *Sans invoquer les déesses.*] « Les *Quatrivies* étaient des divinités qui présidaient aux chemins à quatre issues. Les Gaulois avaient encore leurs *Bivies* et leurs *Trivies* pour les chemins à deux et trois issues. » (*Dom Martin;* pag. 179, tom. II.)

(25) *Il leur élève des celles.*] « Les Gaulois qui avaient un grand respect pour les femmes, érigeaient aux *Déesses-mères* des chapelles nommées *Cancelli*, et y

portaient leurs offrandes avec de petites bougies : ensuite, après avoir prononcé quelques paroles mystérieuses sur du pain ou sur quelques herbes, ils les cachaient dans un chemin creux ou dans un arbre, croyant par-là garantir leurs troupeaux de la contagion et de la mort même. Ils joignaient à cette pratique plusieurs autres superstitions dont on peut voir les détails dans les capitulaires de nos rois, et dans les anciens *Rituels* qui les défendent. Serait-ce de-là que vient la superstition singulière pour certaines images dans les villes et dans les campagnes ? Serait-ce encore de-là que vient parmi les villageois la persuasion des enchantemens et du sort sur leurs troupeaux, qui subsiste toujours dans plusieurs pays? C'est un spectacle bien frappant pour un homme qui pense, que celui de la chaîne perpétuelle et non interrompue des mêmes préjugés, des mêmes craintes et des mêmes pratiques superstitieuses. » (*Encyclopédie* ; tome IV, pag. 731.)

(26) *Divinités volages.*] « Les Gaulois érigeaient à ces fantômes de divinités, des chapelles à la campagne qui portaient le nom de *Cancelli;* ils s'y transportaient avec des bougies, y faisaient des offrandes, y sacrifiaient une truie ; prononçaient des paroles magiques sur du pain, sur des herbes, ou des ligatures pour les charmer, et cachaient ces choses dans un arbre, ou dans des chemins à deux, à trois et à quatre issues, et prétendaient par-là, non-seulement garantir leurs bestiaux de toute contagion ou de la mort même ; mais encore ils croyaient procurer la perte des troupeaux de leurs ennemis. Il y avait bien d'autres superstitions qu'ils pratiquaient ; on peut les voir dans Saint-Faustin, dans Saint-Éloy, dans les Conciles des Gaules, dans les

Capitulaires de nos rois, et enfin dans les Pénitentiaux ou Rituels des églises. » (*Dom Martin;* tom. II, pag. 181.)

« Qu'on ne fasse point de lustrations, qu'on ne jette
» aucun charme sur les herbes, qu'on ne fasse point
» passer le bétail par un arbre creux, ou par un trou
» de terre ; que les femmes ne pendent point à leur col
» des grains d'ambre ; qu'en travaillant à des ouvrages
» de toile ou de tapisserie, ou n'invoque point Minerve,
» ni absolument aucune autre divinité.

» Qu'un chrétien n'entre point dans aucun temple,
» ni ne se rende avec des bougies aux *termes* ni aux
» *celles*, ni à des lieux qui font le concours de trois che-
» mins, pour y faire des vœux. Qu'on ne pende point à
» son col la courroie d'aucun homme ou animal quand
» même on le verrait faire à des ecclésiastiques. » (*Le père Lecointe*; tome Ier, pag. 696, et tome III, pag. 484.)

(27) *Par des charmes secrets.*] « Dans le glossaire de Ducange, il est parlé d'une espèce de femmes qui sont appelées *Lamies*, et qui parcouraient les maisons durant la nuit, se glissaient dans les muids de vin, fouillaient dans les paniers, dans la vaisselle et dans les marmites ; enlevaient les enfans des berceaux, allumaient les chandelles, et tourmentaient quelquefois les personnes qui reposaient. » (Grégoire de Tours; *Hist. Fr.*; liv. 5, pag. 216.)

La croyance à ces fantômes existe encore parmi le peuple des campagnes : on les nomme, en Lorraine, *Sotrai* et *Lameuil*. Ce dernier mot paraît dériver de celui de *Lamie*.

(28) *Annonce sa présence.*] « Ce démon est ce que les auteurs ont appelé, d'après le psalmiste, le *Démon du*

midi. Les Grecs avaient aussi leur démon du midi, qu'ils nommaient *Empuse.* C'est, dit Suidas, un spectre ou un démon qui est au service de la Lune, lequel apparaît aux voyageurs et se montre sous diverses formes. Le nom d'Empuse lui a été donné parce qu'ayant un pied d'airain dont il ne peut se servir, il ne marche que sur l'autre ; ce qui fait qu'il semble plutôt se ruer que marcher. Cet Empuse ne se montrait et ne se communiquait à ceux qui étaient initiés aux mystères de la Lune, que dans les enfoncemens ou des lieux fort obscurs ; le bruit ordinaire est qu'il paraît encore vers midi, quand on enterre les morts et qu'on leur rend les derniers devoirs. Cependant, ce spectre, ou cette divinité si l'on veut, ne passait pas toujours pour malfaisante ; au contraire, elle venait donner de bons avis à ceux auxquels elle s'attachait ; elle choisissait le temps de la nuit pour n'être point aperçue, elle ne parlait jamais qu'à voix basse ; surtout le tintement d'oreille était pris pour marque de sa présence. » (*Dom Martin*; tom. II, pag. 64.)

(29) *Parcourt les airs.*] « Cette troupe ou société s'appelait *Holda*. Les femmes, toutes couchées qu'elles étaient à côté de leurs maris, sortaient les portes fermées, s'élevaient dans les nues, traversaient les airs, tuaient, sans le secours d'aucune sorte d'armes visibles, des hommes baptisés et rachetés du sang de J.-C., faisaient cuire leur chair et la mangeait ; ouvraient leurs corps, en arrachaient le cœur, à la place duquel elles substituaient de la paille, du bois ou autre chose ; mangeaient le cœur et faisaient revivre le corps comme auparavant. Ces courses étaient quelquefois entreprises pour aller livrer des combats à d'autres femmes sem-

blables, les blesser et en recevoir réciproquement des blessures. Au reste, elles ne pouvaient se dispenser de se trouver à ces assemblées ou caravanes, dans l'équipage qu'on dit.

» Salisbery, dans sa Polycratie ou amusemens de la cour : « Que nous vient-on conter, dit-il, d'une cer-
» taine *Nocticula* ou *Hérodias*, ou présidente souve-
» raine de la nuit, qu'on assure tenir ses assises et as-
» sembler son conseil pendant la nuit; donner des
» festins; occuper ses ministres à diverses fonctions;
» faire punir les uns à proportion de leurs fautes et
» élever les autres aux emplois les plus glorieux; livrer
» des enfans aux *Lamies* qui dépècent les uns et dévo-
» rent les autres; enfin ordonner de remettre dans
» leurs berceaux ceux pour qui elle est touchée de com-
» passion? » (*Dom Martin*; tom. II, pag. 59.)

(30) *La Bensozia.*] « Burchard, savant canoniste du
» douzième et du treizième siècle, dans la collection
» qu'il a faite des décrets qui avaient paru jusqu'à lui,
» s'élève fortement en plusieurs endroits contre les
» femmes de son temps, qui étaient entêtées d'une
» troupe de démons transformés en femmes, lesquels
» s'associaient toutes les femmes qui voulaient prendre
» parti avec eux, et allaient ainsi durant la nuit, toutes
» montées sur des bêtes, faire de grandes courses dans les
» airs, ayant à leur tête *Diane* qu'on appelait encore *Hé-*
» *rodias* et *Bensozia*, dont il fallait dépendre sans ré-
» serve et lui obéir aveuglément. » (*Relig. des Gaulois*; tom. II, p. 60.)

« Des statuts manuscrits de l'église de Couserans, des
» treizième et quatorzième siècles, font encore men-
» tion des femmes qui faisaient métier d'aller à cheval

» pendant la nuit avec Diane, divinité du paganisme,
» ou avec *Hérodias* ou *Bensozia*, et faisaient inscrire
» leur nom dans le catalogue qui contenait toutes celles
» de leur sexe qui passaient pour déesses. » (*Idem* ;
tom. II, p. 59.)

(31) *De ses mamelles.*] « A l'entrée d'un ancien
» temple, qui subsiste encore à Montmorillon dans le
» Poitou, on voit une femme sans vêtemens, enlevée
» par deux serpens, sur lesquels elle est comme montée
» pour aller dans les airs, et auxquels elle se tient pour
» ne point tomber et pour être plus ferme; c'était vi-
» siblement le modèle de la contenance que tenaient
» les femmes dont nous avons tant parlé, dans les
» cavalcades qu'elles faisaient à la suite de la lune de
» *Nocticula*, d'*Hérodias* ou *Bensozia*, comme on l'ap-
» pelait encore. » (*Religion des Gaulois* ; tome II,
page 65.)

(32) *Déesse des augures.*] Les Gaulois et les Bretons
honoraient d'un culte excessif une divinité, les premiers sous le nom d'*Andarté*, selon cette inscription
trouvée à Die :

    De avg
    Andartae
    M. ivl. ante
    Ninvs.

les seconds sous le nom d'*Andarte* ou d'*Andate*,
au rapport de Dion. Quoi qu'il en soit, les uns et
les autres appelaient ainsi, chacun en leur langue,
la victoire personnifiée. Il est à croire que c'est cette
divinité qui se trouve si souvent représentée sur nos
monnaies gauloises, tantôt avec un casque ailé, tantôt

avec un casque sans ailes, ou enfin avec des ailes sans casque.

« Dion, qui nous a conservé le nom et le culte de
» cette déesse, dit que *Bunduica* était issue des rois
» qui avaient commandé aux Bretons que les Romains
» avaient subjugués ; que cette princesse indignée
» non-seulement de l'affront que les vainqueurs avaient
» fait à ses deux filles, mais encore de leur extorsion,
» et du dur esclavage où ils tenaient la nation, porta
» ses peuples à la révolte ; et que s'étant mise à la
» tête de cent vingt mille hommes, elle leur fit une
» peinture vive et pathétique de l'avarice, de la
» cruauté et du luxe des Romains, et leur mit en
» même temps devant les yeux la gloire et la facilité
» qu'il y avait à se tirer d'une si honteuse servitude,
» ou à mourir dans une entreprise si éclatante. Quand
» elle eut ainsi échauffé et réuni tous les esprits, elle
» lâcha de son sein un lièvre pour consulter les augures.
» Cet animal fit des tours et prit sa course d'une ma-
» nière, laquelle, selon les règles de la nation, pro-
» nostiquait un heureux succès, ce qui fit pousser de
» grands cris de joie à cette multitude. *Bunduica*, sans
» perdre de temps, fit ses vœux à Andarté, marcha
» droit aux ennemis, les défit, prit plusieurs villes et
» massacra tout, sans épargner les femmes romaines,
» même les plus nobles et les plus vertueuses. Pen-
» dant que cette scène se passait, les Bretons étaient
» occupés à de grandes réjouissances et à des festins
» somptueux qu'ils faisaient en des temples et surtout
» dans les bois consacrés à *Andarté*. » (*D. M.*; tom. II, page 12.)

D'après ce récit, Dom Martin regarde Andarté

comme la déesse des augures, et son opinion se fonde sur les bas-reliefs de la colonne de *Cussi* où cette divinité était représentée.

(33) *L'enceinte consacrée.*] « Les Gaulois consacraient des forêts entières à de mauvais génies qu'ils nommaient *duses*; ou pour mieux dire, ils croyaient que les forêts leur étaient consacrées et qu'ils en étaient si bien en possession, qu'ils n'osaient ni en abattre, ni même s'y rendre que pour y offrir des sacrifices. » (*D. M.*; tom. Ier, p. 190.)

« Lorsque le Gaulois soumis par la terreur, pénètre dans ces vastes solitudes, il s'avance en tremblant, il frémit au seul bruit de ses pas; effrayé de ce silence menaçant, son cœur bat avec force, sa vue se trouble, une sueur froide coule de tous ses membres; s'il tombe, les dieux lui défendent de se relever; il se traîne hors de l'enceinte, il rampe comme un reptile parmi les bruyères. » (*Gaule poétique*; tom. Ier, p. 70.)

(34) *Qu'elles protégeaient.*] « C'était aussi le sentiment des anciens, que les Parques ne dédaignaient pas de se faire voir aux hommes, de fréquenter les familles qui conservaient l'innocence et pratiquaient la justice et la chasteté. (*Religion des Gaulois*; tome II, page 179.)

(35) *Protectrice d'Arduène.*] « *Arduine* ou *ardoina*, est un mot gaulois composé de *duin*, goufre, et de l'article *ar*. Dans la vaste forêt d'Ardennes, il y avait plusieurs endroits marécageux où les eaux se rassemblaient et formaient des goufres. C'est dans ces lacs que les Gaulois honoraient Diane, avant qu'ils eussent l'usage de représenter les dieux sous des figures sen-

sibles. La raison pourquoi nos pères donnaient à Diane le nom d'*Arduina*, était sans doute parce que cette déesse se plaisait à faire son séjour dans l'eau ou à y prendre les plaisirs du bain.

Je crois aussi que les Gaulois en usaient ainsi, parce que, ne faisant de Diane et de la lune qu'une même divinité, et sachant que la lune influe beaucoup sur l'accroissement et le décroissement des eaux, ils voulaient honorer la part qu'elle avait à ce phénomène. » (D. M.; *Religion des Gaulois*; tom. II, p. 44.)

« *Ardoïna* ou Diane fut adorée dans les Gaules. On voit encore dans un bois voisin d'Epternach, ville du pays de Luxembourg, un ancien monument de Diane, fort bien travaillé, mais qui se ressent fort des injures du temps, sur lequel on lit cette inscription :

DEÆ, DIANE
Q. POSTUMIUS POTENS
V. S. »

(*Dom Martin*; tom. II, p. 49.)

« La forêt des Ardennes, qui était la plus grande qui fût dans les Gaules, fut aussi honorée sous le nom d'*Arduina*, et cette divinité, par succession de temps, fut convertie en Diane. C'était à l'exemple des Phéniciens qui adoraient les bois consacrés, et qui avaient des idoles qu'ils appelaient du nom de ces bois.

» Si l'on doit juger des honneurs que les Gaulois rendaient à Diane par celui qu'ils lui faisaient de lui consacrer cette forêt, de l'adorer et de lui faire porter son nom, il faut convenir qu'ils devaient être bien grands, et répondre en quelque sorte à l'étendue immense du pays que cette forêt contenait; puisque, quand le culte de Diane aurait été renfermé dans les seules Ardennes, et restreint aux peuples qui bordaient cette forêt, cette divinité aurait été adorée par une très-grande partie des peuples des Gaules. Il 'est vrai que les Ardennes n'occupent à présent qu'un pays de trente-cinq à quarante lieues ; mais elles avaient du temps de César beaucoup plus d'étendue, puisque d'un côté elles traversaient tout l'archevêché de Trèves et allaient presque jusqu'au Rhin ; et que des autres côtés elles s'étendaient jusqu'à Rheims et au Tournesis en Flandres. Cependant il est certain que Diane était reconnue dans toutes les Gaules, comme les monumens et les inscriptions qui nous restent de cette divinité en font foi.

» On peut juger de l'antiquité du culte de Diane dans ce pays, par l'ancienneté de son nom ; car il ne faut pas douter que, du nom celte *Arduina*, qui est celui de Diane, ne soit venu celui de la forêt que les Romains appelaient *Ardennia*. Or, il est constant que cette forêt portait le nom d'*Arduena* long-temps avant que les Romains fussent maîtres des Gaules. » (*Dom Martin*; tom. II, p. 43.)

(36) *Bénir leurs destins.*] Il parut, en 1806, un ouvrage intitulé, *République des Champs-Élysées*, ou *Monde ancien*, dans lequel on démontre principalement :

« Que les Champs-Élysées et l'Enfer des anciens sont
» le nom d'une ancienne république d'hommes justes
» et religieux, située à l'extrémité septentrionale de
» la Gaule ;

» Que cet Enfer a été le premier sanctuaire de l'ini-
» tiation aux mystères ;

» Que l'Élysée est le berceau des arts, des sciences et
» de la mythologie ;

» Que les Élysiens, nommés aussi sous d'autres rap-
» ports *atlantes*, *hyperboréens*, *cimmériens*, etc., ont
» civilisé les anciens peuples, y compris les Egyptiens
» et les Grecs ;

» Que les dieux de la fable ne sont que les emblêmes
» des institutions sociales de l'Élysée ;

» Que la voûte céleste est le tableau de ces institu-
» tions et de la philosophie des législateurs atlantes ;

» Que l'aigle céleste est l'emblême des fondateurs
» de la nation gauloise ;

» Que les poëtes *Homère* et *Hésiode* sont originaires
» de la Gaule Belgique, etc. »

Ce singulier ouvrage, si propre à flatter l'orgueil national en prouvant que notre patrie fut le berceau des connaissances humaines et la source des traditions les plus augustes, est dû à M. de Grave, ancien conseiller de Brabant et membre du conseil des anciens. J'ignore de quelle estime cet ouvrage jouit dans le monde savant, mais j'ai cru devoir m'appuyer de son autorité toutes les fois qu'elle pouvait servir à confirmer un fait honorable à notre nation. Je ne me permettrai point de juger si son système est exempt de défauts, mais je puis au moins assurer qu'il est attrayant et persuasif. Il serait à désirer que les auteurs français se défissent un peu de ce dédain superbe où les ont entraînés les préjugés romains ; je dirai même avec M. de Grave :

« Quand on entend traiter nos ayeux de *bons Gau-*
» *lois*, de *barbares*, on est bien tenté de s'écrier, à
» l'exemple du vénérable pontife de Saïs, qui repro-

» chait au législateur Solon l'ignorance des Athéniens
» sur leur origine : *O Gaulois ! Gaulois ! vous êtes*
» *toujours des enfans quelqu'âgés que vous soyez;*
» *aucun de vous n'a l'instruction ni l'expérience de*
» *son âge, et vous êtes tous des novices dans la connais-*
» *sance des antiquités de votre pays.* »

« L'opinion, dit encore M. de Grave, qui détermine le cinquantième degré de latitude comme étant celui sous lequel existait la république des Atlantes, paraît la plus raisonnable comme elle est la plus universelle ; car, dans les climats où la nature a moins fait pour l'homme, l'homme a plus fait pour lui-même. La nécessité a enfanté l'industrie, le travail et les privations ont enfanté les vertus, et les vertus, en perfectionnant les institutions, ont pu, ont dû former une société aussi parfaite que l'esprit humain peut la concevoir et l'offrir ; ce chef-d'œuvre de la civilisation n'a très-probablement dû exister d'abord que sous un ciel où les vicissitudes des saisons forçaient à la prévoyance, à l'activité, et développaient les facultés morales et physiques. La raison nous défend donc de chercher cette république dans ces régions délicieuses, où l'homme est livré à l'inertie et au délire des sens, que la fécondité du sol ne tend trop souvent qu'à dégrader. Là, les peuples inventeront peu, feront d'eux-mêmes de très-faibles progrès vers l'ordre public ; ils ne l'amélioreront que par imitation et sous l'influence d'un grand homme. L'expérience des siècles, celle des temps actuels, viennent à l'appui de cette assertion. » (*République des Champs-Élysées*, par M. de Grave; tom. Ier, p. 18.)

(37) *A de glorieuses entreprises.*] « On remarque que

les Gaulois, qui avaient pris Rome, assiégé le Capitole et vaincu tant de fois les Romains sous le gouvernement des femmes, en devinrent tributaires par la trahison d'un druide, de cet infâme Divitiac à qui César dut ses conquêtes par les jalousies et les intrigues que le perfide semait sans cesse entre les villes principales. »

(*Essai sur Paris* ; Saint-Foix ; tom. Ier, pag. 8.)

(38) *Des chevaliers romains.*] Les Gaulois offraient de l'or avec profusion à leurs dieux, dit Diodore de Sicile : « Ce qui passe toute croyance, c'est la prodi-
» gieuse quantité d'or qu'ils offrent à leurs dieux, et
» qu'ils jettent dans leurs temples, où tout le monde
» le voit, où personne ne le garde, et où personne
» n'oserait y toucher. A cet or, ils joignaient les pré-
» mices de leurs fruits, des pains, des habits, des
» pièces de drap et une infinité d'autres choses ; de
» même que les chevaux qu'ils prenaient sur l'ennemi,
» en les faisant brûler avec le corps des ennemis qu'ils
» avaient tués. Les sacrifices qui se faisaient pour la
» nation, la province ou le public, se renouvelaient
» deux fois le jour, à midi et à minuit. » (*Diodore de Sicile* ; liv. 5, pag. 212.)

Les dépouilles remportées sur l'ennemi, étaient en partie déposées dans les temples, plongées dans les lacs, ou attachées aux arbres consacrés.

(39) *Au pouvoir des vainqueurs.*] « Les druides n'avaient pas toujours été en possession de juger des différens qui survenaient entre les particuliers, ni de régler despotiquement les intérêts de la nation, et de décider de la paix ou de la guerre qu'il fallait faire. Les Gaulois avaient déféré tous ces honneurs à leurs femmes,

quelque temps avant leur première expédition en Italie ; parce qu'ils s'étaient bien trouvés d'avoir suivi leurs avis dans le grand feu d'une guerre civile. Elles jouissaient encore de ces honneurs et distribuaient la justice lorsqu'Annibal passa les Alpes pour aller assiéger Rome ; car un des articles de l'alliance conclue entre les Gaulois et Annibal, était que si un Gaulois avait lieu de se plaindre de quelque Carthaginois, le Gaulois porterait ses plaintes devant les magistrats ou le général que le sénat de Carthage aurait établi en Espagne ; et lorsqu'un Gaulois ferait quelque tort à un Carthaginois, la cause serait portée devant le tribunal des femmes des Gaules. » (*Plutarque* ; *Dom Martin*, tome 1er, pag. 197.)

« Il s'agissait d'élire un roi des Gaules, chaque cité voulait qu'il fût tiré de son sein ; les *Bituriges*, les *Eduens*, les *Arvernes*, qui étaient les cantons les plus puissans, prétendaient s'approprier le droit d'électeur ; nul ne voulait céder à l'autre ; les esprits étaient échauffés : on courut aux armes. Déjà les troupes étaient en présence, la trompette allait sonner l'attaque, lorsqu'une multitude innombrable de femmes paraît dans l'éloignement, accourant et poussant des cris. Le signal du carnage est suspendu, les rangs se séparent ; les femmes s'élancent au milieu des combattans, elles se font environner des chefs : le silence règne ; alors une d'entre elles, dans un discours plein de chaleur, leur prouve qu'ils doivent choisir dans toutes les cités le chef de toutes les cités, que le bien de la patrie commune dépendra de leur souverain ; qu'il faut, en quelque lieu qu'il soit, un homme sage, humain, juste, éclairé, et que de tels hommes ne se découvriront à eux que lorsqu'ils auront étouffé les petites passions qui les troublent, et vont peut-être précipiter les Gaulois dans les horreurs de la guerre civile, si on ne se hâte de la prévenir. Ces femmes par leur courage concilient les esprits; le calme renaît; la raison prévaut par l'organe de la beauté, et, dès ce moment, le peuple pénétré d'estime et de reconnaissance, voulut qu'il fût établi un tribunal de femmes qui décideraient de la paix et de la guerre et des différens entre particuliers. Mais elles ne furent pas assez long-temps dépositaires d'une autorité qui imposait aux peuples voisins, et soutenait la gloire de la nation; les druides, ces prêtres tyrans parvinrent à la détruire, comme étant un obstacle à leur toute puissance. » (*Précis historiques sur les Gaulois, depuis leur origine jusqu'à la bataille d'Actium*; pag. 7.)

(40) *Vendu la patrie.*] « Plusieurs cantons gaulois avaient des magistrats du nom de *vergobret*. *Divitiac* était revêtu de cette dignité lors de l'arrivée de César. Il était druide, grand ami de *Cicéron*, et en particulier hôte de *Quintus*, son frère. Il faisait profession de l'étude des choses de la nature et de connaître l'avenir. Comme il était lié d'intérêt avec le sénat de Rome, chéri et estimé des Romains, en particulier de César, il se soutint toujours dans son crédit et dans son autorité. » (*Relig. des Gaulois*; tom. Ier, p. 199.)

(41) *Assurer son triomphe.*] « L'on sait que la politique des Romains, si bien imitée par les plus irréconciliables ennemis de notre liberté, fut d'entretenir dans les Gaules des guerres intestines, et d'employer les forces des trop crédules Gaulois à déchirer leur propre sein, afin qu'après s'être ainsi épuisés et presque anéan-

tis, ils ne fussent plus en état de leur opposer que des efforts languissans ; et malheureusement les Gaulois, d'intelligence avec l'ambition des Romains, ne travaillèrent que trop efficacement à accélérer leur propre ruine. » (*Orig. gaul.;* Latour-d'Auv. ; pag. 53.)

(42) *Contre l'oppression.*] A plus d'une reprise, les Gaules tout entières s'élevèrent contre la domination de César. Voyez, dans ses Commentaires, la guerre des Belges, la révolte des Carnutes, etc.

(43) *T'arracher la vie!*] « Pour donner plus de courage à ses soldats, *Labienus* proposa un prix à celui qui lui apporterait la tête d'*Induciomare*, et fit sortir toute son infanterie pour les soutenir : l'entreprise réussit ; car, comme la cavalerie s'était répandue partout, selon l'ordre qu'elle en avait, *Induciomare* fut trouvé au gué d'une rivière, et sa tête fut apportée au camp. » (*César;* liv. 5, pag. 154.)

(44) *Repose dans nos forêts.*] « *Basilius*, suivant ces ordres, surprit ces barbares ; et ayant appris qu'*Ambiorix* était avec peu de gens en un château, tira en hâte de ce côté ; mais comme les maisons de la noblesse des Gaules sont ordinairement accompagnées d'un bois et d'une rivière pour prendre le frais en été, ses gens arrêtèrent quelque temps les nôtres au passage, ce qui donna à *Ambiorix* le temps de monter à cheval et de s'élancer à travers la forêt. » (*César;* liv. 6, pag. 174.)

(45) *Dans ton sein.*] « *Cativulce*, qui avait eu part à la révolte d'*Ambiorix*, comme souverain de la moitié de l'État, ne pouvant, à cause de son grand âge, supporter la douleur et les fatigues de la retraite, s'empoisonna

avec de l'if, dont il croît beaucoup dans les Gaules. »
(*César;* liv. 6, pag. 175.)

(46) *Chefs d'une illustre jeunesse.*] « L'armée qui alla au secours d'Alexis, se montait à 8,000 chevaux et à 240,000 hommes de pied, sous le commandement de quatre chefs, *Eporedorix*, *Viridomare*, *Coma* et *Vergasillaune*, avec un conseil composé des députés de chaque ville ; ils marchent tous au secours de la ville assiégée, pleins d'espoir et de courage. » (*César;* liv. 7, pag. 245.)

« *Lucterie*, homme audacieux et entreprenant, est chargé par *Vercingentorix* du commandement d'une partie de l'armée dirigée sur Bourges. » (*César;* liv. 6, pag. 190.)

« *Védéliac*, qui commandait dans Autun de l'aveu de César, s'indigne d'avoir été nommé par le vainqueur; il parle secrètement aux jeunes guerriers et principalement à Litavique et ses frères ; il leur dit qu'étant nés pour commander et dans une ville libre, il était honteux de servir ; qu'il n'y avait plus que ceux d'Autun qui retardassent la liberté des Gaules, et qui retinssent les autres par autorité ; et que s'ils abandonnaient la cause des Romains, ceux-ci seraient forcés de se retirer ; qu'à la vérité, il avait, lui, quelques obligations à César d'avoir prononcé en sa faveur; mais qu'il devait encore plus à la patrie : et pourquoi se contraindre à venir répondre de ses actions devant les Romains, plutôt que les Romains devant elle? Les jeunes seigneurs, touchés de ses exhortations, s'offrent pour chefs de l'entreprise, de sorte qu'on ne pensa plus qu'à l'exécuter. »
(*César;* liv. 7, pag. 215.)

« *Lucterie* tomba entre les mains d'un Auvergnat dévoué aux Romains. L'histoire a consacré le nom de ce traître ; il se nommait *Espanacte ;* ce fut lui qui le livra à César. » (*Hist. de la Nat. franç. ;* tom. Ier.)

(47) *Ton corps vénérable.*] « *Labienus* conduisit ses quatre légions vers *Lutèce*, capitale des Parisiens ; cette ville est située dans une île de la Seine. Les ennemis, prévenus de son arrivée, levèrent d'immenses troupes chez les peuples voisins, et nommèrent commandant-général *Camulogène-Aulerce*, vieillard consommé dans l'art militaire ; ils voulaient récompenser son mérite en lui déférant cet honneur. Un marais s'étendait le long de la ville et la rendait inabordable ; Camulogène y plaça ses troupes et résolut d'en disputer le passage aux Romains.

» Une ruse de Labienus déconcerta ses plans, et, malgré sa valeur, il fut vaincu.

» La douzième légion, qui formait l'aile gauche, avait déjà percé de traits et renversé les premiers rangs des Gaulois, les autres résistaient opiniâtrément, et paraissaient décidés à ne point reculer ; Camulogène les animait par son exemple : la victoire était encore incertaine, lorsque la septième légion s'avança, tourna les Gaulois, et attaqua impétueusement : ceux-ci demeurèrent inébranlables ; mais enveloppés de toute part, ils furent bientôt taillés en pièce ; Camulogène eut le même sort. » (*Comment. de César* ; liv. prem., pag. 277.)

(48) *La fortune de César.*] « Alors des combats interminables rougirent tous nos rivages et firent croire aux Romains que les Gaulois étaient exceptés de la conquête du monde. Alors même que le génie, les armes

4*

et la politique de César, qui sut opposer nos ancêtres à eux-mêmes, semblaient avoir fait plier la Gaule sous le joug romain ; elle se releva tout-à-coup, et affronta sous le bouclier de Vercingentorix la fortune de son vainqueur. » (*Gaule poétique*; pag. 99. *César, Suétone, Eutrope, Orose*, cités par M. de Marchangy.)

(49) *Les efforts de ton courage.*] «*Avaricum* (Bourges). Son siége a cela de remarquable que pour défendre leur liberté, les Gaulois préférèrent de perdre toutes leurs possessions. Ils incendièrent leurs villes, leurs hameaux, les forêts, les moissons à 40 lieues à la ronde, afin de donner aux ennemis une idée de leur courage et de leur résolution. *Avaricum* subsistait seule au milieu de cet affreux désastre ; une rivière et un marais la garantissaient de toute surprise. C'était une des plus grandes et des plus fortes places des Gaules ; les rois celtes y faisaient leur résidence ; il y avait 40,000 hommes de garnison, bons soldats et bons mineurs surtout. Leur vigoureuse résistance leur fait autant d'honneur que l'attaque en fit à César. Malgré tant de valeur, elle fut prise d'assaut, et le vainqueur démentit la devise romaine qui dit :

Rome, implacable aux superbes et clémente envers les vaincus.

» Il souilla ses victoires en ordonnant de cruelles représailles du massacre des troupes romaines à *Génabum* (Orléans).

» Au siége mémorable d'Avaricum, César fit égorger 40,000 personnes, sans égard à l'âge ni au sexe ; et quand le généreux Vercingentorix se dévouait pour sa patrie, le farouche vainqueur faisait hacher les mains aux soldats gaulois, pour les empêcher, disait-il, de porter jamais les armes contre lui.

» Gloire aux habitans de *Gergovie!* que ce conquérant fameux attaqua sans succès. » (*Lettres écrites du règne d'Auguste*; pag. 279.)

(50) *L'étendue de son courage.*] « Le lendemain, Vercingentorix tint conseil : il représenta qu'il n'avait pas entrepris la guerre pour son intérêt, mais pour celui de la nation; que puisqu'il fallait céder à la fortune, il s'offrait pour victime à César, soit qu'il fallût expier leur malheur, par la captivité ou la mort.

» César avait ordonné qu'on lui livrât les chefs et les armes pour l'exécution du traité. Il s'assit sur son tribunal, au pied duquel on amena Vercingentorix et ses compagnons d'infortune. » (*César*; liv. 7, pag. 255.)

(51) *De vils troupeaux.*] « Auguste fit faire le cens ou dénombrement des trois Gaules *celtique*, *aquitanique* et *belgique*, savoir : de leurs cités ou peuples, cantons, villes et villages; de tous les hommes qui y étaient, avec leur âge, leur condition, leur métier, leurs charges et leur parenté; et de toutes leurs terres, biens et commodités, afin de connaître quelle était la puissance de chaque peuple, de chaque ville, de chaque famille; comment, et sur qui il fallait mettre les impôts, et ce que chaque pays était capable de fournir de milice, de vivres, d'argent et de voitures. Il fit la même chose dans toutes les autres provinces, et sur cela dressa cet état ou sommaire de l'empire, contenant toutes les forces et les facultés de ce grand corps; ce qu'il avait et ce qu'il pouvait mettre de citoyens et d'alliés dans ses armées; ses flottes, ses royaumes, ses provinces, ses revenus et ses dépenses. Il réitéra ce dénombrement deux ou trois fois dans les Gaules : la

première à vingt ans de-là ; l'autre, peu de temps avant sa mort. Il n'y eut rien qui fît tant sentir la servitude aux Gaulois, que lorsqu'ils virent que leurs têtes, leurs familles et leurs biens étaient au pouvoir d'un maître étranger ; car celui au nom duquel on fait un inventaire, donne assez à connaître par-là, qu'il entend que tout ce qu'on y met soit à lui, et qu'on lui en tienne compte. » (*Mézeray* ; liv. prem., pag. 65.)

(52) *De ses peuples chéris.*] « Le lever des astres était chez les *Atlantes* le signal de tous les événemens remarquables, comme celui des fêtes de la religion et de l'agriculture, deux choses qui, dans les temps antiques, se trouvaient intimement liées. On appelait ces annonces célestes, *Astres monitoires* ou *My-stères*. Quand on perdit l'intelligence de ces emblêmes sacrés, la magie s'en empara : de-là l'usage de *consulter*, de *lire* aux astres; et le mot mystère s'employa depuis dans un sens bien différent que celui qui, dans l'origine, lui avait été assigné par les sages Atlantes. » (M. de Grave; *Rép. des Champs-Élysées.*)

« *Uranus*, roi des Atlantes, était habile astronome; il lisait dans les astres et prédisait avec succès plusieurs phénomènes célestes; il apprit au peuple la nature et les effets de l'année solaire, régla les mois d'après le cours de la lune, et partagea la révolution annuelle du soleil en sections ou saisons. » (*Rép. des Champs-Élysées* ; M. de Grave; tom. III, pag. 2.)

(53) *Par leurs traces légères.*] « Cercle ou anneau magique, que le peuple suppose avoir été tracé par les fées dans leurs danses. Il y en a de deux sortes : les uns ont sept ou huit toises de diamètre, et contiennent un

gazon pelé à la ronde, de la largeur d'un pied, avec un gazon vert au milieu ; les autres sont de différentes grandeurs, et surtout entourés d'une circonférence de gazon beaucoup plus vert et plus frais que celui du milieu.

» MM. Jessorp et Valker, dans les Transactions philosophiques, attribuent ce phénomène au tonnerre ; ils en donnent pour raison que c'est le plus souvent après des orages qu'on aperçoit ces cercles. D'autres auteurs ont prétendu que ces cercles magiques étaient formés par les fourmis ; parce qu'on trouve quelquefois ces insectes qui y travaillent en foule ; mais quelle qu'en soit la cause, il est certain qu'elle est naturelle et non magique, comme le peuple se l'imagine. » (*Encyclop.*; tom. II, pag. 836.)

On regarde encore dans la Lorraine les traces que forment sur le gazon les tourbillons des vents et les sillons de la foudre, comme les vestiges de la danse des fées, et les paysans ne s'en approchent qu'avec terreur.

LIVRE SECOND.

La Vierge et les Travaux des Femmes.

L'oiseau matinal de la Gaule [1] avait, de son cri joyeux, proclamé le retour de la lumière, et Idoïne [2] n'avait point encore quitté sa couche : le sommeil, qu'elle avait en vain imploré toute la nuit, pressait alors péniblement sa paupière ; un songe funeste planait autour d'elle. Enfin, s'arrachant aux horreurs qui la poursuivent, Idoïne s'éveille et rend grâces aux dieux d'avoir rompu le charme qui l'oppressait : elle revêt sa longue robe de lin dont le bord est enrichi d'une bande de pourpre, la tunique azurée qui distingue les filles de la Gaule ; elle en fixe les plis onduleux par une chaîne d'or, et relevant ses tresses blondes, elle les attache sur le haut de sa tête [3] avec une aiguille de même métal. Ainsi parée, la vierge sort de sa retraite ; elle porte ses pas vers la fontaine qui, non loin de sa demeure, répandait ses eaux pures et sacrées. Arrivée près de la grotte d'où elles jaillissent avec impétuosité, Idoïne suspend à l'entrée une guirlande de fleurs liée par des bandelettes de laine; tourmentée par de sinistres pressentimens, elle s'agenouille au bord des eaux, et s'adresse ainsi aux fées qui veillent à sa destinée :

« O déesses ! vous que nous révérons sous le doux nom de mères ! 4 écoutez les prières de celle dont vous avez protégé l'enfance ! Si je vous ai toujours pieusement invoquées, divinités tutélaires ; si, aux jours solennels, j'ai décoré vos autels selon les rites sacrés, détournez les malheurs qui menacent les objets de ma tendresse : mon père vénérable et mon fidèle Théodemir. L'un, hélas ! touche aux bornes de sa vie, et l'autre..... »

Elle ne peut achever : le souvenir du songe de la nuit vient glacer sa pensée. Élevé près d'Idoïne, Théodemir avait partagé dès l'enfance ses jeux et ses plaisirs; la prudente Sul-

mina, druidesse sacrée, avait servi de mère
à la fille de Diciomar que les dieux avaient
privé d'une épouse chérie. Long-temps les
deux enfans, unis par les nœuds de l'amitié,
se donnèrent le doux nom de frère et de
sœur. Idoïne couvrait de fleurs la lance en-
fantine de Théodemir qui, à son tour, se
plaisait à jouer avec ses blanches colombes.
Mais les années de l'enfance s'envolèrent sur
les ailes du temps, et les liens de l'amitié devinrent ceux de l'amour. Plus d'une fois le
jeune amant, la première nuit de la lune des
fleurs [5], se rendit à la porte de sa bien-aimée
et décora ses solives sculptées de légères guirlandes et de festons de verdure. Idoïne, cachée derrière le treillis qui fermait sa retraite,
recueillait avec délices le parfum des fleurs et
les doux accens de l'amour; mais chaste et
craintive, sa bouche restait muette. Théodemir acquit enfin les forces d'un homme, il fut
reçu au rang des citoyens. Diciomar le présenta au conseil des sages de la nation; là il
déclara que Théodemir, auquel il avait servi

de père, était le fils d'un de ses plus chers amis, mort dans une guerre étrangère ; il remit entre les mains du jeune homme un bouclier éclatant et une lance de bois de frêne ; l'assemblée confirma l'action du monarque par ses acclamations, et Théodemir prit place dans le rang des jeunes guerriers [6]. Un sentiment nouveau s'était élevé dans le sein du jeune homme, avec celui de sa nouvelle dignité. Adorant Idoïne, il s'indignait de n'avoir à lui offrir pour hommage que les dépouilles sanglantes des hôtes des forêts, et la fierté de son ame se révoltait de devoir toute l'illustration de sa fortune aux bontés d'un roi, et non à son courage. Il résolut d'aller en conquérir une plus éclatante, en s'associant à la gloire d'une nation étrangère.

Le fils adoptif de Diciomar jouissait d'un grand crédit parmi les habitans d'Arduène ; le courage qu'il avait déployé dans plus d'une circonstance, sa générosité, sa force et son adresse à tous les jeux auxquels s'exerçait cette jeunesse belliqueuse, l'avait rendu l'amour et l'espoir des guerriers de son âge.

De tous les jeunes princes de sa nation, il avait la suite la plus nombreuse, et chaque année, à l'époque des grandes chasses, sa généreuse amitié distribuait à ses compagnons des armes étincelantes, des manteaux de fourrures et des cornes d'uroch garnies d'argent. Mais leurs jours s'écoulaient dans l'oisiveté, et souvent leurs regards ardens, interrogeant leur jeune chef, semblaient lui demander plus de gloire et moins de repos. Théodemir entendit ce vœu qui répondait si bien à ses secrets désirs, et un motif plus puissant affermit encore sa résolution. Le druide Hemdal, par son orgueil et sa cruauté, avait plus d'une fois révolté l'ame de Théodemir : un acte de sévérité excessive, exercé envers un de ses fidèles esclaves, porta au plus haut point l'horreur qu'il éprouvait déjà pour le tyran sacré; toutefois, contraint par la terreur religieuse qu'inspirait le pontife aux enfans d'Arduène, l'amant d'Idoïne renferma dans son cœur son impuissant courroux, mais il n'hésita point à quitter pour un temps la cour de Diciomar. Il assembla ses amis, leur fit part de ses projets : tous applaudirent avec transport, et demandèrent qu'il marquât l'instant du départ ; mais pour ne pas être arrêtés dans leur noble entreprise, ils convinrent d'envelopper leur dessein des voiles du plus profond secret. Ils feignirent de partir pour une chasse lointaine, et tournant leurs pas vers les rives de la Mosa, ils suivirent son cours jusqu'aux flots impétueux du Wahalis.

Avant de quitter les vallons de Phaémanie, Théodemir a voulu prendre congé de la douce compagne de son enfance. Sulmina est présente à l'entrevue ; elle approuve la résolution du héros, et enflamme son courage. « Pars, vaillant enfant, lui dit-elle ; va dans une autre contrée aguerrir ton bras contre l'ennemi commun ; reviens avec un nom célèbre ! Je veillerai sur celle qui t'est chère : sois digne d'elle, et Diciomare te nommera son fils. »

« O toi qui m'as servi de mère, s'écrie

Théodemir en s'adressant à la druidesse, bénis ton fils et reçois ses adieux! A l'exemple de ces braves guerriers qui vinrent un jour dans nos forêts, j'ai fait un vœu solennel. Tu le sais, une épaisse chevelure couvrait leur front terrible, un anneau de fer entourait leur bras : ils avaient fait aux dieux la promesse de ne point s'en délivrer, de négliger le soin de leurs tresses odorantes, de fuir la vue de leurs maîtresses adorées, jusqu'à ce que d'illustres exploits les eussent affranchis d'une honteuse obscurité. J'ai fait les mêmes sermens [7]. Vois cet anneau de fer, il pressera mon bras, jusqu'au jour où ce bras se sera baigné dans le sang romain!... O ma mère, bénis ton fils et reçois ses adieux! Et toi, belle Idoïne, ajouta le jeune guerrier, garde-moi ton cœur. »

« Va en paix, dit la vierge éplorée ; que les fées te protégent et que mon souvenir t'accompagne! » Puis, prenant un vase rempli d'hydromel [8], boisson délicieuse, composée du suc des fleurs, elle épanche dans l'argile arrondie ses flots couleur d'hyacinthe, et, d'une main tremblante, présente à son amant la coupe des adieux, après l'avoir elle-même portée à ses lèvres : pendant que le héros la vide, elle implore secrètement les dieux en sa faveur.

Théodemir rejoignit sa troupe belliqueuse. Depuis ce fatal départ, trois fois l'hiver a succédé à l'automne, et aucun message n'est venu rassurer le cœur d'Idoïne. Isarne, audacieux guerrier, a vu la vierge à la tête des chœurs de la chaste Ardoïna, lorsqu'aux jours sacrés elle chantait avec ses compagnes les louanges de la déesse à l'arc d'or, aux traits rapides ; enflammé d'amour, il a osé demander à Diciomar la main de sa fille ; enhardi par la réponse mesurée du monarque, il importune chaque jour la jeune vierge de son amour : et Théodemir n'est pas de retour !

C'est ainsi que la timide Idoïne, penchée sur les bords de la fontaine, se livrait à ses douloureuses pensées, à ses craintes plus sinistres encore. « S'il tardait plus long-temps !... s'écriait-elle avec effroi : s'il ne revenait pas !...

O mes divines protectrices, veillez sur lui!

A cet instant, Sulmina se présente à ses regards. Sulmina, sainte druidesse [9], faisait sa demeure dans un lieu solitaire, non loin du palais. Elle se montrait peu aux hommes, mais les infortunés connaissaient sa retraite, et Diciomar se plaisait à recourir à ses conseils. La pureté et l'élévation de son ame la faisaient souvent converser avec les dieux, et plus d'une fois ses graves méditations l'ont arrêtée aux bords murmurans de la fontaine. Elle voit son élève toujours agenouillée, la pâleur sur le front et les yeux pleins de larmes; elle la presse sur son cœur, et lui demande avec inquiétude ce qui cause sa tristesse.

« O Sulmina! dit Idoïne d'une voix tremblante, et en jetant autour d'elle des regards craintifs, je ne sais ce que les dieux réservent à votre enfant, mais des images funestes m'ont été présentées dans mon sommeil... J'ai vu mon père expirant appeler sa fille et Théodemir pour les unir, et les serrer encore dans ses bras... J'ai vu le cruel Hemdal nous arracher tous deux de son sein; je l'ai vu frapper Théodemir de sa main redoutable... O Sulmina, quel présage! J'ai vu ce jeune héros se décolorer, tomber, et s'évanouir à mes yeux comme une ombre légère... » En achevant ces mots, Idoïne posa sa tête sur le sein de la druidesse, et pleura sans contrainte.

« Où est donc le courage d'une fille gauloise? dit la sage Sulmina; eh quoi! la fille de Diciomar, la protégée des fées, Idoïne montre une telle faiblesse? Un songe a-t-il tant de pouvoir sur votre ame, qu'il puisse en bannir la paix qui doit en être la compagne habituelle? Et si, par de saints avertissemens, le ciel veut vous préparer à des épreuves, est-ce ainsi que vous vous apprêtez à les subir? Rappelez votre vertu, mon enfant, et reprenez courage. Théodemir, en quittant nos contrées, obéit à l'ordre des dieux... Une haute destinée attend ce jeune héros; celui auquel Idoïne garde sa foi, n'est point d'un sang vulgaire... Ecoutez, ma fille, un secret qui n'est connu que de votre auguste père et de moi » La jeune vierge prête

5

une oreille attentive, et la druidesse poursuit en ces termes :

« Quelque temps avant votre naissance, le noble Diciomar, à la tête de l'élite de nos guerriers, se rendait, selon l'usage, à l'assemblée générale qui se tient chaque année au sein des mystérieuses forêts des carnutes : c'était à l'époque de la nuit-mère [10], nuit solennelle que le Celte adore, et qui se voit honorée par les rites les plus saints et les cérémonies les plus augustes. C'est là, qu'en présence de tous les envoyés de la nation, le souverain pontife des druides recueille le gui sacré sur les chênes de Hésus : vêtu de lin et couronné de feuillages, le saint cortége s'avance ; un autel triangulaire, formé de terre recouverte de gazon, entoure l'arbre vénéré ; les eubages amènent deux jeunes taureaux d'une blancheur éclatante, et dont le front superbe n'a point encore subi le joug ; trois druides, éminens par leur âge, leur puissance et leur vertu, portent des vases d'or contenant l'eau pure que le divin rameau doit sanctifier ; le pain, doux présent de Cérès,

et l'encens qui plaît au ciel. A la clarté des
bûchers qui éclairent la fête, les bardes entonnent le chant de Hésus. Le peuple prosterné
prie en silence. Pendant la mélodie, le pontife, armé de la faux d'or, monte avec respect
sur le chêne favorisé du ciel, et coupe la branche
sacrée. De peur qu'il ne s'en échappe quelques
parcelles, deux vénérables saronides étendent
au-dessous un vaste sagum, de la plus pure
blancheur. Le pontife descend, chargé de sa
précieuse récolte; les taureaux sont égorgés;
l'encens et le pain fument sur l'autel. Le chef
des druides plonge la plante salutaire dans les
eaux, en prononçant des paroles inconnues;
autour de lui sont rangés les enfans nouveaux
nés, les jeunes épouses et les vieillards débiles:
le pontife répand sur eux la rosée de cette eau
bienfaisante, dont la vertu rompt les enchantemens, préserve de la foudre, et guérit tous
les maux [11]. A cet instant, le cri joyeux du
peuple s'élève jusqu'aux cieux, et célèbre ainsi
le point mystérieux qui sépare les mois, les

ans et les siècles, et que la religion vient de consacrer [12].

»C'est après ces cérémonies saintes, après les banquets publics [12 bis] qui les suivent et qui durent ordinairement plusieurs jours, que s'assemble le conseil général des Gaules.

» César venait de périr sous le poignard de ceux qu'il voulait asservir; la division secouait ses torches ardentes au milieu de nos ennemis. On pouvait tenter de nouveaux efforts pour sauver la patrie; en vain le noble Diciomar et quelques princes généreux, proposèrent des mesures salutaires; en vain ils élevèrent leurs voix courageuses, elles furent étouffées par les clameurs des esclaves de Rome: l'influence de chefs corrompus l'emporta, et le sort de la Gaule ne fut point changé.

»Diciomar, pénétré d'une amère douleur, et perdant tout espoir de voir sa patrie délivrée de ses tyrans, reprit avec ses guerriers la route d'Arduène. Arrivé aux confins de son territoire, il s'éloigne de ses braves; et suivi seulement de ses dogues fidèles, il s'enfonce dans les vallons, qui par des chemins déserts conduisent au pagus de Phaémanie [13]. Livré à ses pensées profondes, le roi s'égare dans le dédale que forment les collines; il rencontre un ruisseau, et remontant son cours, il arrive près d'une de ces fontaines que la reconnaissance a consacrées aux déesses-mères. Sur ses bords verdoyans sont encore les restes des simples offrandes [14] d'une mère ou d'une amante, en faveur de l'objet chéri. Le roi, plein de respect, s'était arrêté. Tout-à-coup les eaux de la fontaine se troublent, bouillonnent, et dépassent ses rives. Une belle femme sort de leur sein; elle porte dans ses mains un bouclier de forme étrangère, tressé d'osier, à la manière gauloise, et revêtu d'une argile colorée; de nombreuses abeilles d'or étincellent sur sa surface. Dans ce pavois repose un enfant paisiblement endormi; sa beauté ravissante et son ondoyante chevelure annoncent un fils de sang royal, et, glorieux symbole, un glaive brisé brille à ses côtés. « Garde ce trésor, dit la déesse en s'approchant du monarque, que cet enfant soit ton fils; les dieux le destinent à de grandes choses; mais qu'il ignore ce mystère jusqu'à ce que ma voix le lui révèle. » Diciomar reçoit à genoux ce présent; il contemple l'enfant d'un œil attendri, et veut faire quelques questions sur son origine. Il relève la tête ; mais l'être mystérieux s'était replongé dans la fontaine.

»Diciomar revint dans son palais; les ombres de la nuit voilent son précieux dépôt ; il l'apporte à votre mère, qui venait de vous donner le jour. Ce fut en vous pressant sur son cœur paternel qu'il jura d'accomplir l'ordre de la déesse. Votre mère mourut, chère Idoïne, elle emporta dans la tombe silencieuse, le secret que le monarque n'avait confié qu'à elle et à moi. Il vit croître vos amours, et sourit à l'espoir de vous unir un jour à son fils adoptif. Ému par je ne sais quel pressentiment, votre vénérable père m'a remis, depuis quelques jours, le glaive brisé et le bouclier aux abeilles d'or, et m'a laissé le soin de vous instruire de ces faits mystérieux : cette révélation doit dissiper des terreurs indignes d'occuper l'ame de mon élève. Espérez donc, ô ma fille! que les dieux qui ont présidé à l'enfance de ce héros veilleront encore sur la suite de ses destinées. Théodemir, couvert de gloire, reviendra déposer à vos pieds les riches dépouilles que sa valeur aura conquises. »

« Pardonne, ô ma seconde mère, dit Idoïne en pressant les mains de Sulmina contre son sein, pardonne aux terreurs de l'amour. Ah! puissent les dieux qui t'ont donné la sagesse, entendre tes paroles, protéger mon père et le héros que j'adore! » En disant ces mots, Idoïne jette un regard respectueux sur l'asile des déesses-mères; et plus calme, elle s'achemine vers le palais pour y attendre le réveil de Diciomar. Sulmina l'accompagne : la druidesse l'avait instruite dans les arts de la douce Bélisana [15], déesse aux yeux pers. Elles entrent dans la vaste salle qui réunissait les nombreuses esclaves. Ici, des mains industrieuses préparent les riches vêtemens dont se décore Diciomar aux jours solennels; là, de jeunes filles tournent le fuseau et tissent le lin grisâtre, qui reprend la blancheur de la neige quand il a été exposé aux brouillards du matin. Quelques-unes, après avoir plongé les blanches toisons dans des eaux savonneuses, en forment, à l'aide du métier inventé par la vierge Tritonide [16], des robes flottantes ou des tapis moelleux, capables d'affronter les hivers ; d'autres étendent les peaux de cygnes et d'hermines qui doivent border les tuniques de leur jeune maîtresse [17]; celles-ci brodent délicatement le haut des sayes asurées, d'un fil teint d'une pourpre précieuse [18]; celles-là doublent de rares fourrures les vastes manteaux dont le roi fait présent aux guerriers qui l'accompagnent [19]; tandis que les plus adroites dépouillent de ses plumes blanches et légères le vautour des montagnes et le héron aquatique, pour en former les aigrettes qui orneront le casque des héros. A la vue de leur jeune souveraine, toutes les esclaves redoublent d'activité; la douce Idoïne leur sourit avec bienveillance et encourage leurs travaux par quelques mots pleins de bonté; prenant ensuite de ses belles mains les fuseaux de hêtre, chargés d'une laine fine et choisie, elle tâche de distraire ses sombres pensées par le travail.

Cependant ses femmes remarquent avec chagrin l'impression de tristesse répandue sur son charmant visage ; alors la jeune **Minvèla**, la plus chère de ses compagnes, élève sa voix, et s'adressant à la blonde Idoïne : « Fille de roi, lui dit-elle d'un air enjoué, quel chant veux-tu que commencent tes fidèles compagnes ? Le chant, tu le sais, charme les ennuis, la longueur des travaux, et prête à nos fuseaux un mouvement plus rapide : aussi, quand les pâles fleurs des tardives colchiques paraissent dans nos marécages [20], les vierges se hâtent de recueillir en leur mémoire les chants de leurs mères, et ceux que les chasseurs malins ont composés sur les amours du hameau. Je sais des airs nouveaux, des hymnes saints et des chansons folâtres. Je sais les chœurs mystérieux de la douce Belisana, mère des arts, et ceux que les vierges chantent au solstice d'été, lorsque couronnées du blaviel, fleur chère à

Cérès [21], elles se rendent aux bords de la fontaine, pour voir dans ses eaux l'image de celui qui leur est destiné. Parle, ô maîtresse chérie ! fais-nous connaître ton désir, et nos accens réunis chasseront ces nuages qui obscurcissent tes yeux si doux. »

Idoïne répondit à Minvèla, interprète des filles gauloises : « Vous êtes aimables, ô mes jeunes compagnes, et les paroles de votre amitié me sont chères ; mais écoutez : aujourd'hui je veux conduire vos chœurs harmonieux. Je vais vous dire le dernier chant que j'appris de ma druidesse, la tendre Sulmina : c'est celui qui célèbre la déesse Isis, dont les temples s'élèvent de toutes parts dans la Gaule [22]. Nous devons révérer Isis, car elle fut aussi bonne mère que tendre épouse. » Elle dit, et sa voix mélodieuse donnant le mode à ses compagnes, bientôt la salle sonore retentit du bruit léger des fuseaux mobiles, qui marquent en cadence la mesure du chant d'Isis.

CHANT DU TRAVAIL.

« Filles des Gaules, savez-vous qui vous apprit à tirer du lin azuré les tissus de neige qui vous décorent ? [23] »

« C'est la blonde Isia, la déesse aux dix mille noms [24]. »

« Qui vous enseigna à prendre le suc des fleurs, l'écorce des arbustes et les baies colorantes des buissons, pour teindre la laine des agneaux ? »

« C'est la blonde Isia, la déesse aux dix mille noms. »

« Avez-vous vu les filles des Sicambres ?... Elles marchent comme la nuit, vêtues de robes lugubres [25]; mais vous, filles heureuses, qui vous apprit à varier les couleurs de vos habits comme un champ de fleurs ? »

« C'est la blonde Isia, la déesse aux dix mille noms. »

« Un jour une déesse vint des mers. Le vaisseau merveilleux qui l'amenait était son ouvrage; elle en avait tissu les voiles et filé les cordages [26] : ses habits étaient blancs, et ses chaussures d'un or pur ; un lévrier rapide guidait sa marche. Elle parut dans nos forêts comme l'aurore ; ses mains divines portaient des fruits et des fleurs [27] ; on l'appela la bienfaisante : »

« C'était la blonde Isia, la déesse aux dix mille noms [28]. »

« Filles de la Gaule, chantez la blonde Isia ; c'est elle qui fit votre bonheur en vous rendant plus utiles à l'homme : sans vous, que ferait le chasseur de sa proie ? qui défendrait le vieillard contre les frimas ? qui préparerait la brillante parure des héros ?... Filles de la Gaule, si vous êtes meilleures et plus aimables, chantez, révérez la blonde Isia, la déesse aux dix mille noms. »

Tels étaient les chants des jeunes Gauloises, lorsqu'un tumulte lointain vint frapper l'oreille d'Idoïne : son cœur s'émeut, sa main commande le silence. Le bruit redouble, il s'y mêle des gémissemens... Tout-à-coup deux serviteurs éperdus traversent la salle et s'écrient : Le roi, le roi se meurt!... A ces mots épouvantables, Idoïne sent un froid mortel glacer tous ses sens; le souvenir du songe de la nuit achève de bouleverser son ame, la douleur la plus aiguë va suspendre sa vie; mais bientôt rassemblant tout son courage, elle s'élance pour voir encore ce père adoré. Vain espoir! le cruel Hemdal lui fait refuser l'entrée de la salle, car le conseil est assemblé : les forces de la tendre fille sont épuisées, ses esclaves chéries la reçoivent dans leurs bras, et la transportent inanimée sur sa couche.

FIN DU LIVRE SECOND.

NOTES

DU LIVRE SECOND.

(1) De *la Gaule.*] Cet oiseau se nomme en latin *Gallus*, symbole de la vigilance et du courage; il était consacré à Mars. En 89, la nation française l'avait adopté pour emblème. Mars ou Hésus était la divinité suprême des Gaulois, et c'est sans doute traditionnellement que nous avons placé le coq dans nos armes.

(2) *Et Idoïne.*] « *Idoïne* était le nom de la fille de Pharamond. Il y eut aussi une Idoïne, fille d'Octavien, quatrième duc de Brabant, qui se joignit aux Romains pour repousser les Saxons. Il fut nommé duc et gouverneur du Brabant par Trajan, an 10 de J.-C. » (*Extr. de la Généalogie des comtes de Salm-Kirbourg.*)

(3) *De sa tête.*] « Les femmes portent des habits de lin auxquels elles attachent des bandes de pourpre; ces habits sont sans manches, et laissent voir les bras et les épaules à découvert.

» La tunique ou vêtement de dessus, est souvent teinte de diverses couleurs. Les Gauloises tressent leurs chevelures et la rattachent sur le haut de la tête. » (*Monum. de l'ant.* Montfaucon; *Tite-Live*, liv. prem.)

(4) *Le doux nom de mères.*] « Nos ancêtres croyaient s'allier si étroitement avec ces sortes de divinités, qu'ils

les regardaient quelquefois comme leurs véritables mères, et tous les monumens que j'ai produits confirment cette vérité.

» Une inscription qui se trouve à Nimègue, signifie que Liberius Victor, originaire du Tournaisis, marchand de bled, s'est acquitté de bon cœur et avec gratitude du vœu qu'il a fait à ses mères *les fées*. » (*Rel. des Gaulois*; dom Martin; tom. II, pag. 183.)

(5) *Lune des fleurs.*] « *Mai*, mois dédié à l'Amour. *Mai*, en vieux teuton, signifiait *puella, fille; Meymaend*, mois de mai, veut dire mois consacré aux filles, et, par suite, *mois* consacré à l'Amour. C'est la veille du premier jour de ce mois, que les jeunes gens de la campagne rendent leurs hommages aux filles nubiles les plus importantes du village, ou à celles que leurs cœurs ont choisies, en décorant la façade de leur demeure de branches de feuillages. Ces trophées d'amour portent le nom du mois et des nymphes auxquels ils sont consacrés : on les appelle *meyen* ou *mey-taken*. » (*Rép. des Champs-Élysées*; de Grave; tom. III, pag. 96.)

Cet usage s'est conservé dans presque toute la France. En Lorraine, dans les campagnes, la veille du premier de mai, les amoureux attachent aux fenêtres de leurs belles de grands rameaux de hêtres tous couverts de rubans et de fleurs. A Montignon, près de Paris même, on retrouve cette coutume ; on plante, la veille du premier de mai, un arbre de six à huit ans, dont le faîte est orné d'une large couronne de fleurs, devant la maison la plus considérée du lieu. Le même usage se retrouve encore aux environs de Chartres.

(6) *Des jeunes guerriers.*] « Il ne leur était permis de prendre des armes que lorsque leur cité les en jugeait

capables ; alors, dans l'assemblée publique, le prince, le père ou le plus proche parent du jeune homme l'honorait d'un bouclier et d'une lance ; et s'il était de sang illustre, ou fils d'un père signalé par sa vaillance, le titre et le rang de prince lui était dès-lors acquis. » (*Mézerai* ; pag. 35.)

(7) *Remplie d'hydromel.*] « Plutarque avance que tous les peuples barbares, avant d'avoir connu les liqueurs vineuses, ont commencé par boire du miel détrempé dans l'eau. L'observation de Plutarque paraît vraisemblable ; et en effet, de tous les breuvages qu'une nation peut inventer, celui-ci est le plus simple, surtout quand le pays qu'elle habite contient de vastes forêts qui lui fournissent du miel en abondance. » (*Hist. privée des Français*, par Legrand D'Aussy ; t. II, page 338.)

(8) *Mêmes sermens.*] « C'était une loi parmi les Cattes, comme une coutume parmi les peuples Germains, de ne se point couper la barbe ni les cheveux jusqu'à ce qu'ils se fussent signalés par la mort d'un ennemi tué en bataille ; alors seulement ils se découvraient le front et le visage, se croyant seulement dignes d'être regardés, et ils se vantaient d'avoir payé leurs droits de naissance à leur patrie. » (*Mézerai ;* p. 78.)

(9) *Sainte druidesse.*] « Il y avait trois sortes de druidesses : les unes gardaient toujours la virginité, comme celles de l'île de Sain ; d'autres, quoique mariées, étaient obligées aux lois de la continence et à rester toujours dans les temples qu'elles desservaient, hors une seule fois chaque année, qu'elles allaient voir leurs époux, pour en avoir des enfans. Enfin, la troisième

sorte de druidesses ne se séparaient point de leurs maris ; elles réglaient leur famille, élevaient leurs enfans et travaillaient à la vacation qui était propre à leur condition et à leur sexe.

»Dans la première classe étaient les prêtresses ; celles qui n'étaient que les ministres composaient la seconde.*»
(*D. M.* ; livre 1ᵉʳ, p. 206.)

(10) *De la nuit-mère.*] « Les Gaulois regardaient la nuit comme ayant été créée avant le jour : aussi ne déterminaient-ils jamais les espaces du temps en comptant par le nombre des jours, mais par celui des nuits. Cet usage subsiste encore dans le pays de Galles. Au lieu de dire quinze jours, les Anglais disent quatorze nuits, *à fort night.* » (*Origine gauloise* ; Latour-d'Auvergne ; page 40.)

« Les Élysiens, en comptant l'espace du temps, commençaient leur année sacrée par la grande nuit qui est celle du solstice d'hiver, appelée, *modra neit*, *nuit-mère.* Cette nuit, était particulièrement consacrée à l'initiation aux mystères dans laquelle l'homme semble mourir et reprendre une nouvelle vie. » (*Rép. des Ch.-Él.* ; de Grave ; tom. II, p. 68.)

« La veille de Noël se célèbre, dans toute la Provence, par un grand repas ; toutes les provisions paraissent ce jour là sur table, et dans quelques cantons le nombre des mets est fixé à neuf. Quand le couvert est mis et que la table est servie, la famille se rend avec toute la solennité possible au bûcher où l'on a préparé une grosse bûche d'un bois fruitier s'il se peut : on a soin d'emporter avec soi de l'eau où l'on a fait bouillir des *lazagnes*, espèce de pâte mince et qui doit être l'un des mets du festin ; on bénit cette bûche qui porte alors le nom de *charendon*; on répand de ce bouillon sur l'un des bouts : cette libation se fait à la porte de la maison. On rentre ensuite processionnellement ; le chef de la maison passe le premier devant, et ses enfans le suivent portant le *charendon* suspendu par deux cordes; et chemin faisant, ils chantent à deux chœurs une hymne en patois du pays, dont voici le commencement :

Vers. *Charendon ven.*
Rép. *Diou nous mande proun de ben.*
Vers. *Diou nous sauve nostrey gens,*
Rép. *Aquest an et pui long tems.*

Ce qui veut dire :

Charendon viens.
Que Dieu nous envoye le bien nécessaire.
Que Dieu conserve nos parens,
Cette année et puis long-temps.

» L'hymne étant terminée, on met le *charendon* au feu par l'un des bouts, et il doit durer autant que les fêtes ; comme tout le temps de sa présence au foyer est un temps de réjouissances, on a soin de ne le mettre au feu que par le bout, afin qu'il puisse durer jusqu'aux Rois. » (*Recherches historiques et archéologiques du département des Basses-Alpes* ; par M. Henry; p. 235 des notes.)

Ces usages en rappellent d'autres encore en vigueur dans toutes les provinces. La nuit de Noël se passe en prières, pour célébrer la naissance du Christ sous le nom de Soleil de justice, et en réjouissances que termine un repas. Qui ne connaît en France *le réveillon ?*

En Lorraine, on met une énorme bûche qu'on appelle la *bure*; on l'allume avec des solennités et des prières; il faut qu'elle dure les trois jours de la² fête. On garde ensuite de ses charbons, qui, dit-on, préservent du tonnerre, de la rage et des maléfices.

La *nuit-mère* est encore célèbre en Allemagne. C'est dans la nuit de Noël qu'on fait aux enfans les cadeaux qu'ailleurs on leur donne au premier de l'an.

(11) *Tous les maux.*] « Le grand sacrifice du gui de *l'an neuf* se faisait avec beaucoup de cérémonies, près de Chartres, le sixième jour de la lune, qui était le commencement de l'année des Gaulois, suivant leur manière de compter par les nuits. Lorsque le temps de cette solennité approchait, le souverain pontife envoyait ses mandemens aux *racies* qui étaient des druides dépositaires des dogmes de la religion et de la philosophie, pour en annoncer le jour au peuple. Les prêtres, qui ne sortaient des forêts que pour des affaires de grande importance et par ordre de leurs chefs, parcouraient aussitôt les provinces, criant à haute voix : *Au gui de l'an neuf.*

» La plus grande partie de la nation se rendait aux environs de Chartres au jour marqué ; là on cherchait le *gui* sur un chêne d'environ trente ans, et lorsqu'on l'avait trouvé, on dressait un autel, et la cérémonie commençait par une espèce de procession. Les *eubages* marchaient les premiers, conduisant deux taureaux blancs, pour servir de victimes ; les *bardes* qui suivaient, chantaient des hymnes à la louange de l'Être suprême et en l'honneur du sacrifice ; les novices marchaient après, suivis d'un héraut d'armes vêtu de blanc, couvert d'un chapeau avec deux ailes, et portant en main une branche de verveine entourée de deux serpens, tel qu'on peint Mercure. Les trois plus anciens druides, dont l'un portait le pain qu'on devait offrir, l'autre un vase plein d'eau, et le troisième une main d'ivoire attachée au haut d'une verge représentant la justice, précédaient le pontife-roi, qui marchait à pied vêtu d'une robe blanche et d'une tunique par-dessus, entouré de *vacies* vêtus à peu près comme lui et suivis de la noblesse.

» Ce cortége étant arrivé au pied du chêne choisi, le grand-prêtre, après quelques prières, brûlait un peu de pain, versait des gouttes de vin sur l'autel, offrait le pain et le vin en sacrifice, et les distribuait aux assistans; il montait ensuite sur l'arbre, coupait le *gui* avec une serpette d'or, et le jetait dans la tunique d'un des prêtres. Le pontife descendait alors, immolait les deux taureaux et terminait la solennité de ce sacrifice en priant Dieu de communiquer sa vertu au présent qu'il venait de faire à son peuple, de donner la fécondité aux femmes stériles et aux animaux qui en prendraient, et de le rendre un remède efficace et puissant contre toute sorte de poison.

»Les druides distribuaient le *gui* par forme d'étrennes au commencement de l'année. C'est de là qu'est venue la coutume de nommer les présens qu'on se fait à pareil jour, dans le pays chartrain, non pas *éguilas*, comme le dit M. de Labastide, mais le *gui-l'an.* » (*Extrait de l'histoire de la ville de Chartres*, par M. Doyen préface.)

(12) *De consacrer.*] «Les Gaulois se disent descendus de Pluton; c'est une tradition des druides, et pour cel

ils comptent par nuits, et non point par jours comme nous faisons ; et, soit qu'ils commencent les mois, les années, ou qu'ils célèbrent les jours de leur naissance, la nuit est toujours la première. » (*César* ; liv. 6, p. 168.)

C'est sans doute un reste de cet antique usage, que celui de souhaiter la fête la veille du jour où elle est marquée dans le calendrier.

(12 *bis*) *Banquets publics.*] « La distribution du gui de chêne était suivie de festins, de divertissemens et de mascarades pendant plusieurs jours. Une foule de personnes de tout âge et tout sexe, s'affublaient de peaux de bêtes, et parcouraient les rues des villages et bourgades, en contrefaisant les cris et les hurlemens des animaux dont ils avaient pris les figures.

» On trouve ici l'origine de nos mascarades du carnaval. Les bœufs gras que, naguères encore, le peuple de nos villes promenait en triomphe, couverts de rubans, de laurier et de guirlandes de fleurs, ne nous rappellent-ils pas les taureaux que les prêtres gaulois immolaient ? » (*Histoire de Chartres*, par Chevard ; page 55. (1802.)

(13) *Pagus de Phaémanie.*] «On appelait *Pagus*, un village ou multitude de maisons, desquelles les habitans boivent les eaux d'une même fontaine : d'autant que pour la commodité les villages furent bâtis près des fontaines. Ce mot signifie aussi la contrée ou le canton habité par un même peuple. » (*Nic. Bergier.*)

C'est du mot *Pagus* qu'est venu celui de payen donné à ceux qui ne professaient pas la religion du Christ ; celle-ci n'avait été adoptée que très-tard dans les campagnes, où les changemens dans les usages et dans les opinions trouvent toujours plus de résistance.

(14) *Simples offrandes.*] « Le premier jour de l'année, chaque ménagère va de grand matin puiser de l'eau à la fontaine, et celle qui peut y arriver la première, dépose sur cette fontaine les prémices de son travail, comme une tranche de son meilleur pain ou un morceau de fromage fait chez elle. Cet usage est évidemment conservé de l'antiquité; il n'y a de perdu que le nom de la divinité à laquelle l'offrande était consacrée. » (*Rech. histor. et arch. sur le dép. des Basses-Alpes*, par M. Henry; pag. 35.)

Voilà encore un usage dont j'ai vu plus d'une fois des exemples. A Saint-Nicolas-de-Port, près Nancy, où l'on va en pélerinage, à la vierge de Bonsecours, à la Chapelle de la Croix-Gagnée, etc., j'ai souvent vu le pavé de ces lieux consacrés, couvert non-seulement d'une infinité de pièces de monnaie, mais encore d'écheveaux de fil, de chanvre, de lin, de toile; de viandes salées, comme jambon, etc. Une fois entre autre, j'y vis une grande tartine de lard; il faut être Lorrain pour apprécier une telle offrande.

(15) *Bélisana.*] « C'est sous ce nom que nos ancêtres adoraient Minerve. Tout ce que nous savons de la Minerve des Gaules se réduit à peu de chose. Les Gaulois l'honoraient et la mettaient dans la première classe des dieux de la nation. A les entendre, elle avait communiqué aux hommes l'invention des arts et des manufactures; aussi lui érigeaient-ils partout des temples, en Languedoc, à Toulouse, dans la Savoie et ailleurs. » (*Dom Martin*; tom. Ier, pag. 503.)

« L'antiquité ne dit rien en détail des honneurs que les Gaulois rendaient à Minerve : *Solin* seul écrit que les Bretons regardaient cette déesse comme présidant aux fontaines, et qu'ils entretenaient sur ses autels un feu éternel avec du bois qui, loin de se réduire en cendres, se convertissait en de petites pierres rondes.» (*Solin*; ch. 22.)

(16) *Vierge Tritonide.*] «Le lac Tritonide était fameux dans l'antiquité. On prétend que Minerve a été élevée sur les bords de ce lac, et que c'est de-là que vient son surnom de *Tridonia*, de *Tritonis*, ou *Tridogène*. On plaçait ce lac en différens endroits, tantôt en Béotie, tantôt dans la Lybie d'Afrique; mais il existait aussi une Lybie dans le pays des *Atlantes*, et c'est là qu'Apollodore place le jardin des Hespérides. Mallebranche, dans son ouvrage sur les Morins, rapporte que, dans l'endroit de *Saint-Omer*, où on a bâti l'abbaye de *Saint-Bertin*, il existait auparavant un temple consacré à Minerve.

» Minerve avait de nombreux surnoms; ils étaient tous pris des lieux où elle avait des temples. Vénérée particulièrement par les Saxons sur le lac Tritonide de Scylla, elle en prit le nom de *Tritonia*, ou, comme Hésiode dit, de *Tritogène*, née sur le lac Tritonide; elle passait sous ce rapport pour être la fille de Neptune ou de Triton. » (*Rép. des Champs-Élysées*; de Grave; tom. II, pag. 156.)

(17) *De leur jeune maîtresse.*] «En même temps, elle me fit entrer dans son palais, où vingt de ses femmes étaient occupées à lui plumer des oiseaux de rivière et à lui faire des robes et des parures de leur plumage. » (Bernardin-de-Saint-Pierre ; *Arcadie*; pag. 161.)

« Les femmes gauloises étaient vêtues de peau d'hermine et de robes de lin brodées de pourpre.» (Voy. *Dio-*

dore de Sicile, liv. 38; Laureau, *Hist. de France avant Clovis*, tom. Ier; *Pline*, liv. 7, chap. 78.)

(18) *D'une pourpre précieuse.*] Il semble que la robe de toile, teinte d'une couleur bleu-foncé, et dont le haut est encore brodé de fil pourpre, soit l'antique vêtement de nos pères. Cette robe que, suivant les contrées, on appelle *blouse*, *sarreau* et *sayon*, est d'un usage général parmi les paysans de France, et ne se trouve nulle part ailleurs.

(19) *Qui l'accompagnent.*] « Les rois, deux fois par an, distribuaient des manteaux, fourrés d'hermine et de menu-vair, aux chevaliers qu'ils retenaient près de leur personne, pour administrer la justice et les aider de leurs conseils dans les affaires d'État. » (*Saint-Foix*; liv. 4.)

(20) « *Tardives colchiques*; nom vulgaire : *veillote*.] Le *colchique*. Sa fleur paraît en automne; elle est solitaire, ou 2 à 2 ; ses pétales sont lancéolés, un peu obtus; ses feuilles viennent au printemps suivant; elles sont lancéolées, entières, larges, planes; dressées de 3 à 4, avec une gaîne deux ou trois fois plus large que la tige qu'elles renferment, et qui s'élève à six ou huit pouces; sa capsule est ventrue et a ses lobes terminés par trois pointes aiguës; ses graines sont globuleuses, noires. Cette fleur, d'une couleur lilas pâle à tube blanc, se trouve abondamment dans les prés humides.» (*Fl. de Mérat*; pag. 140.)

On l'appelle en Lorraine veilleuse, parce qu'elle sort de terre à la mi-septembre, temps où les veillées recommencent.

(21) *Fleur chère à Cérès.*] « Dans les temps les plus an-

ciens, les Celtes, nos ancêtres, donnaient le nom de *blaviel* au personnage distingué qui avait parmi eux la fonction de porter, dans les fêtes de Cérès, la couronne et la guirlande de bluets pour en faire hommage à la déesse. De même, en Grèce, on nommait *aristées*, ceux qui, aux mêmes cérémonies, portaient les aristes ou épis sacrés. *Blaviel*, dans les vieux glossaires, signifie bluet ou fleur des blés. Il y a plus, le bluet était jadis en telle réputation, qu'il paraît avoir été la source du nom de blé qu'on donne au froment dans les Gaules ; en sorte que cette plante, en apparence parasite et superflue, aurait donné son nom à cette riche et précieuse production de la terre, et que le nom de ces deux plantes se sont trouvés par-là aussi alliés et aussi inséparables que ces plantes mêmes. » (*Rech. onomatiques sur divers noms celtes* ; par Bacon Tacon ; tom. II, pag. 235.)

On peut ajouter à cela, qu'en Lorraine on dit encore *emblaver* pour ensemencer les terres.

(22) *Dans la Gaule.*] «En même temps, *Bardus*, roi de Lutèce, ordonna qu'on élevât un temple à Isis, à quelque distance de la ville, au milieu de la forêt ; qu'on y plaçât sa statue avec l'enfant *Orus*, telle que nous l'avions apportée dans le vaisseau ; qu'elle fût servie avec toutes les cérémonies de l'Égypte ; que ses prêtresses, vêtues de lin, l'honorassent par des chants et par une vie pure qui approche l'homme des dieux.» (*Arcadie* ; pag. 157.)

(22 bis) *Marquent en cadence.*] « J'entends la voix du
» chant dans Icroma ; j'entends l'écho des harpes dans
» ses salles. Les filles de Turlerthan, du haut de ce pa-
» lais, contemplent les campagnes : Que nos voix s'élè-

» vent, disent-elles ; que nos harpes résonnent, et que le
» chef de Carric Thura soit le sujet de nos chants. »
(Ossian ; poëme intitulé *Cathála*.)

« Ce chant des filles d'Icroma paraît avoir été un chœur, espèce de composition très-ancienne et fort en usage encore dans les montagnes d'Écosse. La mesure de ces chants est adaptée aux différens exercices des foulons, des rameurs, des moissonneurs, etc. Ils allègent beaucoup le travail et animent les travailleurs. » (*Note du traducteur*, M. Letourneur.)

(23) *Qui vous décorent!*] « Les prêtres d'Isis étaient vêtus de lin, parce que cette déesse passait pour avoir appris aux hommes à cultiver, à travailler le lin. Elle portait dans sa main un vaisseau, parce qu'elle avait inventé les voiles de navire. » (*Encyclop.* ; tom. VIII. Voyez *Isis*.)

(24) *Aux dix mille noms.*] « *Myrionime*, ou qui a dix mille noms, titre qu'on a donné à Isis, parce qu'il renfermait, disait-on, sous différens noms, tous les dieux du paganisme ; car Isis, adorée sous ce nom, était ailleurs Cybèle, Junon, Minerve, Vénus, Diane, etc. » (*Encyclop.* ; tom. X, pag. 914.)

« Isis était trop célèbre dans le paganisme pour être ignorée des Médiomatriciens. Parmi les inscriptions trouvées à Metz, on en remarque une dont on entreprendrait vainement la traduction à défaut de quelques lettres rongées par l'injure du temps ; mais ce qui demeure suffit pour désigner *Isis Myrionimes* ou la déesse aux dix mille noms. » (*Ant. de Metz;* Dom Martin ; tom. II.)

(25) *Robes lugubres.*] « Les femmes sycambres,

vêtues de robes noires, les bras et le sein nuds, les cheveux couronnés de genêts fleuris, paraissaient quelquefois dans la mêlée. » (*Plutarque, Strabon, Cordemoi*, cités par M. Marchangi ; *Gaule poétique*, tome 1ᵉʳ, page 122.)

(26) *Et filé les cordages.*] «Diodore de Sicile et Apulée disent même qu'elle présidait à la navigation; et ce dernier fait dire à Isis, « que les ministres de ses » autels, en reconnaissance de ce qu'elle a rendu la » mer navigable, lui consacrèrent une *barque gros-* » *sière*, et lui offrirent les *prémices* de la charge de » tous les *vaisseaux*. » Il est important de remarquer que le culte d'Isis chez les Suèves, nation germanique, est un préjugé en faveur de notre sentiment, car les Suèves étaient Celtes, aussi bien que les Parisiens ; et comme le fond de la religion celtique était partout le même, et qu'elle ne variait que dans le plus ou dans le moins, les Parisiens connaissaient et adoraient Isis.» (*Lactance*, livre 1ᵉʳ, chap. 2 ; *Dom Martin*, tome II, page 140.)

(27) *Des fruits et des fleurs.*] « La nouvelle lune porte des habits blancs, des souliers d'or et des torches ardentes. Le panier ou calathus signifie qu'elle contribuait à la production des fruits; quand elle porte des souliers d'airain, elle représente la pleine lune.

»Le chien était consacré à la lune Hécate qui était servie par des levriers noirs. » (*D. Martin.*)

Porphyre, cité par Eusèbe, nous a conservé un oracle de la lune, où cette déesse déclare de quelle manière on devait la représenter : « Vous donnerez, » dit-elle, à ma statue, l'air, les traits et la mine de

» Cérès, tenant toutes sortes de fruits ; mes habits
» seront blancs et mes souliers d'or. » (*Porphyre*;
livre 1er.)

(28) *La bienfaisante.*] « Néhalennia était Isis ou la nouvelle lune adorée souvent sous les attributs de Cérès, la bonne déesse ; on l'appelle la *bienfaisante.*

» C'est entre d'Omburg et West-Kappel, qu'on a déterré les monumens qui regardent la déesse Néhalennia. Un violent vent d'est ayant éloigné les eaux de la mer à une large distance de la côte, en 1647, on aperçut dans les sables une grande masse de ruines dont la vétusté excita la curiosité des spectateurs, et on s'empressa de les retirer avant le retour des flots. Ces monumens consistaient en statues, autels, vases, médailles et autres pièces dont on peut voir le détail et les figures dans l'ouvrage de Vrédius. De ce nombre se trouvait une statue de Neptune ; mais la plupart représentaient une divinité inconnue jusqu'alors, et que les inscriptions nomment *Néhalennia.* La déesse est tantôt debout, tantôt assise ; les symboles qui l'accompagnent sont communément *un chien, un panier de fleurs et de fruits,* qu'elle porte sur son giron, et quelquefois *une corne d'abondance.* On la trouve aussi posant un pied sur la proue d'un navire, au bas de laquelle sont écrites les lettres *D* et *B.* » (*Rép. des Champs-Élysées;* de Grave ; tom. Ier, p. 264.)

«Les fréquentes représentations de Neptune avec Néhalennia, marquent qu'elle était invoquée par les gens de mer pour l'heureux succès de la navigation et de leur négoce (dit Montfaucon). Cependant, si j'examine les attributs qu'on lui donne, je pourrais étendre mes idées sur Néhalennia, et la confondre avec Isis, Cérès,

Minerve, Diane, la Vierge, etc. (*) Porphyre fait parler ainsi la lune dans un oracle qu'elle rendit elle-même : « Vous donnerez à ma statue l'air, les traits et » la figure de Cérès, tenant toutes sortes de fruits ; » mes habits seront tout blancs et mes souliers d'or. » (*Monumens celtiques*, par Alex. Lenoir, pag. 81.)

(*) « Isis, placée dans le ciel près du vaisseau, a fait dire aux Egyptiens qu'elle présidait à la navigation ; la garde d'Isis, selon eux, avait été confiée à Anubis ou au chien des constellations ; aussi Anubis était-il représenté avec une tête de chien.

» On donnait aussi à Diane deux chiens, Procyon et Syrius. La vierge des chrétiens, ou la femme porte-épi, présidait aussi aux moissons et aux vendanges : on peut se rappeler d'avoir vu dans nos temples des épis et des raisins dans les mains des statues de la vierge qu'on y adore. » (*Alex. Lenoir.*)

LIVRE TROISIÈME.

La Mort et les Funérailles.

Il n'était que trop vrai : le sage Diciomar allait terminer sa carrière ; les portes éternelles du palais d'Héla s'ouvraient à ses regards [1]. Ses fidèles amis poussent des cris douloureux ; il en est ému. Cependant, toujours occupé du bonheur de son peuple, il rassemble ses forces, et relevant la blanche chevelure qui couronne son front auguste, il s'adresse en ces mots aux braves qui l'entourent :

« Enfans de Teutatès [2], noble race des Atlantes [3], écoutez mes dernières paroles : les conseils d'un mourant sont inspirés par les dieux. L'étranger veut vous surprendre ; votre heureux asile est découvert. Le moyen qui vous reste pour retarder votre perte, est de vivre

plus paisibles, plus cachés que jamais; car
l'ennemi n'attend qu'un prétexte pour faire
peser sur vous son joug de fer. Malgré les
guerres sanglantes qui déchirent la mère-patrie,
vous avez par mes soins conservé la paix dans
vos foyers. César et ses lieutenans ont plus
d'une fois traversé l'Arduène, et les dieux,
protecteurs de la modération et de la sagesse,
vous ont dérobé à ses regards dévastateurs [4].
Mes vieux compagnons et moi nous avons
combattu dans les rangs des Induciomare et
des Ambiorix; mais seulement pour payer
notre dette à la patrie. Jamais nos noms mo-
destes ne parvinrent aux oreilles du vainqueur;
nos bardes seuls, et vos transports, procla-
mèrent notre gloire. O mes fidèles! que ces
beaux souvenirs vous suffisent! Vivez encore
heureux comme ont vécu vos pères!...... Ces
forêts profondes élèvent pour vous de nombreux troupeaux de cerfs; les sangliers s'en-
graissent non loin de vos demeures; l'orge
mûrit dans vos plaines; le houblon amer couvre
vos collines de ses guirlandes pourprées, et les

douces abeilles se plaisent dans le tronc caverneux de vos aulnes. Sachez donc vous suffire à vous-mêmes [5]. Défiez-vous surtout de l'or de l'étranger; il veut vous éblouir pour vous subjuguer. Ne cherchez point à ravir les troupeaux, les moissons, ni les armes de vos voisins; soyez unis, ou redoutez le sort de vos frères, devenus les esclaves de ceux dont ils avaient imploré l'appui. Mais si l'esprit belliqueux de Hésus vous anime; si la guerre devient nécessaire à votre sûreté, à votre bonheur: embrassez alors la seule cause digne de vous, celle de la liberté. Réunissez-vous à vos frères, brisez leurs chaînes, chassez l'étranger de vos belles contrées, et rendez la gloire à la patrie. O vous, mes fidèles, mes braves [6]! veillez sur mon peuple; préservez-le de l'oppression; conservez ma mémoire, vos droits et votre indépendance. Vénérable Hemdal, continua-t-il en s'adressant au vieux druide qui paraissait l'écouter attentivement, je confie ma fille à votre foi. Je vous remets aussi l'administration des biens, des esclaves et des troupeaux que j'ai reçus de l'amour de mon peuple [7] : ils doivent appartenir à ma fille chérie. Promettez-moi de servir de père à l'enfant de mon amour !.... Vous connaissez, ajouta-t-il d'une voix affaiblie, celui que son cœur préfère ; ce choix est le mien. L'absence, la mort m'ôtent le ravissant espoir de les unir.... à son retour... Sulmina... » A cet instant, l'impitoyable Héla étendit son voile éternel sur les yeux du vieux monarque ; il avait cessé de vivre.

Le druide posa sa main sur le cœur glacé de Diciomar, et les nobles Gaulois, en faisant bruire sourdement leurs armes, jurèrent de mourir libres.

Bientôt Hemdal fit avertir les bardes et les eubages, et disposa tout pour les funérailles. Les prêtres s'emparent du corps inanimé de Diciomar; ils le baignent d'une eau pure et consacrée, le revêtent de voiles de lin, et l'entourent de festons de verdure et de plantes aromatiques; à la lueur des torches funèbres, et gardant un religieux silence, ils le veillent durant toute la nuit, de peur que les mauvais génies ne dérobent ces restes vénérables.

Aussitôt que l'aube eut blanchi le faîte des tours d'Arduène, on dressa dans la vaste cour du palais, un bûcher formé de bois précieux.

Les nobles, précédés du druide, et tenant des branches de chêne, font de tristes adieux à leur ancien monarque; puis, l'enveloppant avec respect de longues draperies blanches que les vents agitaient, ils le portent avec lenteur sur sa dernière couche [8]. Ses amis les plus chers déposent près de lui sa lance, ses javelots, sa forte épée, son casque de cuir aux crins ondoyans, son sceptre entouré de cercles d'or, et son anneau [9] qui porte des figures constellées. Ses plus vieux serviteurs au désespoir, voulaient le suivre dans la tombe, ainsi que l'autorisait un antique usage. Le peuple attendri eut peine à contenir cet élan de la douleur. Cependant, on voyait jeter dans les flammes des armes étincelantes, des vêtemens magnifiques, des colliers d'or, et une foule d'écrits exprimant les regrets de ces ames tendres qui, dans la douce illusion que ces offrandes parviendraient au séjour de leur roi, s'empressaient de couvrir le bûcher de dons et de fleurs. Ensuite les eubages, après avoir promené trois fois le coursier favori du monarque, autour du bûcher, le firent tomber sous les couteaux sacrés [10], tandis que les bardes [11] répétaient au son des harpes l'hymne chéri de Diciomar.

CHANT DE DICIOMAR.

« La prophétesse m'a dicté ces chants; répétez-les, répétez-les!... »

« O jeune homme! souviens-toi de ton père, et que sa gloire soit le fanal qui te guide sur l'océan des âges. »

« La prophétesse m'a dicté ces chants; répétez-les, répétez-les!... »

« Défends ta mère et admets la femme prudente en tes conseils ; car ses yeux voient dans l'avenir. Consacre l'or aux reines des ondes, l'airain à la terre, le fer à Hésus [a]. »

« La prophétesse m'a dicté ces chants; répétez-les, répétez-les! »

---

[a] Lois des druides.

« Protège le faible et l'indigent : souvent les dieux sous une frêle apparence ont caché des trésors. »

« Le pastel et la garance sont des plantes sans éclat, et pourtant ce sont elles qui fournissent l'azur et la pourpre dont les vierges gauloises colorent nos tuniques et nos vastes sagums [12]. »

« La prophétesse m'a dicté ces chants; répétez-les, répétez-les !... »

« Grave sur ta porte ces mots hospitaliers : *Entrez en paix, sortez en joie.* [13] »

« Le soir, regarde hors de tes demeures si le voyageur s'achemine à la lueur de tes flambeaux; appelle-le sous ton toit d'argile; que tes filles préparent son repas et sa couche; verse-lui la cervoise fumeuse [a], et réchauffe ses membres glacés [14]. »

« La prophétesse m'a dicté ces chants; répétez-les, répétez-les !... »

« Sifionne [15] est un dieu qui s'envole; mais la déesse du céleste Wingolf [16] est constante et fidèle. Pleure avec ton ami et prends part à sa joie, car

---

[a] La bière.

la ronce couvre les sentiers de l'amitié quand on n'y marche pas [a]. »

« La prophétesse m'a dicté ces chants; répétez-les, répétez-les !... »

———

« Les colliers et les bracelets d'or parent les guerriers; les hautes ramures et les cornes de l'uroch sont la gloire du chasseur ; mais la douceur et la piété font seules le héros. »

« La prophétesse m'a dicté ces chants ; répétez-les, répétez-les !... »

———

« La vie passe comme un songe ; elle fuit comme l'ombre sur les collines du Benal [b]. Vas au-devant de la mort, jeune homme ; son manteau favorable couvre toutes les douleurs ; elle est celle qui garde la porte de la délivrance, l'entrée de la patrie éternelle [17]. »

« La prophétesse m'a dicté ces chants ; répétez-les, répétez-les !... »

———

C'est ainsi que dans des chants pieux le pa-

[a] Voy. l'Edda.
[b] Chaînes de collines dans le pays des Ardennes.

cifique monarque se survivait à lui-même, et son hymne de gloire était encore une instruction salutaire pour son peuple.

L'harmonie avait cessé, et le druide, après avoir plongé une branche de chêne dans l'eau lustrale, en arrosait le bûcher, lorsque de sourds gémissemens se firent entendre ; la foule s'entr'ouvre et laisse voir une jeune fille éplorée : c'était Idoïne. Elle s'approche à pas lents, et sa piété surmontant sa douleur, elle vient rendre à son père les derniers devoirs. Vêtue de deuil, pieds nuds et la robe sans ceinture, elle porte dans ses mains le voile de lin et l'urne des morts. Les eubages guident sa marche chancelante ; elle arrose de lait et de miel les cendres encore fumantes ; elle recueille les ossemens calcinés, et les sèche dans le fin tissu qu'elle-même a filé [18] ; et pressant sur son cœur ces saintes reliques, elle les porte vers le lieu où le druide a marqué la tombe royale.

Tout le peuple la suit en poussant de longs sanglots ; les bardes reprennent leurs chants, et leur touchante et suave mélodie donne un caractère plus solennel encore à cette lugubre cérémonie.

Près de la tombe entr'ouverte, le druide, comme chef de la religion, reçoit des mains de la jeune orpheline les cendres sacrées; et prenant lui-même un peu de sable [19], il le jette sur les restes vénérables du monarque. A cette vue, Idoïne s'évanouit. Sulmina qui l'a suivie la soutient, et aidée de ses femmes, la reporte dans ses salles.

A l'exemple du druide, la noblesse et le peuple apportent à leur tour des pierres, de la terre et des touffes de gazon. Une tombe immense s'élève; elle dira à la postérité : *Ici repose le meilleur des rois, le meilleur des pères* [20].

Hemdal, après la cérémonie funèbre, bénit le peuple et congédie l'assemblée, qui se disperse dans un profond silence. Suivi d'Isarn, il entre ensuite dans le palais.

Lorsqu'un sombre nuage, chargé d'une grêle meurtrière, vient détruire l'espoir du laboureur, un voile sinistre s'étend sur les campagnes; le vent qui précède la nue glace les fleurs de sa froide haleine; l'épouvante marche avec lui et la tempête le suit. De même à la vue du puisssant druide qu'accompagne le guerrier farouche, la terreur s'empare des habitans du palais. Ils se dispersent sur son passage, et fuient sa redoutable présence. Hemdal, dont cette crainte flatte l'orgueil, pénètre enfin dans la salle où se tenait Idoïne : elle venait de reprendre ses sens; Sulmina la tenait encore pressée contre son sein. A l'aspect du druide, la vierge éplorée s'agenouille avec respect, et attend en silence qu'il lui adresse la parole.

« Fille de Diciomar, dit Hemdal d'un air sévère, votre père, qui goûte maintenant les joies célestes et l'éternel repos, vous a confiée à ma garde. Songez à vous soumettre au pouvoir qu'il m'a laissé sur vous!... Et vous, esclaves, continua-t-il en regardant la foule des fidèles serviteurs d'Idoïne, souvenez-vous que Hemdal est votre maître. » Idoïne, tremblante et les yeux baissés, l'assura de son obéissance. La druidesse seule, au milieu de cette foule éperdue, conservait un front calme et serein, et par ses caresses semblait protéger la vierge contre la sévérité du druide.

A ce moment Isarn, que l'aspect de la jeune beauté enflamme, s'approche d'Idoïne, et, fixant sur elle son regard audacieux : « Charmante fille, dit-il, séchez vos larmes; elles ne doivent pas couler pour les morts. Mes vœux étaient connus de votre illustre père, et bientôt l'heureux Isarn usera de tous ses droits. »

« Souverain pontife, interrompit Idoïne en s'adressant au druide, vous connaissez le choix de mon père : je dois croire qu'il sera respecté. »

Ce peu de mots prononcés avec fierté étonnèrent Isarn ; mais Hemdal, d'une voix terrible, dit : « Jeune fille, vous obéirez à la volonté des dieux ! J'ai convoqué l'assemblée du peuple pour élire un roi : dans trois jours vous apprendrez votre destinée. » Il sortit en jetant sur Idoïne un regard foudroyant. Isarn le suivit.

Après son départ, la douleur de la jeune Gauloise éclate en longs sanglots. Elle voudrait douter de son malheur; mais la vérité se présente à sa pensée, éclatante et terrible. Les gémissemens dont retentit le palais, le muet désespoir de ceux qui l'entourent, tout l'assure qu'en perdant le père le plus tendre elle est tombée au pouvoir d'un maître barbare. Tant que dure le jour, des soupirs douloureux s'échappent de son sein. La nuit n'interrompt point ses regrets : le doux sommeil fuit ses yeux chargés de pleurs. Elle refuse les soins empressés de ses esclaves qui gardent autour d'elle un morne silence.

Enfin, vers l'aube du matin, la sage Sulmina, qui n'a point voulu s'opposer au torrent de sa douleur, essaye de lui adresser quelques mots sur la soumission que l'on doit aux dieux : « Songez-vous bien, ma fille, dit-elle, voyant qu'Idoïne commençait à l'écouter, songez-vous bien que votre père vous voit, vous entend, et qu'il gémit de la faiblesse que vous montrez en ce moment?

A quoi sert-il donc qu'il ait instruit votre jeunesse et nourri votre ame des saints préceptes que lui transmirent les divins atlantes, ses ancêtres, si au jour du malheur vous ne savez en faire usage? Les dieux, en faveur d'une tendre fille, changeront-ils les lois éternelles? et le temps n'était-il pas arrivé, où Diciomar devait goûter le fruit de ses pieux travaux? Idoïne, loin de t'abandonner aux pleurs, comme un faible enfant, remercie les immortels d'avoir rompu les liens terrestres qui captivaient ton noble père! Ose percer les mystères de la mort; vois l'auguste monarque qui t'a donné le jour, s'asseoir plein de gloire avec les héros, sur les trônes éblouissans de l'empire des dieux! Sa robe d'azur est frangée de nuages de pourpre; des bandelettes d'or retiennent sa blanche chevelure; sa lance est un météore lumineux, et l'étoile de l'immortalité [22] étincelle sur son front. Il prête l'oreille aux ravissans concerts du cygne et de la lyre céleste; les plus pures vapeurs forment la nue qui le porte, et les rayons d'or du soleil la revêtissent du plus vif éclat. Une nouvelle vie, enfin, commence pour lui; une vie divine, éternelle, prix éclatant de sa fidélité aux saintes lois de l'équité sur la terre ! »

Aux accens de la prophétesse, à ses reproches si vrais, la vierge des Gaules tressaille; ses yeux se remplissent d'un pieux enthousiasme; elle tombe à genoux, et levant vers le ciel ses mains suppliantes : « Mon père, s'écrie-t-elle, pardonne à ta fille désolée, si dans l'excès de sa douleur elle osa murmurer contre l'ordre sacré des dieux; sans doute il fallait une récompense à ta vertu, et ton Idoïne est heureuse de penser qu'aujourd'hui, entouré des héros immortels, tu goûtes leur félicité!... Jouis, ombre adorée, jouis aussi de voir ta fille digne de toi ! Mais du sein de ton divin séjour, veille sur elle, car de grands malheurs la menacent. » En achevant ces mots, sa voix s'affaiblit : une image chérie s'était présentée confusément à sa pensée. La prudente Sulmina lut dans l'ame de son élève.

« Rassure-toi, lui dit-elle en la pressant

avec tendresse contre son sein, j'ai consulté les sorts [22], ils ont été favorables... j'ai gravé sur les branches fertiles du cornouiller les caractères qui composent le nom de Théodemir, mêlés à ceux des dieux de la patrie et de l'amour : je les ai trois fois agités dans ma robe, et trois fois ces mêmes caractères se sont présentés dans un ordre prophétique... Si ces augures et mes pressentimens ne sont pas trompeurs, Théodemir a tourné ses pas vers Arduène....... O Sulmina ! interrompit Idoïne, mon sort ne sera-t-il pas décidé, quand le jour aura deux fois remplacé la nuit? « Pourquoi douter de la puissance et de la bonté des dieux, ma chère fille ? reprit la druidesse, savez-vous que les divins concerts de leur céleste séjour sont moins flatteurs à leurs oreilles, que les prières ardentes des enfans des hommes ? Espérez en eux, ma fille, et venez les implorer. »

La vierge docile se lève, et, s'appuyant sur la fidèle Sulmina, elle se rend avec elle dans le lieu secret où reposent les autels des dieux.

Idoïne, instruite par la druidesse, offrit des fruits et des fleurs à Néhélennia la bienfaisante [a], à la céleste Onvana, déesse des chastes amours [23], du lait et du miel au brillant Bélénus, savant dans l'art de guérir [24]; et tous ces dons réunis à la vierge qui, dans les forêts de Bélesma, porte le nom d'Aphrodise [25]. Se prosternant ensuite avec une sainte frayeur, devant l'autel redoutable du dieu des combats, elle adresse ses prières à Hésus le terrible [26]. Elle n'orne point de fleurs sa statue: ce dieu n'aime que le sang, et la douce Idoïne ne peut offrir que des larmes. Quand elle a satisfait à ces devoirs pieux, elle se trouve plus calme; la tendre Sulmina s'en applaudit; et conduisant son élève chérie aux rayons du soleil levant, toutes deux vont s'asseoir sous les hêtres qui, de leur mouvant feuillage, ombrageaient l'antique palais de Diciomar.

Peu d'instans s'étaient écoulés lorsqu'un envoyé d'Isarn se présente aux yeux des deux

---

[a] Voy. *Isis*, note 28, liv. II.

Gauloises. Il précédait six esclaves : les uns conduisaient un coursier magnifiquement enharnaché, et deux forts taureaux, unis sous un joug éclatant ; d'autres étaient chargés de précieuses fourrures, d'énormes cornes d'uroch enrichies de cercles d'or ; le plus apparent de tous portait une lance acérée, une épée gauloise, et un bouclier resplendissant [27].

Le messager d'Isarn, s'adressant à Idoïne : « Noble fille, lui dit-il, le vaillant fils de Tordal t'envoie ces présens, gages de son amour ; reçois-les avec joie car il n'est aucune fille des Gaules qui n'enviât la gloire d'avoir fixé le cœur du fier Isarn. » Il dit, et la tremblante Idoïne le laissait sans réponse, lorsque Sulmina s'avançant vers lui : « Guerrier, dit-elle avec fermeté, reporte ces présens au fils de Tordal, et dis-lui que ses vœux audacieux ne lui donnent aucuns droits sur la Vierge d'Arduène, et qu'il doit attendre que l'assemblée de la nation les ait confirmés par son suffrage. »

« Vénérable druidesse, répondit l'envoyé, je vais reporter tes paroles à mon maître ; cependant je dois laisser ici ses présens. » Il attache alors le noble coursier et les fiers taureaux au tronc noueux des hêtres; puis rassemblant les armes brillantes et les riches fourrures, il les suspend aux branches touffues.

Quand les pas du messager d'Isarn ne retentissent plus sur la terre, Idoïne dit à Sulmina : « J'ai compris par ton discours que, malgré ma réponse, l'audacieux Isarn ose m'envoyer le présent nuptial!.... O mon Théodemir, je te serai fidèle, et l'amour de ton rival ne touche pas plus mon cœur que ses menaces ne l'effrayent! »

Elle dit, et jetant un regard de mépris sur les présens, elle rentre dans sa demeure, que la mort a rendue silencieuse.

FIN DU LIVRE TROISIÈME.

NOTES

DU LIVRE TROISIÈME.

(1) A *ses regards.*] « *Héla* était *la Mort*, dans la religion des Scandinaves; cette déesse avait le gouvernement de neuf mondes, pour qu'elle y distribuât des logemens à ceux qui lui étaient envoyés; c'est-à-dire, à tous ceux qui meurent de maladie ou de vieillesse. Elle possède en enfer de vastes appartemens, défendus par des grilles; sa salle est la douleur; sa table, la famine; son couteau, la faim; son valet, le retard; sa servante, la lenteur; sa porte, le précipice; son vestibule, la langueur; son lit, la maigreur et la maladie; sa tente, la malédiction. La moitié de son corps est bleue, et l'autre moitié est revêtue de la peau et de la couleur humaine; elle a un regard effrayant. » (*Encyclop.*; tom. VIII, p. 917.)

Notre exclamation *hélas!* signe de douleur, qui ne se trouve dans aucune langue, tirerait-elle de là son origine?

(2) *Enfans de Teutatès.*] « *Teutatès* signifiait en celtique, et signifie encore aujourd'hui en breton, *père du peuple*; *teut* peuple, *ates* père.

» Teutatès était le Pluton des Gaulois. » (*St.-Foix*; tom. II, pag. 59.)

(3) *Race des Atlantes.*] « En commençant l'histoire

8

des Atlantes, Diodore dit qu'ils habitaient une contrée heureuse, à la proximité de la mer.

» Ils se distinguent par leur piété envers les dieux et par leurs sentimens hospitaliers. On prétend que c'est du peuple des Atlantes qu'est descendue la race des dieux. Ces dieux sont Uranus, Atlas, Saturne. L'empire d'Uranus, premier roi des Atlantes, s'étendait presque par toute la terre, mais surtout à l'occident et au nord.

» Les Atlantes sont les législateurs des nations. Les chefs de plusieurs peuples, les familles les plus illustres de la Grèce, se faisaient gloire d'en descendre. » (Extrait de l'ouvrage intitulé : *République des Champs-Élysées*, par M. de Grave; tom. Ier, pag. 68 à 75.)

« Pluton, comme fils de Saturne, est petit-fils d'Uranus et neveu d'Atlas. Voilà une première preuve de l'affinité des Gaulois avec la nation des Atlantes. Les Gaulois attribuaient à leur descendance de Pluton, l'usage de compter par nuit. » (*Idem*, pag. 42.)

(4) *Dévastateurs.*] « Au commencement du troisième siècle, il n'existait aucune ville entre l'Escaut et la Meuse; et même César, en parlant des Aduatiques, dit qu'ils s'étaient retirés, non dans une ville, mais dans des forêts impénétrables. » (*Antiquit. de Metz*, pag. 8; Nicolas Bergier, *Hist. des grands Chemins*, tom. I, pag. 200.)

(5) *A vous-mêmes.*] « Les habitans de la Gaule Belgique affectaient un souverain mépris pour le luxe et la mollesse nécessaires aux autres peuples; le commerce leur était inconnu, on ne voyait jamais de marchand parmi eux. Sera-t-on surpris qu'on ait ignoré ce qui

les concernait avant que la fréquentation des Romains eût civilisé leurs mœurs? Ce n'est donc que depuis Jules-César qu'il est permis de commencer, non-seulement l'histoire de Metz, mais encore celle de la plupart des villes de la Gaule *querelleuse*, ainsi nommée à cause des difficultés qu'essuyèrent les Romains avant de plier au joug les divers peuples qui l'habitaient. » (*Antiq. de Metz*; p. 6.)

(6) *Mes braves.*] « Le roi et les princes, ou chefs, avaient auprès d'eux un grand nombre de braves qui les accompagnaient. Grégoire de Tours les appelle *les forts*; les anciens Romains, *paladins*; et Tacite, *comites*. En cela consistaient leur grandeur et leur force; c'était leur ornement dans la paix et leur assurance dans la guerre. Les Gaulois avaient aussi leurs *soldures*, ou dévoués; leurs *leuds*, ou fidèles; de plus, des *ambacters*, ou mercenaires; et enfin des affranchis. » (*Hist. de France avant Clovis*; Mézerai; tom. Ier, p. 46.)

(7) *De mon peuple.*] « Le roi, ni les autres chefs, ne pouvaient rien exiger de leurs sujets, mais chacun leur fournissait volontairement quelque contribution, soit en grain, soit en bétail, qui leur était donnée par honneur et servait à leur entretien. Les Français avaient coutume d'apporter des étrennes à leurs rois le premier jour de mai; leurs cités et les particuliers leur envoyaient en présent des chevaux de prix, de grandes armes, des baudriers, des chaînes pour pendre au col, etc. » (Mézerai; *de l'Origine des Français*; liv. 1er, p. 47.)

(8) *Sa dernière couche.*] « Les cérémonies que les

Gaulois observaient dans leurs funérailles étaient pompeuses et magnifiques ; on faisait brûler le corps du défunt et tout ce qu'il avait le plus chéri pendant sa vie : esclaves, chiens, animaux, meubles précieux, rien n'était épargné. On voyait aussi quelquefois des parens se jeter d'eux-mêmes dans le bûcher, parce qu'ils ne pouvaient se résoudre à vivre séparés du mort, et qu'ils comptaient vivre désormais avec lui. Le convoi se faisait avec quantité de superstitions dont le détail nous est inconnu ; tout ce qu'on sait, se réduit à ce que le mort était porté couvert de grands draps qui flottaient au gré du vent. En faisant brûler le corps, les Gaulois pratiquaient certaines choses qu'on ne trouve point avoir été en usage parmi les autres nations ; par exemple, ils jetaient dans le bûcher un compte exact des affaires du défunt, afin qu'il pût s'en servir dans l'autre monde. Ils lui écrivaient des lettres qu'ils brûlaient avec lui, croyant que dans ses heures de loisir il les lirait volontiers. Quand la coutume de brûler les morts eut passé, et que celle de les enterrer fut introduite, ils avaient soin de mettre certain baume entre les mains du défunt, afin qu'il eût de quoi guérir les blessures qu'il emportait dans l'autre monde. » (*Buchard*, cité par dom Martin ; tom. II, p. 214.)

(9) *Son anneau.*] « Il était d'usage dans le nord d'élever ces monticules sur les tombeaux des princes et des guerriers. La Westphalie, la Suède, le Danemarck, la Saxe et la France sont pleines de ces monumens qui subsistent encore. J'ai vu les débris d'une de ces tombes qu'on avait ouverte près de Saint-Quentin, et dans laquelle on avait trouvé quelques os, les squelettes d'un homme et d'un cheval, les restes d'une hache d'armes,

une courte et large épée, un bouclier et un gros anneau d'or. » (*Note de Regnier Lodbrog*, par M. de Tressan.)

(10) *Les couteaux sacrés.*] « On place sur le bûcher les armes du mort, quelquefois son cheval ; et pour tout mausolée, les parens se contentent de lui ériger un amas de gazon. » (*Dom Calmet* ; tom. I, p. 38.)

« Un guerrier était ordinairement inhumé avec son habit de guerre, ses meilleures armes, la plus précieuse portion de ses bijoux et de ses richesses. On égorgeait dans sa fosse, ou l'on y ensevelissait tout en vie son plus beau cheval, afin qu'en son nouveau séjour il pût retrouver une monture. » (*Mémoire sur les anciennes sépultures* ; page 416.)

(11) *Bardes.*] « Les Gaulois eurent aussi leurs Pindares et leurs Tyrtées ; le talent des bardes (leurs poëtes) s'exerçait principalement à composer des hymnes et des homélies, ou exhortations saintes ; à publier, en vers héroïques, les actions des grands hommes ; à entretenir, dans le cœur des Gaulois, l'amour de la gloire, celui de la liberté sans licence, et en même temps à leur inspirer des mœurs douces et hospitalières. » (*Orig. gaul.* ; Latour d'Auvergne ; p. 159.)

(12) *Et nos vastes sagums.*] « Le pastel est indigène dans nos climats. Connu long-temps en France sous les noms de *glastum*, *guède*, *isatis*, il a la propriété de donner, au moyen de la fermentation, une très-belle teinture bleue : aussi cultive-t-on en grand cette plante pour en extraire la couleur appelée de son nom *pastel*.

» La garance est employée dans la teinture à faire

les couleurs rouges. Quoique cette plante appartienne aux pays méridionaux, on la trouve encore dans les buissons de nos contrées.

» Pline a connu ces plantes, et il loue les Gaulois sur leur manière de les employer.

» Les Gaulois, dit-il, ont trouvé la façon de contrefaire, avec du jus d'herbes, et la pourpre tyrienne, et l'écarlate violet, et toutes autres couleurs qu'il est possible d'imaginer, sans se mettre à l'hasard des monstres, pour pêcher des poulpres et burets, ès-mers étrangères ; car ils peuvent cueillir à l'aise dans leurs champs les teintures dont ils ont besoin. » (*Flore de Merat*, article Pastel ; Pline, liv. 22, chap. 2.)

« Le sagum était, dans l'origine, une peau, ensuite une pièce d'étoffe carrée et chamarrée de diverses couleurs, que l'on endossait à peu près comme un manteau ; il couvrait les bras, les épaules et la poitrine ; on l'attachait devant avec une agraphe. Ce saye était dans les premiers temps le seul vêtement des Celtes et des Gaulois. » (*Histoire des Celtes et des Gaulois*, liv. 2, chapitre 7 ; *Histoire de Chartres*, par Chevart, tom. 1er, page 77.)

(13) *Sortez en joie.*] Dans le petit village de Foug, en Lorraine, sur la route de Paris à Nancy, j'ai lu cette inscription gravée sur la pierre qui forme le haut d'une porte ; les caractères en paraissaient fort anciens. Il est d'usage dans cette contrée de placer ainsi sur la porte principale un verset de la Bible ou quelque allusion à la paix et à l'hospitalité.

(14) *Ses membres glacés.*] « L'hospitalité est une de ces vertus qui disparaissent à mesure que la civilisation fait des progrès : elle subsiste encore chez les

montagnards d'Écosse ; mais elle s'affaiblit à un tel point, que dans peu d'années on pourra douter qu'elle ait régné parmi eux, comme on doute de la plupart des vertus que l'on attribue à leurs ancêtres. Il n'y a pas fort long-temps qu'on était encore dans l'usage de regarder tous les soirs à la porte s'il paraissait un étranger, avant de la fermer. Le maître du logis avait manifestement plus de plaisir à le recevoir que lui à trouver un asile. » (Note du chant d'Ossian, intitulé *l'Incendie*.)

Il est encore d'un usage général et presque instinctif parmi nous, de mettre un morceau de bois dans le feu à l'arrivée d'un étranger dans la maison ; cela se fait aussi machinalement que d'offrir une chaise. Serait-ce un vestige de l'antique hospitalité si bien exercée par nos ancêtres ?...

(15) *Sifionne*.] « Les Gaulois, ainsi que les peuples du nord, appelaient Vénus *Siofne* et l'Amour *Sifionne*. » (*Note de l'Arcadie*.)

(16) *Vingolf*.] « Tous les hommes justes doivent habiter, après la mort, un lieu nommé *Vahalla*, et ensuite un lieu nommé *Gimle* ou *Vingolf*, palais de la divine Amitié. » (*Encycl.*, art. Islande.)

(17) *La patrie éternelle*.] « Les Gaulois croyaient de toute antiquité à l'immortalité de l'ame, et ce dogme qui les poussait tous les jours à braver les horreurs de la mort, les distinguait seuls de tout le monde païen. » (*Dom Bernard de Montfaucon.*)

(18) *Qu'elle-même a filé*.] « On trouve, dans *Bernard de Montfaucon*, une figure extraite d'un tombeau gaulois trouvé à Langres ; elle représente une jeune fille

coëffée à la manière des villageoises. Elle n'a pour tout vêtement qu'une tunique, laquelle ne lui descend qu'à mi-jambe ; le bord d'en bas est tout découpé en demi-losanges, en guise de franges. Cette jeune fille porte un tablier sous lequel elle tient sa main droite, et de l'autre porte un vase que Dom Bernard de Montfaucon appelle un seau.

. . . .

. . . .

» Mais ce seau est une véritable urne ; premièrement, la jeune fille est nu-pieds, cérémonie observée par ceux qui se chargeaient de recueillir les cendres et les ossemens échappés au bûcher; elle est sans ceinture, autre rite de précepte, tant pour les hommes que pour les femmes qui rendaient le devoir aux morts.

» Le tablier que porte cette figure et la main qu'elle tient sous ce tablier, expriment encore deux autres cérémonies.

» La première était de sécher dans un linge fin les os qu'on tirait du bûcher, et sur lesquels on avait eu soin de répandre auparavant du vin exquis, du lait et autres liqueurs semblables ; la seconde consistait à porter sur son sein l'urne dans laquelle étaient renfermées ces cendres, lesquelles avaient été recueillies en signe de douleur et d'attachement. » (*Dom Martin*; tom. II, pag. 293.)

(19) *Un peu de sable.*] Aux funérailles selon le culte catholique, lorsque le cercueil est descendu dans la tombe, le prêtre prend de la terre et en jette le premier dans la fosse ; les plus proches parens l'imitent; alors seulement les fossoyeurs la comblent.

Cette pratique était usitée par les druides aux obsèques des Gaulois, et s'est visiblement perpétuée dans les cérémonies du christianisme.

(20) *Le meilleur des pères.*] « On a découvert un grand nombre de tombeaux gaulois dans presque toutes les provinces de France, qui consistaient en des éminences ou tertres, en petites collines de terre ou de sable. Dans ces différens tombeaux on trouve toujours les cendres et les ossemens brûlés, tant de la personne à qui l'on dressait le bûcher, que des animaux, bijoux, meubles, etc., qu'elle avait chéris et qu'on avait jetés dans le bûcher. Souvent ces cendres, ces ossemens sont dans des urnes, et quelquefois épars dans les tombeaux. » (*Dom Martin*; tom. II, p. 217.)

« Les habitans de la vallée de *Fours*, qu'on suppose être les descendans d'un peuple connu dans l'antiquité sous le nom de *Veaminis*, conservent encore des usages qui dénotent l'ancienneté de leur origine. Le jour des funérailles, l'on porte la paille du lit mortuaire dans un champ voisin de la demeure du mort; cette paille reste entassée en cet endroit jusqu'à son entière destruction. » (Voyez l'intéressant ouvrage de M. Henry, intitulé *Recherches historiques sur le département des Basses-Alpes.*) En Lorraine et à Paris, on brûle cette paille, et les enfans se plaisent le soir à former des danses autour de ces bûchers éphémères, à en franchir les flammes en poussant de longs cris. Est-ce une tradition de nos anciennes fêtes funèbres? Comment s'est-elle concentrée parmi le peuple-enfant? Comment s'y perpétue-t-elle? Les jeux du premier âge m'ont souvent fait réfléchir; les enfans ont entre eux une sorte de code qui règle l'exercice et le temps propre à chacun; tous les ans, les jouets changent de mains; mais ils n'en sont pas moins honorés que l'année précédente. Je crois que si ce sujet, quoique bien puéril, pouvait être approfondi, il nous découvrirait peut-être plus d'une origine curieuse conservée sous le voile de la tradition?

« Indépendamment des monumens celtiques en pierres qu'on découvre dans les environs de Chartres, il en est d'une autre espèce dont l'origine remonte aux temps les plus reculés, ce sont les monticules en terre que nous connaissons sous le nom de *Mottes*.

» Outre celles du bois de Lèves, de Goindreville, Thivars, et de l'Étang Vert, on en voyait une au village de Morancez dans un jardin que l'on appelle encore le *Clos de la Motte*. Le propriétaire s'occupe depuis quelque temps à détruire ce monument. L'on doit rassembler soigneusement les objets d'antiquité qui pourraient se trouver sous cette masse de terre; car, d'après l'opinion de M. Legrand D'Aussi, la plupart de ces monticules sont des tombeaux de personnes qui ont joui de la plus grande considération parmi les anciens Celtes et Gaulois. » (Extrait de l'*Histoire de Chartres*, par M. Chevard; tome Ier, page 100.)

(21) *De l'immortalité.*] « Fingal, chef des héros, dit Colmul mourant, reçois ce bâton magique! Mon ame monte sur l'aile du météore, vers le séjour des bons et des braves; que mon corps soit placé parmi ceux de mes pères! que nous reposions ensemble dans les îles verdoyantes!

» Les montagnards d'Écosse sont encore persuadés qu'à leur sortie du corps, les ames se rendent dans l'autre monde de cette manière, et ils croient que certains météores auxquels ils donnent le nom de *Dé*

Eug, présagent la mort des personnes d'un rang élevé. Cette notion, qui leur vient des druides, est redevable de sa durée à la répétition fréquente des poëmes d'Ossian. » (*Note des poëmes d'Ossian*, traduction de Hill.)

« Aussitôt que le brave tombe, une étoile scintillante brille dans la nuit qui l'environne ; c'est l'astre de l'immortalité. » (*L'Edda mythologique* ; Recueil de Sined. Vienne, 1791 ; in-4°.)

(22) *Les sorts.*] « Les anciens Celtes coupaient une branche d'arbre qui portait du fruit, et la partageaient en plusieurs parties sur chacune desquelles ils faisaient des marques différentes ; ensuite ils les jetaient pêle-mêle dans une robe blanche. S'il s'agissait d'une affaire qui intéressât l'État, un prêtre faisait la cérémonie ; s'il n'était question que d'une affaire domestique, le père de famille servait de prêtre. Celui donc qui présidait commençait cet acte de religion en faisant une prière qu'il proférait en tenant les yeux élevés vers le ciel. Après, il prenait ces morceaux de branche l'un après l'autre, et formait des prédictions sur les marques qu'il avait faites auparavant. Si ces prédictions étaient sinistres, l'affaire qu'on consultait ne pouvait pas être entreprise ce jour-là ; si, au contraire, elles étaient favorables, on consultait encore les augures par le chant et le vol des oiseaux. » (*D. Martin* ; t. Ier, liv. 1er, page 74.)

(23) *Des chastes amours.*] « Cette déesse était la Vénus céleste des Grecs et des Syriens ; on l'adorait dans les Gaules sous la figure d'une belle femme dont le corps se terminait en poisson. Sur le frontispice d'un monument à Clermont en Auvergne, on voyait une belle tête de femme dont le front était surmonté de

deux ailes ; ses oreilles étaient accompagnées de nageoires écailleuses, et deux serpens descendaient sur ses épaules comme des bandelettes. » (Extrait de la *Religion des Gaulois*, par Dom Martin ; tome II, chapitre 21.)

(24) *L'art de guérir.*] « Belènus était le dieu du soleil et de la médecine ; les poëtes disaient le blond *Phébus*; *Mélen* signifie blond en breton. » (*P. St.-Foix;* tom. II, page 59.)

« Apollon, *Belènus*, était chez les Gaulois le dieu de la médecine ; les druides avaient donné son nom à la jusquiame. L'église de Toulouse, connue sous le nom de la Daurade, était le plus beau temple d'Apollon dans les Gaules. » (*D. Martin* ; etc.)

Le culte de *Belènus* ou le soleil, était fort en honneur dans la Gaule septentrionale, témoins les noms de ces villes placés sous son invocation : *Beleni*, *Blainville*, petite ville de Lorraine ; *Beleniacus* ; *Buligni*, village près de Toul ; *Belenodivum* ; *Blenod*, bourg de Lorraine ; *Tombelene* (ou autel de Belènus); *Tomblaine*, village situé au bord de la Meurthe.

Une des fêtes que les Gaulois célébraient avec le plus de solennité, en l'honneur de *Belènus*, dieu du jour, était celle du solstice d'été ; et les feux de la St.-Jean, comme le prouve l'extrait suivant, ne sont eux-mêmes qu'une tradition de cet antique usage.

« Les Gaulois célébraient la fête du solstice d'été, par une illumination générale de tous les temples, et particulièrement du monument de *Carnac*. C'est dans cette nuit qu'ils ajoutaient une pierre à celles qui y étaient amassées depuis des siècles, sur onze lignes, nombre des signes du Zodiaque, avant que les Grecs y eussent ajouté la Balance. Ces pierres sont au nombre de quatre mille, ce qui annoncerait 4000 ans de permanence sur le même sol jusqu'au règne de Tibère; et bien plus encore, si ce monument est le résultat d'un système d'astronomie, puisqu'il ne pourrait appartenir qu'à un peuple déjà fort instruit.

» Suivant la théologie druidique, la Nuit avait enfanté le Jour. Belène était le dieu de la lumière ; les druides célébraient ses premières apparitions par des solennités, etc. » (*Extrait d'un art. sur les monumens celtiques*, par M. de Cambry ; *Revue philosophique et littéraire*, n° 32 ; 8 août 1815.)

(25) *Aphrodise.*] « Une inscription trouvée dans la forêt de Belèsme, nous apprend que les Gaulois, avaient, de même que les Romains, des dieux infernaux. Vénus pouvait bien être une divinité infernale chez les Gaulois ; et ce qui marque combien ils comptaient sur les bons offices qu'elle pouvait leur rendre après la mort, c'est le grand nombre de temples et de chapelles qui lui furent érigés dans la Gaule. Près du lieu où a été trouvée l'inscription des dieux infernaux, devait exister une statue de Vénus considérée comme déesse funéraire, témoin cette inscription : *Aphrodisium*. Cette statue remplaçait sans doute celle appelée à Delphes, *Epitymbia*, où l'on se rendait pour faire des libations aux morts. » (*Religion des Gaulois*; tom. Ier, pag. 235.)

(26) *Hésus le terrible.*] « Esus était le dieu qui sème le carnage et l'horreur, qui ôte et ranime le courage dans les combats, et nomme ceux qui doivent être tués. *Euz*, en breton, veut dire terreur, horreur sa-

crée; *Eüz-enes* (île d'*Ouëssant*), île de la terreur, à cause d'un trophée qui y était consacré à Esus. (*St.-Foix;* tom. II, pag. 59.)

« Ils adorent le dieu Mars ou *Hésus*, qu'ils appellent l'*effroyable*; c'était le dieu de la guerre, et il aimait le sang. » (*Bern. de St.-Pierre*, Arcadie....)

Comme les auteurs different sur la manière d'écrire le nom de *Hésus*, j'ai adopté celle de l'auteur de la Religion des Gaulois, suivie par Bernardin de St.-Pierre.

(27) *Un bouclier resplendissant.*] « La femme n'apportait point de dot au mari, mais ce dernier à la femme; les parens assistaient aux noces, regardaient si les présens étaient de qualité requise; c'était des bœufs accouplés sous le joug, un cheval tout bridé, un bouclier et une lance, une épée; et réciproquement la femme lui donnait quelques armes. Ces présens étaient comme une leçon pour la femme, et lui montraient qu'elle doit être la compagne de tous les travaux et de tous les dangers de son mari, tant dans la guerre que pendant la paix. » (Dom Calmet; *Hist. civile de Lor.;* tom. I, pag. 38.)

LIVRE QUATRIÈME.

L'Emissaire; — Le Druide; — L'Hospitalité.

Pendant que la fille de Diciomar s'abandonnait à de justes regrets, Hemdal n'était pas resté oisif. Il avait tout préparé pour que l'assemblée du peuple assurât ses projets; et la joie de voir bientôt son ambition satisfaite avait rendu la vigueur à son corps appesanti.

Le chef des druides venait de terminer sa carrière. Dans quelques jours tous les prêtres de la Gaule, avertis par de mystérieux signaux, devaient se rendre au pays des Carnutes [a], pour lui choisir un successeur [1].

Depuis long-temps l'ambitieux Hemdal aspire à la dignité de souverain-pontife. Il sait

---

[a] Pays Chartrain.

que c'est souvent à main armée que les druides s'arrachent le bâton augural et les bandelettes sacrées, et pour arriver à son but il a flatté les espérances d'Isarn, il s'est fait un parti puissant parmi les jeunes nobles, en leur faisant connaître de nouvelles jouissances. A diverses époques, des étrangers, introduits par lui dans l'enceinte de ces forêts, avaient fait briller l'or corrupteur aux yeux de leurs habitans. Bientôt les armes de leurs pères, formidables dans leur simplicité, ne leur suffirent plus : il fallut les revêtir d'un métal brillant et poli. Les produits de leur chasse ne leur parurent précieux que parce qu'ils pouvaient les échanger contre des chaînes d'or ou des vases élégans Ils oublièrent qu'ils possédaient les vrais biens : la liberté, une vie frugale et la crainte des dieux. Ils en étaient venus, enfin, jusqu'à envier les honteux avantages que leurs frères avaient recueillis de l'esclavage.

A la vérité, le druide savait qu'il serait difficile d'opérer tout-à-coup un changement dans les mœurs de la nation, dont la partie saine avait conservé ses antiques usages et sa noble simplicité ², mais il espérait qu'un premier mouvement donné entraînerait en sa faveur la plus grande partie des guerriers.

Telles étaient les idées qui occupaient l'esprit de l'ambitieux vieillard, lorsque deux étrangers, guidés par son esclave le plus dévoué, parurent à ses yeux. L'un d'eux, enveloppé d'une longue toge, jette autour de lui des regards furtifs. « Approche, étranger, lui dit le druide, en le reconnaissant pour un envoyé des Romains qui lui avait déjà été adressé : cette enceinte, redoutable pour tout autre, est un lieu de salut pour toi : nul n'oserait franchir la ligne d'arbrisseaux épineux qui entoure mes domaines ³. Parle sans crainte, que veulent de moi les vainqueurs de la terre ? »

« Les fils de Rome, répond l'étranger avec un sourire faux, t'engagent à proposer leur alliance au peuple qui te révère. Ils gémissent de voir cette brave nation plongée encore dans la barbarie ; et ces présens qu'ils m'ont chargé de te remettre sont un gage de leur affection. » Il dit, et prenant un coffret des mains de son compagnon, il en tire des chaînes d'or d'un travail précieux ; emblêmes perfides de celles que la domination romaine apprête à ce peuple échappé jusqu'alors à l'esclavage!

« Ainsi c'est l'humanité qui les guide et leur fait souhaiter notre alliance, répond le druide avec un visage composé : je respecte ce motif; et puisque tes frères dépouillent leur odieuse arrogance, je répondrai avec franchise. Je connais ma nation mieux que les fils de Mars, et je sais ce qu'il faut à son bonheur. Ses anciens préjugés ont tout pouvoir sur elle : qui voudrait l'en priver s'attirerait sa haine et sa vengeance. Ce peuple brave, quoique ignoré, ne se soumettra qu'à la voix de la persuasion: plein de respect pour ses druides, eux seuls seront les arbitres de ses destinées. Les prêtres des Gaules s'assemblent à la prochaine lune dans la forêt de Dreux. Vous régnez sur les Carnutes : qu'aidé de votre influence, Hemdal soit revêtu du souverain pouvoir. L'alliance des Arduènens est à ce prix. »

« Pontife des Gaules, dit l'étranger en s'inclinant, je te salue, si telle est la seule condition que tu mets à la paix : le magnanime Drusus m'a donné tout pouvoir de traiter avec toi. Que les chefs de tes guerriers viennent donc avec confiance vers notre général. L'illustre Valérius confirmera la parole de paix et d'alliance que je te donne, et réalisera tes vœux. » A ces mots flatteurs, le cœur du vieillard palpite de joie. Il tend la main à l'étranger, et n'aperçoit ni son oblique regard, ni son sourire équivoque; et le conduisant vers sa demeure : « Reçois de moi l'hospitalité, ô étranger! » lui dit-il. Un dieu, sans doute, a dérobé ta marche à tous les yeux, et a guidé tes pas dans la forêt. Viens sous mon toit jusqu'à la nuit, mon fils : elle est souvent plus favorable que le jour brillant. Aussitôt que ses sombres voiles tomberont sur la terre, je veux te donner une preuve de ma fidélité à remplir les engagemens que je contracte. Cette nuit, par mon ordre, l'élite de nos guerriers se rendra dans le temple de Hésus. Là, caché à tous les regards, tu seras présent à l'assemblée, et tu entendras les sermens de ceux qui régissent ce peuple sous mes lois. » Il dit, et hâtant sa marche, il rentre dans sa demeure [5], et ordonne qu'on prépare le bain et le repas destinés à célébrer l'arrivée de l'étranger. A sa voix, la foule nombreuse de ses esclaves s'agite. Les uns apportent et remplissent d'une eau pure la large cuve formée des troncs amincis du hêtre. Par un art admirable et connu des seuls Gaulois, ses flancs artistement sculptés sont réunis par les branches flexibles du châtaignier, qui l'entourent d'une triple ceinture [6].

Cependant le foyer est allumé; son sein recèle d'énormes cailloux, qui, jetés avec prudence dans le sein de l'onde, lui communiquent la chaleur dont ils sont pénétrés. La main délicate d'une jeune fille en fait l'essai. Avec un doux sourire elle engage l'étranger à venir se délasser de ses fatigues; et tandis que deux de ses compagnes détachent les agrafes précieuses qui retiennent les cothurnes du Romain, elle apprête une couche formée des dépouilles moelleuses du chardon argenté [7]; de rares fourrures la recouvrent; un faisceau de fougère, placé près de la cuve, doit recevoir les pieds de l'étranger sortant du bain. Le Romain, élevé dans le sein de la reine du monde, s'étonne de ces délices étrangères; et, abandonnant un instant les hautes pensées qui l'occupent, il se plaît à graver dans sa mémoire les mœurs et les usages de ce peuple inconnu.

Quand la douce chaleur de l'eau a rendu la souplesse à ses membres fatigués, lorsqu'un paisible sommeil, goûté sur cette couche rustique, a rafraîchi ses sens, il se lève et entre dans une salle. Partout le sol est jonché de verdure, partout les murs d'argile sont couverts de rameaux de hêtre, dont les tiges, plongées dans de grands vases pleins d'eau, y puisent une sève étrangère qui sert à conserver leur fraîcheur [8]. Cette salle, destinée aux festins, est placée près des bains, afin que les délices de la table suivent les douceurs du repos.

Hemdal, entouré de quelques amis invités à la fête, attendait son hôte. Il lui présente la main droite, et le conduit au haut de la salle où le festin venait d'être préparé. Assis sur un monceau de peaux molles [9], l'étranger est placé près du druide. La table, formée d'un noyer [10] antique que la doloire a poli avec soin, est parsemée de fleurs [10 bis], et couverte de vases d'une forme plus commode qu'élégante : l'un d'eux, comme un bassin immense, contient le dos d'un porc bouilli [11] assaisonné d'herbes odoriférantes et des gousses de cette bulbe dont la chaude saveur rehausse le goût, excite l'appétit.

Partout l'argile colorée [12], l'airain éblouissant et l'étain, dont l'éclat imite celui de l'argent, façonnés en coupes, en pateres, offrent aux convives des mets variés : l'orge dépouillée [13] de sa rude écorce et bouillie dans du lait; la blanche scorsonère, le daucus safrané, dont la saveur sucrée rivalise avec le miel, et ces noires racines au suc piquant, qui forment la nourriture la plus commune des Gaulois [14]. Aux extrémités de la table sont placés des poissons du lac, la délicieuse geline des bois, et l'oiseau des bruyères, dont l'éclatant plumage rappelle à l'étranger l'oiseau du phase, conquis par Lucullus [15].

A cette abondance succède un jeune bélier [16] qui n'a point vu deux printemps; il s'engraissait sur les collines parmi les nombreux troupeaux d'Hemdal; nourrie de plantes aromatiques, sa chair délicieuse en conserve le parfum. L'étranger s'étonne de la délicatesse d'un mets ignoré de la voluptueuse Rome, et se promet d'en enrichir la table de son empereur. Un pain formé d'orge et d'avoine, que le levain rend plus léger, est servi avec profusion.

Au commencement du festin, on avait présenté aux convives une sorte de pain azime, cuit sous la cendre: ces gâteaux circulaires servent à recevoir les portions de viandes fumantes qui sont destinées à chacun; et, pénétrés de leurs sucs nourrissans, ils deviennent eux-mêmes un mets délicieux [17]. Pendant le repas, des esclaves attentifs présentent des vases remplis de cervoise frémissante [a]. Hemdal porte à ses lèvres la première coupe, et la passe à son hôte; celui-ci, instruit des usages gaulois, reçoit la longue corne d'uroch qu'enrichit une anse d'or, il se lève, et s'adressant au druide : « Hemdal, dit-il, interprète » des dieux, je bois à vous ! » [18] « Que ce breuvage vous soit salutaire, » répond le vieillard.

Bientôt on enlève les viandes. Elles sont remplacées par des corbeilles de jonc. Les unes contiennent dix sortes de laitage durci et pénétré d'un sel préservateur ; les autres sont remplies des fruits des forêts. L'étranger sourit en y voyant figurer avec pompe, les grappes rouges de l'aigre berberis [b], la chataigne dont la chair savoureuse est défendue par une triple écorce ; les faînes huileuses

---

[a] La bière.
[b] L'épine vinette.

que produit le hêtre, le fruit de l'humble coudrier, la prune bleuâtre qui semble couverte de frimas, la noix onctueuse, la pomme colorée d'un vif éclat, mais âpre et sauvage comme les forêts où elle prit naissance; les fruits de l'élégant arboisier [19], dont les corymbes éclatans brillent à travers les feuillages; ceux plus doux du cormier et de l'alise, enfin la nèfle [20] au cœur osseux, dont la race est rebelle aux soins de la culture. Dans une autre saison, le druide eût offert à son hôte la fraise odorante, dont les rézeaux, légèrement pourprés, tapissent les lisières des bois; la framboise embaumée, la noire merise, et les fruits rouges du cornouiller. Au centre des corbeilles s'élève une pyramide de gâteaux triangulaires, pétris de lait et de fleur de farine; leur forme paraît mystérieuse, et l'étranger observe que, distribués par le druide lui-même, ils sont reçus avec une sorte de respect [21].

L'hôte de Hemdal essaye de goûter des fruits qu'on lui présente, mais leur âpreté [22] a bientôt révolté son palais délicat. « Pauvre peuple ! s'écrie-t-il, ces sauvages produits d'une nature inculte peuvent-ils donc vous suffire ? Ah ! vos frères de la Gaule, dont vous avez tant de fois déploré le sort, sont mille fois plus riches en jouissances depuis qu'ils se reposent à l'ombre de nos aigles. Les marais infects sont desséchés : à leur place des moissons ondoyantes roulent, en flots dorés, leur blonde chevelure ; les pampres qui produisent le divin nectar de Bacchus, couvrent leurs coteaux ; la douce olive en couronne le sommet de son feuillage pacifique ; la figue, à l'abri de l'aquilon, laisse échapper son miel, et l'arbre du jardin d'Atlas étale l'or de ses fruits, le parfum de ses fleurs, et tout l'orgueil de son feuillage. Les rejetons précieux qui se trouvent dans les forêts, ont été recueillis et plantés avec soin ; et, par les prodiges d'une nouvelle culture, vos frères surpris ont vu naître des fruits inconnus [23]. Les pyras, aux formes variées ; les pommes aux couleurs éclatantes ; la cerise, dont les rubis appellent la bouche des enfans ; le délicieux fruit du pêcher, qui offre les doux contours du sein des vierges ; la prune d'Arménie, dont les boutons pourprés annoncent le printemps, et dont la chair délicate craint les meurtrissures.... Mais qui pourrait compter et nommer tous les fruits que produit aujourd'hui la Gaule féconde ? Arduènens, d'autres bienfaits vous attendent ; vos cités, jadis couvertes de roseaux, voient aujourd'hui de nombreux palais s'élever dans leur enceinte. Les arts de la reine des nations viennent y former de savantes colonies : Massilie [a], Lugdune [b], Vésonce [c], Cabillone [d], Amagétobrie [e], possèdent des écoles déjà fameuses ; l'antique Bibracte [f] porte de nouveau le sceptre souverain ; elle ne le cède en célébrité qu'à Divio, riante cité [g], mère des poëtes et

---

[a] Marseille.
[b] Lyon.
[c] Besançon.
[d] Châlons-sur-Saône.
[e] Troyes.
[f] Autun.
[g] Dijon.

des orateurs. Depuis que notre auguste empereur a donné son nom aux villes soumises et fidèles, la prospérité, l'abondance et la paix règnent dans leurs murs [24]. Hâtez-vous, peuple généreux et hospitalier, hâtez-vous d'imiter ces fortunés exemples; reconnaissez, dans vos vainqueurs, les envoyés des dieux, et n'opposez pas à votre propre bonheur une résistance qui serait inutile, peut-être funeste! »

Il dit, et profitant de l'impression que son discours a produite sur les amis de Hemdal, il cherche, par d'adroits détours, à connaître quelles sont les forces de la nation, jusqu'où s'étendent ses limites et son territoire, quel est l'esprit du peuple et surtout de la jeunesse. L'odieux rôle d'espion, dont il n'a pas rougi de se charger, lui inspire des questions insidieuses; les Gaulois naïfs se laissent surprendre, et l'étranger renferme une joie perfide dans son sein.

Cependant le soleil descend derrière les collines, sa lumière n'éclaire plus que le faîte des arbres les plus élevés : il est temps de se rendre au temple de Hésus. Toutefois, avant de partir, Hemdal propose à son hôte une mesure dictée par la prudence : « Je redouterais pour toi, dit-il, le premier regard de nos jeunes guerriers ; ils haïssent tes frères, et ton habit te trahirait. Consens donc à revêtir celui d'un Gaulois, ce déguisement te sera peut-être utile pour retourner vers ceux qui t'envoient. »

La fierté romaine se révolta d'abord à cette proposition. Quitter la toge flottante pour l'habit d'un Barbare, semblait humilier l'étranger ; mais ce sentiment ne fut pas de longue durée, et songeant à son message, il consentit à tout.

Le druide le conduisit dans la salle qui renfermait ses richesses [25]. Là, le Romain voit, rangés dans un ordre admirable, des fourrures précieuses, des manteaux magnifiques, des robes de laine aux couleurs bigarrées, et un prodigieux amas de lances et d'épées d'un rare travail ; à la vue de ces armes étrangères, l'envoyé questionne Hemdal sur leur origine et sur leur destination ? « Il t'importe peu, répond le druide, de savoir comment, après différentes guerres, elles me sont tombées en partage; quant à leur usage, dès ce soir elles seront distribuées aux jeunes braves qui vont jurer de s'attacher à moi : elles me serviront aussi à hâter le succès de ton entreprise. *Regarde, écoute*, et *reporte* tout à tes frères. »

L'étranger s'incline et reçoit du vieillard le déguisement convenu : il revêt la chausse gauloise, le sayon de poil de chèvres, et ce long vêtement de lin, teint d'une couleur d'azur foncé, que les mains adroites des filles d'Arduène, brodaient d'un fil de pourpre [25]. Cette espèce de robe sans ouverture, laisse seulement apercevoir le col, et descend jusqu'aux genoux; une ceinture de cuir fermée d'une agrafe, la serre au-dessous du sein. Les cheveux courts de l'étranger sont ramenés sur le haut de sa tête ; une graisse odorante, mêlée à la cendre du hêtre, en change à l'instant la nuance et leur donne l'éclat d'une chevelure gauloise [27].

L'étranger rejoint les amis du vieillard, et tous se rendent en silence sur les bords du lac solitaire, qui sépare la demeure de Hemdal du Mallus, lieu saint et redoutable où la divinité reçoit des sacrifices et manifeste quelquefois sa présence [28]. Ils entrent dans de légers esquifs amarrés à des saules, saisissent les rames et attendent que l'arrivée du druide, resté en arrière pour quelques apprêts mystérieux, donne le signal du départ.

FIN DU LIVRE QUATRIÈME.

NOTES

DU LIVRE QUATRIÈME.

(1) CHOISIR *un successeur.*] « Les druides avaient à leur tête une personne de leur corps, qui avait toute l'autorité. Après sa mort, celui qui avait le plus de mérite lui succédait. S'il y avait plusieurs concurrens, l'élection se faisait par la voie des suffrages, où les seuls druides donnaient leurs voix. Comme il arrivait quelquefois qu'ils ne pouvaient s'accorder, on prenait les armes, et le plus fort l'emportait. » (*Dom Martin;* liv. 1er, tom. Ier, pag. 193.)

(2) *Noble simplicité.*] « De tous les peuples gaulois, les Belges passent pour les plus vaillans. Ce qui contribuait à leur valeur, était leur éloignement des pays où régnaient la délicatesse, la politesse, l'abondance; et le peu de commerce qu'ils avaient avec les marchands, qui auraient pu leur apporter les choses propres à les corrompre et à affaiblir leur vigueur. » (*César, Strabon, Tacite.*)

(3) *Mes domaines.*] « Les druides faisaient ordinairement leur demeure dans les forêts de chênes; ils y avaient leurs sanctuaires. Les Gaulois n'en approchaient qu'avec une religieuse frayeur, à laquelle ajoutaient encore la hauteur, la majesté des arbres, le

silence du lieu sombre, la solitude ; mais surtout la vénération profonde qu'ils avaient pour les forêts, pour les arbres consacrés par leurs ancêtres, et regardés comme le symbole de la Divinité. Les réduits des druides étaient dans d'obscurs enfoncemens ; c'est là qu'ils exerçaient dans la nuit l'art divinatoire, science absurde dont ils s'étaient exclusivement emparés. Ils y pratiquaient aussi la médecine, qui consistait, dans ce temps, à traiter les maladies, moins par des connaissances physiques que par le pouvoir des enchantemens et la vertu de quelques herbes. » (*Latour-d'Auvergne*, tom. 1, pag. 156.)

(4) *Reçois l'hospitalité.*] « Les Gaulois aiment et pratiquent l'hospitalité ; ils invitent même les étrangers à manger chez eux, et ne leur demandent qui ils sont et d'où ils viennent qu'après le repas ; en un mot on remarque parmi eux plusieurs vestiges des mœurs antiques des temps héroïques dont parle Homère. » (Dom Calmet ; *Hist. de Lorraine* ; tom. I, pag. 41.)

(5) *Dans sa demeure.*] « Leurs maisons sont faites de bois de chêne entrelacés, d'une forme ronde, et, pour la plupart, couvertes en paille ; Strabon dit que leurs toitures sont fort élevées, apparemment en pointe à cause de la forme ronde des maisons.

» Les tours rondes qui défendaient jadis nos vieux châteaux forts, étaient sans doute un ancien reste de cette coutume de bâtir. Les Gaulois choisissaient d'ordinaire leur demeure le long des rivières et des forêts, pour éviter les grandes chaleurs. » (Dom Calmet ; *Hist. civile de Lorraine* ; tom. I, liv. 1.)

(6) *Triple ceinture.*] « Ils assemblent des pièces de

bois avec une si grande justesse, qu'ils en forment des vases capables de contenir toutes sortes de liqueurs. Ce qu'il y a de plus étrange, c'est qu'ils savent y faire bouillir de l'eau sans les brûler. Ils font rougir des cailloux au feu et les jettent dans l'eau contenue dans ce vase de bois, jusqu'à ce qu'elle prenne le degré de chaleur qu'ils veulent lui donner. » (*Arcadie*; page 117.)

Pline attribue aux Gaulois l'invention des tonneaux.

(7) *Chardon argenté.*] Les pauvres gens, en Lorraine, font encore des espèces de lits de plumes avec le duvet du chardon ; ils l'amassent quand il est bien sec, et en emplissent des toiles légères, dont ils couvrent leur lit : ce duvet rustique remplace pour eux le précieux eider-don du Nord.

(8) *A conserver leur fraîcheur.*] « Les murs, au lieu de montrer des pierres enduites de chaux, étaient tapissés de lierre ; sur le sol on avait tant semé de fleurs, qu'on croyait marcher dans une prairie émaillée ; les lys argentés y contrastaient avec le pavot de pourpre, et la salle était embaumée des odeurs les plus suaves. » (*Fortunat*, cité par M. Legrand D'Aussi ; *Histoire de la vie privée des Français* ; tome III, page 285.)

Dans le printemps, il est d'un usage presque général de décorer le devant des cheminées et certaines parties de l'appartement avec des branches de hêtre et d'aubépine en fleur, dont les tiges trempent dans des vases pleins d'eau : ce sont les magnificences des villages. On appelle cela des *Maies*.

Le retour du printemps est fêté avec beaucoup de solennité en Lorraine. C'est à cette époque que les jeunes gens de l'un et de l'autre sexe s'amusent d'un jeu appelé fort improprement *sans vert*, puisque la verdure en fait le principal objet. Une société convient de porter pendant un mois une branche ou seulement une feuille de l'arbre ou de l'arbuste désigné pour le *sans vert*. On choisit ordinairement la feuille de l'églantier ou rosier sauvage. Le jeu consiste à se surprendre mutuellement *sans vert*, soit en faisant apercevoir que les feuillages que l'on porte sont flétris, soit en dérobant adroitement les rameaux mis en réserve pour le jeu. Celui des joueurs qui se trouve en défaut, donne une amende, laquelle, au bout du temps prescrit pour le jeu, sert à payer un festin qui se célèbre dans les bois. Ce jeu existe sous la même dénomination dans le Vendômois, en Bretagne, en Belgique et dans une partie de la Hollande.

On garnissait aussi de rameaux verts les murs et les cheminées des appartemens.

« Le comte de Foix, dit Froissart, entra dans sa chambre qu'il trouva toute jonchée et pleine de verdure fraîche et nouvelle, et les parois d'environ, toutes couvertes de rameaux tout verts pour y faire plus frais et odorant, car le temps et l'air du dehors étaient merveilleusement chauds. » (*Histoire de la vie privée des Français*, tome III, page 161.)

(9) *De peaux molles.*] « Les Gaulois mangent assis, non sur des bancs et des sièges, mais sur le pavé, ayant sous eux des peaux de loups ou de sangliers. » (*Dom Calmet.*)

« *Possidonius* écrit que les Celtes prenaient leurs repas assis par terre, ayant devant eux des tables de bois fort basses. Selon Strabon, les Belges mangeaient la plupart couchés sur des espèces de lits. Enfin, si l'on en croit Diodore de Sicile, les Gaulois employaient pour siéges des peaux de chiens ou des peaux de loups. » (*Histoire de la vie privée des Français* ; tome III, page 147.)

(10) *Noyer antique.*] Les tables, les armoires et les dressoirs, en Lorraine, sont ordinairement en bois de noyer. Les ménagères mettent leur gloire à les entretenir dans le plus grand éclat. J'ai vu de ces tables et de ces armoires antiques, qui avaient appartenu à plusieurs générations, devenues noires comme l'ébène à force d'avoir été cirées et frottées.

En général, il règne dans les villages une grande propreté ; les vases d'étain, qui formaient autrefois la vaisselle du pays, ne servent plus que d'ornement ; mais exposés avec goût sur les buffets, ils donnent un air d'ordre et de richesse à l'intérieur des habitations.

(10 *bis*) *Parsemée de fleurs.*] « Fortunat, poëte du sixième siècle, dans une pièce adressée à la reine Radegonde, décrivant un banquet dans lequel le lieu du festin avait été jonché de fleurs, dit :

» Pour la table, elle offrait seule plus de roses qu'un champ entier ; ce n'était point une nappe qui la couvrait, c'étaient des roses. Les mets y reposaient sur des fleurs, et au lieu d'un tissu de lin, on avait préféré ce qui flatte l'odorat et qui couvre de même. » (Legrand D'Aussy ; *Histoire de la vie privée des Français* ; t. III, page 285.)

(11) *D'un porc bouilli.*] « Les Gaulois, selon Strabon, étaient grands mangeurs de viande, mais surtout grands mangeurs de cochon, tant frais que salé. Ils laissent en

plein champ, dit-il, même la nuit, ces animaux qui sont d'une taille, d'une force, et d'une légèreté à la course peu ordinaires : aussi leur rencontre est-elle autant dangereuse que celle d'un loup. La Gaule nourrit tant de troupeaux et tant de porcs surtout, qu'elle fournit de graisse et de salaisons, non-seulement Rome, mais toute l'Italie.

» Selon Athénée, la Gaule avait la réputation de faire les meilleurs jambons. » (Legrand D'Aussy; *Histoire de la vie privée des Français*; tome Ier, page 307.)

(12) *L'argile colorée.*] « Les Gaulois dans leurs repas se servaient de vases de terre. Il existe encore à Francheville, dans le Lyonnais, une manufacture de ces poteries, qu'une tradition du pays prétend être antérieure à l'invasion des Romains. » (*Legrand D'Aussi*; tom. III, page 200.)

« Plusieurs Gaulois, dit Possidonius, se servaient de cuivre pour leurs plats de table. Plus d'une expérience funeste leur apprit à connaître la malheureuse propriété qu'a ce métal, de devenir un poison mortel par le contact des acides, et ce fut probablement pour s'en préserver qu'ils imaginèrent de le couvrir intérieurement d'une couche d'étain et de plomb alliés ensemble; cette composition est ce que nous nommons étamage. Pline avoue que l'invention en est due aux Gaulois. » (*Legrand D'Aussi*; tome III, page 228.)

« Quoique selon Pline, Strabon, Possidonius et Diodore de Sicile, la Gaule possédât des mines d'étain et de plomb, les auteurs ne nous apprennent pas qu'ils se soient fait une vaisselle avec ces deux métaux; on les y a employés postérieurement. » (*Legrand D'Aussi*; tome III, page 226.)

« Il est pourtant probable que le peuple, qui savait tellement travailler l'étain, qu'il l'employait aux usages les plus ordinaires, avait dû s'en servir pour en former des vases propres et commodes.

» L'étain fut long-temps la vaisselle de nos ancêtres; l'usage s'en conserve encore dans les villages éloignés. On voit dans un petit poëme écrit en patois lorrain, un père dire, en faisant l'éloge de la propreté que sa fille entretient dans son ménage :

Câ quan lo jo pàrait, et qu'let tindu let l'mire,
L'étain, come in ergent, brille su lo drassu ;
Nat omare â pu cliaire que lo pu fin melu,
Jémà ny et dans let chambe airanteules ni mêtes ;

Et quand le jour paraît
Et qu'il étend sa lumière,
L'étain comme l'argent, brille sur le dressoir ;
Notre armoire est plus claire que le plus fin moulu!
(ou l'or moulu.)
Jamais on ne voit dans la chambre ni toiles d'araignées ni mittes. »

(Du poëme *Les bruilles* ou *les querelles*; écrit en patois messin.)

(13) *L'orge dépouillée de sa rude écorce.*] « Avant notre arrivée les Gaulois mondaient le blé, l'orge et l'avoine de leurs écorces, en les battant avec des pilons de bois dans des troncs d'arbres creusés, et ils se contentaient de faire bouillir ces grains pour leur nourriture. » (*Arcadie*; pag. 152.)

« Les Gaulois, ainsi que les peuples sauvages, vivaient de bouillie ou de fromentée ; de là vient sans doute l'usage de la soupe qui fait encore aujourd'hui la principale nourriture du peuple et du soldat. » (*Essai sur l'administration des grains en France*; page 57.)

(14) *La plus commune des Gaulois.*] « Je trouvais dans les prairies des gousses d'ail, des racines de daucus et de filipendule. » (*Arcadie*, 121 ; *B. de St.-Pierre.*)

On peut ajouter à cela la scorsonère dont les prés sont remplis, et les raves qui, selon *Pline* et *César*, faisaient la principale nourriture des Gaulois.

« Pline parle d'une espèce d'oignon et d'une sorte de panais, que les Romains appelaient *gaulois*, parce qu'ils les avaient tirés des Gaules.

» Columelle fait aussi mention d'une grosse rave dont les Gaulois faisaient leur nourriture, et dont ils nourrissaient leurs bœufs pendant l'hiver. » (*Legrand D'Aussi*; tom. Ier, pag. 152.)

« Ce même légume est encore employé aux mêmes usages dans l'Auvergne, le Périgord et les Cévennes. » (*Idem*, pag. 161.) Dans le pays de Chartres, on mange encore les raves noires cuites comme les navets.

(15) *Conquis par Lucullus.*] Les gelinottes ou poules des bois, qu'on nous envoie des Ardennes, soutiennent, ainsi que les coqs de bruyères ou *tetras*, leur antique renommée ; ce dernier surtout (le faisan de nos contrées) rappelle, par son beau *pennage*, celui de cet oiseau célèbre.

(16) *Un jeune bélier.*] Tout le monde connaît le mouton d'Ardennes. Sa réputation fut portée jusqu'à

Rome : on le voit figurer, dit-on, dans la nomenclature des mets servis sur la table d'Apicius.

(17) *Un mets délicieux.*] « Comme la pâte n'a, en elle-même, rien qui puisse la faire lever, on sent très-bien qu'elle devait former, sans levain, un pain mat et insipide autant qu'indigeste ; pour le mieux cuire, on lui donna d'abord fort peu d'épaisseur. Dans les repas, au lieu de le couper comme aujourd'hui, on le cassait ; et Athénée, décrivant les festins des Gaulois, dit que, par politesse, on l'y servait tout brisé ; *panes multos confractos.* Cependant, quoique ces mêmes Gaulois eussent trouvé un levain pour leur pâte, la nation n'en conserva pas moins le goût des pains *azymes*. Il y en avait un surtout qu'on employait ordinairement en guise de plat ou d'assiette, pour poser et couper certains alimens ; humecté ainsi par les sauces et par le jus des viandes, il se mangeait ensuite comme un gâteau.

» L'usage des *tranchoires* (c'est ainsi que les siècles postérieurs nommèrent ces *pains-assiette*, sans doute à cause de leur destination) s'est maintenu fort long-temps ; il en est mention dans une ordonnance du dauphin Humbert II, rendue en 1336. Il veut que tous les jours on lui serve à table des *pains* blancs pour sa bouche, et quatre petits pains pour lui servir de *tranchoirs*. » (*Hist. de la vie privée des Français*; Legrand D'Aussi; tom. Ier, pag. 81.)

Cet usage et le mot de *tranchoirs*, se conservèrent en Lorraine ; on le voit dans le recueil des anciens Noëls, ou *chants joyeux*, qui célébraient la naissance du Christ.

Des bergers portent leurs présens à la Vierge et à l'Enfant divin :

« *Une mauvie* * *lui donna Peronnelle ;*
Margot si l'y donna du lait,
Tôt plein une écuelle
Couverte d'un tranchoir, etc. »

(18) *Je bois à vous.*] « Il était d'usage, dans les festins, que celui à qui on versait la première coupe, se levait, saluait son voisin, et l'appelant par son nom, lui portait la santé en disant : *Je bois à vous*. Celui-ci répondait : *Je souhaite que ce breuvage vous soit salutaire*. Après avoir vidé la coupe, qui était une grande corne d'uroch, ou un broc de terre, et avoir donné à connaître, en la goûtant, que la coupe ne renfermait aucun maléfice, il la remettait à celui qu'il avait salué. Celui-ci en agissait de même avec son plus proche voisin, et la coupe passait ainsi jusqu'au dernier convive ; c'eût été un affront de présenter à boire à quelqu'un, avant d'avoir goûté la liqueur. Cette boisson était de la bière ou de l'hydromel.

» En lisant cette description que fait Athénée des festins des Scythes, on croit assister à ceux des Bretons ; c'est la peinture la plus vraie et la plus frappante des fêtes de leurs hameaux. » (*Latour d'Auvergne*, pag. 48.)

« Ainsi, selon Athénée, les Gaulois riches buvaient une bière où l'on mêlait du miel ; l'autre plus commune était pour le peuple. De nos jours, l'hydromel de

---

* Mauviette.

Metz jouit encore d'une certaine réputation. » (*Hist. de l'administration de la guerre*, par Xavier Audoin; tome Ier.)

(19) *L'élégant arboisier.*] « Le sorbier des oiseaux se nomme *arboisier* dans la Lorraine et les Vosges. Cet arbre est remarquable par sa résistance au grand froid, par l'élégance de son port, sa verdure précoce, les ombelles de fleurs dont il se couronne au printemps ; les beaux corymbes de ses fruits, successivement verts, oranges, écarlates, qui attirent les grives et des nuées d'autres oiseaux, et subsistent jusqu'en hiver. » (*Note du Poëme des Vosges*; par M. Franç. de Neufchâteau.)

(20) *Enfin la nèfle.*] « Un pays froid et sauvage, couvert de marécages et de forêts, tel qu'était anciennement la Gaule, devait avoir peu de fruits indigènes ; cependant *Pline* dit que, parmi ceux que cultivaient les Romains, il y avait une sorte de nèfle qu'ils nommaient gauloise, parce qu'ils l'avaient tirée de la Gaule. » (*Vie privée des Français*; Legrand D'Aussi; tom. Ier, pag. 184.)

(21) *Avec une sorte de respect.*] Dans l'arrondissement de Toul, à certaines époques de l'année, on mange des gâteaux triangulaires que l'on nommait autrefois des *loriquettes*. On prétend qu'ils remontent à une haute antiquité, ce que ferait supposer leur forme triangulaire. J'en ai mangé aussi à la fête d'Eumont, petit village près de Pont-à-Mousson. Dans les Ardennes, au pays de Longwi, de Luxembourg, on fait, à Noël, une sorte de gâteau à trois coins, que l'on nomme *cueugnons*. — Enfin, au pays de Chartres,

on fait, vers le temps de Pâques, des gâteaux safranés, dont l'usage se reporte à une époque très-reculée.

(22) *Mais leur âpreté.*] « Je revenais quelquefois tout chargé de baies de mirtilles, de faines de hêtres, de prunes, de poires, de pommes, que j'avais cueillies dans la forêt. La plupart de ces fruits ne peuvent se manger crus, tant ils sont âpres ; mais il s'y trouve des arbres qui en produisent d'excellens. J'y ai souvent admiré des pommiers chargés de fruits d'une couleur si éclatante, qu'on les eût pris pour les plus belles fleurs. » (*Arcadie* ; pag. 121.)

(23) *Des fruits inconnus.*] « Les Romains, en retour, nous firent vraisemblablement d'autres présens du même genre. Quand ils eurent soumis la Gaule à leur puissance, on ne peut douter que les légions qu'ils y envoyèrent, et que les colonies qu'ils y établirent, n'aient amené avec elles les arts et les fruits de l'Italie. Sans doute les vainqueurs enseignèrent à leurs nouveaux sujets cette nouvelle culture, qui bientôt se propagea de canton en canton ; et ainsi s'expliquera aisément ce passage de Strabon, où il peint la Gaule narbonnaise produisant généralement *tous les fruits que produisait l'Italie.* » (*Vie privée des Fr.* ; Legrand D'Aussi ; tom. Ier, pag. 187.)

(24) *Dans leurs murs.*] « Durant son séjour dans les Gaules, Auguste fonda plusieurs colonies en diverses villes qu'il nomma *Auguste*. De ce nombre sont : l'*Auguste* des Trévois, ou Trèves ; l'*Auguste* du Soissonnais, ou Soissons ; l'*Auguste* du Vermandois, ou Saint-Quentin ; l'*Augustomagus* des Senlissiens, ou

Senlis ; *l'Augustorite* des Poitevins, ou Poitiers ; *l'Augustonemète* des Auvergnats, ou Clermont ; *l'Augustodum* des Éduens, ou Autun ; à quelques-unes de ces colonies il donna les droits *romains*, à d'autres les *latins*, à d'autres les *italiques*. » (Mézerai ; *Hist. de France avant Clovis* ; pag. 78.)

(25) *Ses richesses.*] A l'époque que j'ai choisie, les druides depuis long-temps s'étaient relâchés de leur austérité. Les uns étaient tétrarques ou chefs des peuples ; ils n'habitaient plus les antres profonds, ni les forêts obscures ; mais ils y célébraient toujours leurs mystères, et y tenaient renfermés, loin du tumulte, les jeunes initiés confiés à leurs soins. Il fallait bien que leur existence fût heureuse, puisque, au rapport *de César*, chacun s'empressait de faire entrer ses enfans dans cet ordre sacré, à cause de tous les avantages dont il jouissait.

(26) *D'un fil de pourpre.*] « Leurs habits sont *la saie* ou *sayon*, qui est le vêtement de dessus ; il est tantôt avec de larges manches, et tantôt sans manches ; tantôt ouvert par-devant sur la poitrine, et tantôt fermé de tous côtés. Cette saie est assez courte, et ne descend guère qu'au-dessous des genoux. La tunique est à manches longues ; elle est souvent teinte de diverses couleurs. Ils ont aussi des espèces de culottes et de larges ceintures sur les reins. Les saies sont souvent rayées ou ornées de bandes de pourpre fort étroites. » (*Antiquités de Mont-Faucon* ; *Diodore de Sicile* ; *Tite-Live* ; *Strabon.*)

(27) *Chevelure gauloise.*] « Leurs cheveux sont blonds ou roux naturellement, et ils les roussissent en-

core par artifice. Quelques-uns se laissent croître un peu de barbe ; les plus nobles portent de longues moustaches. » (*Ant. de Mont-Faucon.*)

« Leurs cheveux étaient blonds ; mais pour les rendre d'une couleur qui leur semblait plus agréable, ils tâchaient de les roussir avec une pommade de suif de chèvres et de cendres de hêtre.

» Quelques auteurs prétendent que cette pommade les rougissait entièrement, et que ces peuples croyaient qu'une grande crinière couleur de sang, relevée sur la tête, leur donnait un air terrible en marchant au combat » (*Essais hist. de St.-Foy* ; tom. II, pag. 55.)

(28) *Quelquefois sa présence.*] « C'était ordinairement hors des murs et loin des habitations des hommes, dans d'épaisses forêts, sur des lieux élevés, sur le bord d'une rivière, d'une fontaine, d'un lac ou même d'un étang, que les Gaulois avaient coutume de se réunir pour vaquer à leurs exercices religieux. Chacun se rendait avec sa chandelle, ou sa torche allumée qu'on déposait au pied d'un arbre, auprès d'une fontaine, devant une pierre ou tout autre objet visible de la divinité. L'endroit destiné à la célébration du culte, s'appelait *mallus*, c'est-à-dire le sanctuaire où la divinité aimait à se manifester d'une manière particulière ; il n'était pas permis d'en approcher sans y faire sa prière ou son offrande. Cet usage se conserva long-temps dans les Gaules, même long-temps après l'établissement du christianisme. Les rois de France et plusieurs conciles condamnèrent ces superstitieux usages. « Vous vous êtes rendus, dit l'évêque de Worms, à une

« fontaine, à un carrefour, sous un arbre ou devant
» une pierre ; et là, par vénération pour ce lieu, vous
» avez allumé une chandelle. » (Extrait de l'*Histoire de
Chartres*, par M. Chevard ; tome Ier, page 188.)

Les petites bougies que les femmes pieuses font brûler
devant le tombeau de sainte Geneviève ou devant d'autres chapelles, semblent être un vestige de cette superstition.

LIVRE CINQUIÈME.

Le Sacrifice nocturne; — La Pierre du serment.

Hemdal ne tarda point à paraître ; il entra dans la nacelle qui portait l'étranger : ses mains étaient chargées des présens qu'il faisait aux dieux du lac, toutes les fois qu'il traversait ses ondes. Arrivé au milieu du trajet, il fait un signal, les rameurs s'arrêtent ; le vieillard allume un flambeau de résine et l'élève au-dessus de sa tête : à l'instant une lumière brillante paraît à l'autre bord. Douze barques s'avancent et font entendre, en s'approchant, le bruit cadencé de leurs rames agiles. De jeunes hommes, vêtus de longues robes de lin, guident ces barques. Leurs beaux fronts sont couronnés de hêtre ; ils dirigent avec adresse leurs légères nacelles, et viennent en silence former un demi-cercle autour du druide. Celui-ci, dans une attitude grave, se tourne vers l'astre des nuits, dont la blanche lumière scintillait sur les eaux : « Chaste Helanus [1], » s'écrie-il d'un ton solennel, « soyez-nous favorable !... Et toi, déité inconnue, qui fais ta demeure dans le cristal de ces ondes, reçois mon offrande accoutumée ! » A ces mots il précipite dans le lac le flambeau ardent, un pain de cire, trois gâteaux et du miel [2].

Aussitôt les rames sillonnent les eaux, et en peu d'instans les barques approchent du rivage. Guidé par un rayon de la lune, le vieillard et sa suite gravissent un rude sentier creusé entre les rochers. De nombreuses cavernes s'offrent aux regards du Romain; il en sort de jeunes Gaulois vêtus comme ceux qui ont assisté au sacrifice du lac, et le druide apprend à voix basse à l'étranger, que ces jeunes néophytes habitent ces lieux solitaires, où il forme leur esprit au silence et à la méditation des divins préceptes, qui font partie des dogmes de la religion. En effet, c'était dans les lieux déserts, dans les antres profonds, loin du tumulte des villes, que les druides instruisaient la jeunesse gauloise, et lui transmettaient, après les épreuves nécessaires, les trésors de connaissances que les siècles ont amassés, et dont eux seuls possédaient encore le secret. Là, dans des chants sublimes, ils révélaient à cette jeunesse studieuse les lois mystérieuses qui font mouvoir les astres dans la vaste étendue des cieux [3]. Ils lui enseignaient à lire, dans ces tables célestes, l'ordre et la marche des saisons; et d'après les grands souvenirs laissés par les Atlantes, leurs divins ancêtres, à prévoir les événemens que contient l'avenir. Ils lui apprenaient à mesurer la grandeur de la terre; quel poids la retient sur ses pôles, et quelle influence la lune exerce sur elle. Ces vieux Saronides [4] dévoilent aux enfans de Celtès, les sublimes secrets que jadis Pythagore et les sages de la Grèce vinrent étudier dans les Gaules [5]. Savans dans l'art de guérir, et connaissant toutes les plantes, ils disaient à leurs élèves en quel temps il fallait recueillir le selage qui croît à l'ombre des bois [6], et la verveine, dont la vertu magique inspire la joie et concilie les cœurs; comment, après avoir offert un sacrifice expiatoire à la terre, qui produit cette plante précieuse, il fallait la dérober au sol nourricier, et faire dessécher à part ses feuilles et ses fleurs [7]. Ils leur apprenaient le pouvoir de la bienfaisante samolée [8], de la noire ellébore, et de la belinuncia vénéneuse [9], et ces paroles secrètes, qui, jointes à ces sucs salutaires, arrêtent le sang qui coule des blessures, font sortir des chairs les dards acérés, et rappellent la vie près de s'éteindre.

A ces doctes leçons, ils joignaient des instructions plus sublimes encore; souvent prenant la harpe aux cordes d'argent, ces druides, inspirés et pleins d'enthousiasme, révélaient aux initiés les augustes vérités de la religion. Ils célébraient, en termes pompeux, la grandeur de l'Être des êtres; ils enseignaient que l'ame, émanation sacrée de la Divinité, doit jouir d'une vie éternelle, et, après des temps d'épreuve, entrer triomphante au séjour des héros [10].

Ces hautes révélations, faites avec un grand appareil au sein des forêts consacrées, par des hommes environnés de la vénération publique, et décorés de toute la majesté de l'âge; le silence, la méditation qui leur succédaient, inspiraient aux jeunes néophytes une gravité sainte, qui, tenant leurs passions captives, les disposaient à parcourir sans obstacles tous les degrés de la sagesse.

Mais un profond mystère couvre d'un voile épais les préceptes des druides, leurs chants et leurs solennités. L'émissaire des Romains, en voyant la foule des jeunes initiés qui se rendaient au temple de Hésus, ose interroger Hemdal sur des secrets, dont les sages envieront un jour la connaissance. L'impérieux pontife le regarde d'un air sévère : semblable au dieu silencieux que l'Egyptien adore, il pose un doigt sur ses lèvres, et laisse l'indiscret sans réponse.

Après plusieurs détours, on parvient à l'enceinte sacrée qui renferme le temple de Hésus. En approchant de ces lieux, une terreur profonde paraît saisir cette pieuse jeunesse. Les religieux élèves du druide marchent en silence, et le bruit de leurs pas mesurés, interrompt seul ce calme solennel. Ce temple, auguste comme le Dieu qu'on y adore, n'a d'autre dôme que la voûte étincelante des cieux, d'autre parvis que les forêts vénérables qui l'entourent ; car ces peuples primitifs, conservant encore une idée sublime de la Divinité, croyaient attenter à sa majesté, en la renfermant entre des murailles [11].

Sur une plate-forme isolée, un cirque de pierre [12], peu élevé, étend son vaste contour. Il touche d'un côté à la forêt, de l'autre il paraît suspendu sur les ondes du lac.

Ce lieu est le Mallus, où le Gaulois religieux consacre à ses dieux le butin des batailles, et renouvelle ses sermens. Jamais la charrue n'a promené son soc nourricier sur ce sol sacré, jamais la hache téméraire n'a fait retentir ces bois aussi anciens que le monde! [13] Là des chênes séculaires, objets de la vénération gauloise, portent, entre leurs branches dépouillées, des crânes de taureaux, des enseignes conquises sur l'étranger, et les chaines d'or, dons magnifiques que les vainqueurs ont faits au dieu de la guerre. Nulle main profane n'ose toucher à ces offrandes: la mort serait le prix de son impiété [14].

Le Romain voit avec surprise les arbres étinceler d'or, d'airain et de pourpre; il aperçoit çà et là des monceaux énormes de vases et d'armures couverts de mousse et rongés par la rouille et les ans. Ces armes, par leurs formes inusitées, rappellent à l'étranger d'antiques souvenirs, et reculent sa pensée dans les profondeurs du passé.

Au milieu de cette enceinte, s'élève le Dolmin, monument sacré dont la masse gigantesque n'a pu être érigée que par la main des génies ou des dieux [15]. Trois tables supportent dans toute sa longueur la pierre immense et redoutable; c'est là que le Gaulois jure la paix et la guerre, offre à Hésus le sang des captifs ou les prémices de ses champs [16]. Derrière cet autel mystérieux, de noirs sapins chargés de colliers d'or, et un vieux chêne frappé de la foudre, auquel sont appendues des dépouilles sanglantes, servent de sanctuaire. Le druide, suivi de deux eubages et de quelques vacies [17], pénètre en frémissant sous l'ombrage sinistre. Les jeunes initiés demeurent à l'entrée; leurs voix tremblantes s'élèvent en chœur, et font entendre l'hymne consacrée aux divinités redoutables [18].

CHANT DE LA TERREUR.

« O Niorder! roi des vents [19], est-ce ta voix bruyante qui gronde au sein des chênes consacrés? Une main impie a-t-elle ravi à tes autels les prémices des naufrages? ou, dans leurs courses lointaines, les nautonniers gaulois auraient-ils oublié de t'adresser leurs vœux? O Niorder, dieu des tempêtes! »

« Thor, messager des célestes vengeances [20], as-tu

saisi tes gantelets de fer, et ceint l'effroyable baudrier qui excite ta fureur? As-tu lancé du haut des
airs ta massue redoutable? Thor, messager des célestes vengeances! »

―――

« Swidrer! toi dont l'orgueil se plaît à mériter
les titres d'incendiaire, de père du carnage [21], t'élè-
ves-tu avec les tempêtes, pour réduire en cendres,
nos cités, nos hameaux et nos forêts saintes? O Swidrer, père du carnage! »

―――

« Dieu taciturne, mystérieux Widaros [22]! toi
qui te plais aux complots, aux machinations secrètes, planes-tu dans ces noirs nuages qui se traînent
pesamment devant la face brillante de la lune?
O Widaros, dieu du secret! »

―――

« Aveugle Hoéder [23], qui, malgré ta cécité,
remportas la victoire ; armé du gui redoutable, tu
vainquis Balder l'invulnérable, le fils d'une déesse!
Aspirant l'odeur des victimes, exiges-tu de nouveaux
sacrifices, aveugle Hoéder? »

―――

« Que demandez-vous, divinités formidables, et

quel sang doit encore rougir vos autels? O Niorder! ô Swidrer! ô Thor! ô Widaros! ô Hoéder! Hoéder! »

Cependant un feu s'était allumé sur l'autel; des eubages aux regards farouches l'entretiennent en jetant dans son sein les branches résineuses du sapin. Sa flamme rougeâtre, combattant les effets des pâles clartés de la lune, donne aux objets de hideuses apparences. Peu à peu les siéges de pierres se remplissent de guerriers dont l'arrivée n'a été annoncée par aucun bruit; en peu d'instans le conseil est assemblé.

Un Gaulois, d'une haute stature, au regard superbe, aux armes étincelantes, se présente devant l'autel. Son front, que rien n'intimide, supporte sans pâlir la sainte horreur qui l'environne, et son regard audacieux semble défier le dieu qu'il vient implorer. Il jette dans la flamme trois blanches toisons, en s'écriant: « Hésus, reçois mon offrande, et exauce le vœu secret que mon cœur a formé; avant que Hélanus ait doublé son croissant, Isarne, fils de Thordal, te consacrera cent dépouilles semblables. » Il dit, et ses compagnons applaudissent. Mais de sourds gémissemens répondent à leurs clameurs, et viennent glacer leur courage. Un morne silence règne au sein de l'assemblée, et l'astre des nuits qui se voile de sombres nuages, ajoute encore à l'horreur de cet instant. Tout-à-coup Hemdal sort avec effroi du sanctuaire ; les eubages l'accompagnent. Les uns portent les saints gâteaux, le miel et la cire odorante ; les autres, l'eau lustrale et les vases du sacrifice. Celui qui suit le druide, porte, entouré d'un voile, le vase qui contient le sang de la victime qui a été immolée dans l'ombre : ce sang doit être consumé dans les flammes. Le druide avance d'un pas inégal ; et le redoutable couteau, encore ensanglanté, arme sa main sexagénaire [24]. Il monte sur une roche escarpée près de laquelle l'autel est élevé [25], et s'adresse ainsi aux guerriers saisis d'une terreur secrète : « Jeunes héros, troupe vaillante et chère aux immortels, un intérêt pressant m'a fait vous convoquer dans ce lieu redoutable. Instruit de l'ordre des dieux, j'ai voulu voir le futur monarque d'Arduène : il est parmi vous, et celui qui a présenté la première offrande à Hésus le terrible [26], est le héros qu'ils destinent à cet illustre rang. » A ces mots, Isarne se lève, et ses compagnons baissent un front humilié, car le seul fils de Thordal a fait une offrande à Hésus le terrible.

« Approche, mortel chéri des dieux, reprend l'artificieux vieillard ; viens consommer le sacrifice. Honte et malheur à ceux qui voudraient s'opposer à ta glorieuse destinée ! Que l'angoisse, l'épouvante, accompagnent leurs pas ! que les enchantemens fassent périr leurs troupeaux, embrâsent leurs moissons ! que devant l'ennemi se glace tout-à-coup leur courage ! qu'ils craignent le courroux de Teutatès et la vengeance de Hésus ! »

A ces terribles imprécations, à ces accens formidables, à l'éclat du couteau qui, par les mouvemens violens du druide, brille dans l'obscurité comme l'éclair précurseur de la foudre, les compagnons d'Isarne, saisis d'une terreur religieuse, se jettent à ses pieds : « Fils de Thordal, s'écrient-ils, tu es le héros choisi par les dieux pour régner sur Arduène ! Nous promettons qu'à l'assemblée du peuple, nous tirerons nos épées contre ceux qui voudraient te disputer le trône de Diciomar ! »

Isarne reçoit ces hommages avec fierté. Hemdal triomphe ; cependant il contient sa joie, et ajoute avec une feinte douceur : « L'assemblée générale confirmera sans doute votre choix; puisse-t-il faire votre bonheur et votre gloire ! Mais afin que le fils de Thordal reconnaisse les braves qui l'ont déjà proclamé, approchez tous et recevez de ma main ces présens honorables. »

Prenant alors derrière l'autel des armes magnifiques, il donne à chaque guerrier deux javelots d'airain, un baudrier enrichi de cloux brillans et une forte épée. Celle qu'il remet à Isarn, précieuse par son travail, est suspendue à une chaîne d'or dont les larges anneaux, enlacés avec art, résisteraient aux plus violens efforts.

Quand les guerriers ont admiré ces armes éclatantes, Hemdal s'écrie : « Heureux Arduénens! le temps approche où de pareilles magnificences ne vous seront plus étrangères : le choix de votre nouveau monarque en est le fortuné présage. Vous ne repousserez point avec une rudesse sauvage les présens et les offres d'alliance que vous fait en ce moment un noble peuple. Les douceurs de la paix enfanteront chez vous des merveilles ; et quand vous irez à la guerre, soutenus par de puissans alliés, vous acquerrez de la gloire et des richesses. Venez donc, jeunes héros, venez jurer sur la pierre du pouvoir ²⁷ que vous soutiendrez le choix des dieux, et que vous seconderez toutes les entreprises de votre nouveau souverain. »

Les guerriers se lèvent en tumulte. Le fils de Thordal est près du druide, qui, à voix basse, lui adresse ces mots : « Il faut qu'une alliance soit conclue avec les Romains ; que les premiers de nos guerriers soient envoyés par toi vers le noble Valerius le jour de l'assemblée du peuple...., Le trône d'Arduène et la main d'Idoïne sont à ce prix ! »

« Je jure obéissance au druide Hemdal, » répond le fils de Thordal en touchant de son glaive la pierre du serment [a], et ses lèvres effleurent la coupe sanglante déposée sur l'autel. Hemdal est satisfait, car le Gaulois est esclave de sa parole [28].

Les compagnons d'Isarn s'approchent tour à tour; ils répètent leur promesse en passant leur épée sur la pierre redoutable, et en goûtant de l'affreuse liqueur.

Hemdal jette alors dans le feu le sang de la victime, ainsi que les autres offrandes; la flamme les dévore, et les tourbillons d'une noire fumée s'élèvent jusqu'aux cieux.

Cependant un initié, placé sur une éminence, signale par un cri le lever de l'étoile du matin. L'aurore paraît : Hemdal congédie l'assemblée, qui aussitôt se disperse en silence par les divers sentiers de la forêt.

---

[a] Voyez le chant des Bardes, *Gaule poétique* de M. Marchangi.

Le druide prend la main de l'étranger encore troublé du spectacle de ces sombres solennités ; et le conduisant hors de l'enceinte : « Romains, lui dit-il, le nouveau monarque d'Arduène sera votre allié ; songez à vos promesses, à vos sermens, Hemdal sera fidèle aux siens. » Ensuite il le remet aux soins de l'esclave dévoué qui doit le guider, ainsi que son compagnon, dans les sinuosités de la montagne et dans les détours de la forêt.

FIN DU LIVRE CINQUIÈME.

NOTES

DU LIVRE CINQUIÈME.

(1) C*haste Hèlanus.*] « Le mot celte *hèlanus*, répond aux mots grecs qui signifient lampe, lumière, splendeur, lune, etc. C'est sous ce nom que les Gaulois adoraient l'astre des nuits. » (*Dom Martin.*)

(2) *Trois gâteaux et du miel.*] « Les Celtes honoraient la reine des nuits dans les étangs, et leurs druides se plaçaient ordinairement au bord des lacs et des eaux profondes pour faire leurs observations, rendre leurs oracles et mettre en œuvre tous les prestiges qui étaient de leur ressort.

» *Grégoire de Tours* rapporte que dans le Gévaudan, il y avait une montagne appelée *Hèlanus*, au pied de laquelle était un grand lac ; à certaines époques de l'année, les villageois s'y rendaient de toutes parts pour y faire des festins, offrir des sacrifices et jeter dans le lac, pendant trois jours, une infinité d'offrandes de toute espèce. Quand ce temps était expiré, un orage mêlé d'éclairs et de tonnerre, s'élevait, lequel étant suivi d'un déluge d'eau et de pierres, faisait que chacun désespérait en échapper. Ces scènes durèrent jusqu'à la fin du quatrième siècle, qu'un évêque fit bâtir dans ce lieu une église à saint

Hilaire, dont les reliques eurent la vertu de détruire le prestige. » (*Dom Martin;* tome II, page 57.)

(3) *Vaste étendue des cieux.*] « Ils faisaient profession de savoir et connaître la forme et la grandeur de la terre, même de tout l'univers; le cours des astres, le mouvement du ciel et la volonté des dieux. Pour n'être pas distraits dans ces méditations sérieuses, ils faisaient leur séjour dans des antres et des bois profonds. » (*Pomponius Méla* ; l. 3 ; *Diogène Laërce* ; livre 1.)

« Les druides n'allaient jamais à la guerre ; ils en étaient exempts aussi bien que de payer aucun tribut ; ces priviléges leur attiraient une infinité de disciples qui leur venaient de toutes parts. Les uns étaient envoyés par leurs parens, les autres s'y rendaient d'eux-mêmes. Les druides menaient une vie séparée. Ils tenaient leurs écoles et faisaient leur demeure dans des forêts de chênes et quelquefois dans des antres. Leurs leçons consistaient principalement à faire apprendre par cœur à leurs disciples, une grande quantité de vers sans les écrire. Cela demandait beaucoup de temps, et il n'était pas permis de rien mettre par écrit ; aussi, y avait-il quelques-uns de leurs élèves qui passaient vingt ans occupés uniquement à ce genre d'étude. Ils défendaient de rien écrire, pour deux raisons : la première, pour que leur doctrine ne fût connue de personne, et qu'elle en parût plus mystérieuse ; la seconde, afin que ceux qui étaient obligés d'apprendre ces vers, n'ayant point le secours des livres, fussent plus soigneux de cultiver leur mémoire. » (*Pomponius Méla* ; *Lucain* ; *Com. de César.*)

(4) *Ces vieux Saronides.*] « Les druides avaient

plusieurs noms, autres que celui sous lequel nous les connaissons. Diogène Laërce et Suidas nous apprennent qu'ils ont été appelés *semnothées*, pour marquer sans doute la profession qu'ils faisaient d'honorer Dieu, d'être consacrés à son service et d'en avoir une plus grande connaissance que le gros du peuple.

» On les a fait aussi connaître sous le nom de *saronides*. Ce mot, selon la force de son origine, exprime le choix qu'ils avaient fait de passer leur vie parmi les chênes les plus vieux et les plus cassés, et dont l'écorce s'entrouvrait et éclatait.

» Le nom de druide, dont la racine est *dris*, en grec (chêne), et *dry* ou *drys* en bas-breton (chêne), exprime la vénération de ces prêtres pour le chêne. » (*D. Martin.*)

(5) *Dans les Gaules.*] « Selon Timagène, Isidore et Pline, les Gaulois ne furent point, comme quelques peuples du Nord, plongés dans une obscure barbarie; ils eurent, dans les temps les plus reculés, une sorte de civilisation qui fit de leur contrée une terre classique où vinrent étudier les philosophes de l'antiquité. » (*Marchangi*; tome Ier, page 51.)

« Pythagore avait fait un voyage dans les Gaules pour apprendre, de la bouche même des druides, les principaux mystères de leur philosophie. » (*Relig. des Gaul.*; tom. Ier, pag. 329.)

(6) *A l'ombre des bois.*] « S'il en fallait croire les druides du temps de Pline, l'herbe qu'on appelle *selage*, était bonne contre toutes sortes de maux, et sa fumée guérissait le mal des yeux; mais il la fallait cueillir sans couteau, et de la main droite couverte d'une partie de la robe, en la faisant passer du côté

gauche, comme qui voudrait voler; celui qui la cueillait, devait être vêtu de blanc, et nu-pieds, après les avoir bien lavés ensuite d'un sacrifice de pain et de vin, qu'il devait avoir offert » (Pline; *Hist. nat.*, liv. 24, chap. 11, cité par Dom Martin.)

(7) *Ses feuilles et ses fleurs.*] « Les Gaulois se servaient de la verveine, pour tirer leurs sorts et former leurs réponses. Les druides surtout étaient fous de cette herbe; ils prétendaient qu'en s'en frottant, on avait tout ce qu'on voulait, qu'elle chassait les fièvres, conciliait les cœurs, et guérissait toutes sortes de maladies; mais qu'il la fallait cueillir au point que la canicule se levait, avant que le soleil et la lune l'eussent éclairée de leurs rayons, et après avoir offert à la terre des fèves et du miel, en sacrifice d'expiations; qu'il fallait creuser la terre autour, avec un couteau qu'on tenait de la main gauche, et la faire jeter en l'air; qu'elle devait sécher à l'ombre, tige, feuilles, racines, tout séparément. On tenait encore que, si on aspergeait la salle où l'on mangeait, avec un rameau de cette plante, ceux qui étaient placés aux endroits où l'eau de la verveine touchait, se sentaient bien plus gais que les autres. » (Pline; *Hist. nat.*, liv. 24, chap. 12.)

(8) *Bienfaisante samolée.*] « Il y a une plante appelée *samolum* ou pulsatille, qui naît dans les lieux humides, et que les druides faisaient cueillir à jeun, de la main gauche. Celui qu'ils chargeaient de la cueillir, ne devait point la regarder, mais la mettre dans des canaux que l'on pratiquait pour y faire boire les bœufs et les porcs; et cette eau les guérissait de leurs maladies. » (*Pline*; liv. 25, v. 5, chap. 9.)

(9) *Belinuncia vénéneuse.*] « Les druides avaient donné à la *jusquiame* le nom de *belinuncia*, du nom de l'Apollon celtique, *Belenus* ; et les Romains, les imitant, nommèrent cette plante *apolinaris*.

» J'ai déjà fait entendre qu'on ne savait guère quel usage faisaient les druides de la *belinuncia*, ou *jusquiame* ; je crois pourtant qu'ils la faisaient servir à leurs prestiges et à leurs prédictions. Voici ce qui se pratiquait encore dans le onzième siècle. Pendant les grandes sécheresses, les femmes qui voulaient avoir de la pluie, assemblaient plusieurs filles, parmi lesquelles il devait y en avoir une fort jeune, qui fût vierge, qu'elles créaient chef de la bande : celle-ci se mettait à nu, et allait ainsi suivie de toutes les autres, cherchant dans la campagne, la *jusquiame* qu'on appelait alors *beliza*. Quand cette herbe était trouvée, cette fille devait l'arracher jusqu'à la racine, avec le petit doigt de la main droite, et l'attacher au bout d'une ligature, qui tenait par l'autre au petit doigt du pied droit. Alors ses compagnes, prenant chacune un rameau, conduisaient cette fille (qui traînait derrière elle la jusquiame), à la rivière la plus prochaine ; elles l'y faisaient entrer, ensuite elles trempaient leurs rameaux dans l'eau, et en aspergeaient cette créature ; la cérémonie se terminait à s'en retourner toutes ensemble, au lieu d'où elles étaient parties, mais en faisant toujours marcher à reculons celle qui avait joué le premier rôle. » (Burchard, *Décrétal*, liv. 19, chap. 5.)

(10) *Au séjour des héros.*] « Le dogme favori des druides était l'immortalité de l'ame : entr'autre fruit qu'ils voulaient tirer de cette créance, il y en avait un qui était comme l'objet principal de toutes leurs ins-

tructions : c'était d'inspirer et nourrir la valeur dans l'ame de tous les Gaulois ; de ce principe en dérivait naturellement un autre, c'est qu'il existait une autre vie après celle-ci. » (*César*, liv. 6 ; *Lucain*, liv. 1 ; *Pomp. Mela*, liv. 3.)

(11) *Entre des murailles.*] « Les sanctuaires où les Gaulois adoraient la divinité, étaient placés sur les lieux les plus élevés, en plein air, sous le ciel ; ils n'avaient aucuns temples ; ils auraient craint d'attenter à la majesté des dieux, dont ce vaste univers était la demeure, en les circonscrivant dans l'enceinte des murailles. » (Latour-d'Auvergne, *Orig. gauloises*, p. 23.)

(12) *Un cirque de pierres.*] « Nous entendons, dit Ossian, les fils de Loda appeler trois fois les esprits qu'ils adorent avec terreur ; nous entendons leurs cris se propager autour de leur enceinte de pierres.

» Les fils de Loda étaient sans doute une colonie gauloise conduite par les restes de l'ordre des druides, lorsque ceux-ci, poursuivis cruellement par les empereurs, se retirèrent dans l'île d'Iona, comme son ancien nom l'indique : *Innis Druinach*, *isle des druides*. Ils en demeurèrent les maîtres. Saint Colomban la choisit pour y placer son monastère, vers la fin du sixième siècle. On y montre encore le lieu de la sépulture des Gaulois situé à peu de distance du cimetière des moines. » (Note des *Poésies Erses*, traduction de Hill.)

(13) *Aussi anciens que le monde.*] « Tous les lieux où le simulacre de la Divinité était placé, étaient réputés sacrés ; on ne s'en approchait qu'avec un respect religieux ; c'eût été les profaner que de les faire servir

à d'autres usages. Le chêne sous l'emblème duquel le dieu était adoré, restait sur pied jusqu'à ce que le temps l'eût desséché et détruit. Il n'était pas permis de déranger la pierre dressée pour être l'objet sensible de l'adoration du culte. Il était défendu de labourer le champ où les cérémonies religieuses avaient coutume de se faire, et, pour empêcher qu'il ne fût souillé par quelque profane, on le couvrait de pierres d'une grosseur énorme : voilà l'origine de ces amas de pierres dont on trouve les restes dans beaucoup d'endroits de la France, de l'Angleterre et de l'Allemagne.

» Il existe encore plusieurs monumens celtiques dans les environs de Chartres ; on y voit surtout de ces anciens *Mallus* couverts de laderes (espèce de pierre plus dure que le grès, et dont la ville de Chartres est pavée) d'une telle grosseur que l'on conçoit à peine comment nos-ancêtres ont pu parvenir à les rassembler ainsi dans un même lieu. » (*Histoire de Chartres*, par M. Chevard ; tom. Ier, pag. 92 et 93.)

(14) *Le prix de l'impiété.*] « Les Gaulois rassemblaient et entassaient dans leurs *Mallus* tout le butin qu'ils faisaient sur l'ennemi, et le laissaient à la garde de leurs prêtres ; personne, au mépris de la religion, n'eût osé en prendre ou en retenir quelque chose ; quiconque eût été convaincu d'un tel larcin, eût été sévèrement puni ; des tortures et des supplices avaient lieu pour expier de pareils attentats. » (*César*, liv. 6 ; *Histoire de Chartres*, par M. Chevard, tom. Ier, p. 92.)

(15) *Des génies ou des dieux.*] « Les nombreuses et épaisses forêts qui couvraient les montagnes des Basses-Alpes, durent voir souvent, sous leurs silencieux om-

brages, les mystérieuses pratiques du druidisme; et ces pierres énormes par lesquelles la Divinité était symboliquement représentée, durent s'y trouver en grand nombre, soit qu'elles fussent naturellement détachées du rocher, soit qu'elles eussent été placées de cette manière par la main des hommes qui dressaient, avec de si inconcevables fatigues, ces énormes blocs (connus sous le nom de *peulvan*, *dolmin*, *cromleack*, *menhir*) que l'on retrouve encore sur quelques points de la France, et qui purent échapper à la fanatique proscription dont les frappèrent les Romains ; ne peut-on pas croire, dis-je, que ces peuples portaient un respect égal aux monumens de même nature que la Divinité semblait s'être érigés elle-même. » (*Recherches historiques et archéologiques sur le département des Basses-Alpes*, par M. Henry ; pages 26 et 27.)

« On remarque à quelque distance de Carnac, entre Locmariaker et Kerantré, un autel antique dont la table est soutenue par trois énormes quartiers de rochers. C'est sur de tels autels, où l'art ne dispute rien à la nature, que les Gaulois, au rapport de Diodore de Sicile, juraient leurs traités, et que les druides sacrifiaient à la divinité, choisissant le plus souvent des hommes pour victimes. L'énorme pierre qui couvre ce monument de l'antiquité, se nomme en langue bretonne *dolmin*. Il en existe un grand nombre de la même forme, et connues sous la même dénomination, dans l'île de *Man*, dans le pays de Galles en Angleterre et dans l'île d'Anglesey. » (*Origines gauloises*; Latour d'Auvergne; page 24.)

Dans le bois des dames, entre Chaumont et Gisors, département de l'Oise, un de mes parens a découvert dernièrement un véritable *dolmin* ou autel druidique. Il m'en a rapporté un dessin très-exact: c'est celui qui décore le frontispice de cet ouvrage. On trouve de ces monumens dans la Bourgogne, la Franche-Comté, la Lorraine, les Ardennes, la Bretagne, le Dauphiné et la Provence. Il est à remarquer qu'une idée superstitieuse y est encore attachée, car le peuple, selon les provinces, appelle ces pierres, *table du géant*, *banc du diable*, *maison des fées*, *roches des fées*.

Ce dolmin se compose de trois pierres de cinq à six pieds de haut sur cinq de largeur ou profondeur. Elles supportent une table ou banc de roc de treize à quatorze pieds de long sur six à sept de large, et trois à quatre pieds d'épaisseur. La pierre du fond est percée d'un trou rond qui paraît avoir été poli ; ce trou a un diamètre de vingt pouces. Un vieillard du pays, à qui l'on demandait à quel usage avait pu servir ce monument, répondit « *que du temps des fées*, on faisait là des sacrifices et qu'on y donnait des absolutions ; que celui qui voulait être absous, courait autour de l'autel et passait par le trou de la pierre. »

Un autre habitant dit aussi que, dans ce même temps, on passait par cette ouverture la tête de la victime humaine, dont le sang était recueilli au dehors, tandis que le cadavre restait sous la table. Trouve-t-on quelque trace de cette tradition dans nos anciens auteurs ? Je l'ignore ; mais j'ai cru devoir consigner ici ces particularités, parce que dans ce moment on s'occupe de recherches sur nos antiquités.

(16) *Les prémices de ses champs.*] « Diodore de Sicile, en parlant des sacrifices humains, dit expressément que c'était des malfaiteurs ou des prisonniers

de guerre qu'immolaient les druides. On ne voit pas trop ce que, sous ce rapport, les Romains peuvent reprocher aux Gaulois. Ceux-ci, tout voisins de la barbarie, sacrifiaient à leurs dieux des hommes que le sort de la guerre avait fait malheureusement tomber en leur puissance ; et les Romains, à l'époque de la plus florissante civilisation, ne sacrifiaient pas leurs prisonniers aux dieux par l'entremise de leurs prêtres ; mais, plus barbares, ils les forçaient à s'entr'égorger eux-mêmes, et faisaient, de la mort de ces infortunés, l'objet de leurs plus féroces, comme de leurs plus chères récréations : hommes, femmes, enfans, patriciens, plébéiens, prêtres ou magistrats, tous accouraient à l'amphithéâtre pour jouir de l'affreuse agonie des Gaulois, des Grecs, ou des Égyptiens, qu'ils contraignaient à se déchirer entre eux, ou qui devaient périr sous la dent des ours, des tigres, et des lions..........

» Qu'on juge maintenant si les Romains étaient en droit de proscrire les druides sous le prétexte de l'immolation des victimes humaines ! » (*Recherches historiques et archéologiques sur le département des Basses-Alpes*, par M. Henry.)

« A une distance égale du hameau de *Changé* et de la ferme *la Folie*, près de Chartres, est un autel druidique presque circulaire, de quinze pieds de diamètre, formé de deux grosses pierres, seulement appuyées en dehors par d'autres pierres moins grosses qui leur servent comme de chantier, ce qui présente deux plans inclinés en regard, formant une espèce de berceau au milieu ; aussi les habitans des environs nomment-ils cet ancien monument, *le Berceau* : ils disent qu'il servait d'autel aux druides ; en effet, sa disposition est telle, que les victimes pouvaient commodément y être placées et facilement égorgées ; le sang de ces victimes devait naturellement s'échapper par le berceau ou couloir qui se trouve au milieu. » (*Histoire de Chartres*, par M. Chevard ; tom. I*er*, pag. 96.)

(17) « *Vacies* ou *vates*], formaient la quatrième classe des druides ; ils passaient après les bardes et les eubages. Les bardes chantaient les belles actions des héros, les eubages prédisaient l'avénir par l'inspection des victimes, les *vates* s'occupaient des détails des sacrifices. » (*Strabon, Diodore de Sicile, Lucain, Ammien Marcellin*, etc.)

(18) « O Niorder ! ô Riflindi ! ô Swidrer ! ô Héla ! ô Héla ! nous vous apportons de la chair ; recevez le sang de cette victime, de cet enfant de la mort. O Niorder ! ô Riflinder ! ô Swidrer ! ô Héla ! ô Héla ! » (B. de St.-Pierre, *Arcadie*, pag. 125.)

(19) *O Niorder !*] « Niorder est le maître des vents ; il brise les vaisseaux sur les côtes, afin d'en donner le pillage aux habitans : ils croient que tout navire qui périt sur leurs rivages, leur est envoyé par *Niorder.* » (*Arcadie*, pag. 114.)

« *Niord*. C'était, dans la mythologie des anciens peuples du nord, le dieu qui présidait aux mers et aux lacs ; il était le maître des vents, et apaisait les eaux et le feu ; il demeurait, suivant les Celtes, dans un lieu appelé *Noatum ;* on l'invoquait pour la chasse, la pêche, et pour obtenir des trésors. Comme *Niord* présidait au plus perfide des élémens, les Celtes ne croyaient point qu'il fût de la vraie race de leurs grands dieux, qui descendaient d'Odin. Les Gaulois connaissaient cette même divinité, sous le nom de *Neith*; et M. Mallet nous apprend que dans le lac de Genève, il se trouve un rocher qui lui était consacré, et qui porte encore le nom de *Neiton*. Voy. l'Edda des Islandais. » (*Encyc.*, tom. XI, pag. 146.)

(20) *Thor.*] « Thor ou Theutatès, le dieu de la guerre, armé d'une massue qu'il lance du haut des airs ; ils lui donnent des gants de fer et un baudrier de fer qui redouble sa fureur quand il en est ceint. » (*Arcadie*, pag. 115.)

« Le dieu Thor était, dans la mythologie élysienne, l'emblème de la vengeance céleste. » (*M. de Grave.*)

« Thor, divinité adorée par les anciens peuples du nord : on le représentait à la gauche d'Odin son père; il avait une couronne sur la tête, un sceptre dans une main, et une massue dans l'autre. Quelquefois, on le peignait sur un char traîné par deux boucs sauvages, avec un frein d'argent ; sa tête est couronnée d'étoiles. Lucain lui donne le nom de *Taranis*, mot qui signifie encore aujourd'hui *tonnerre* chez les habitans de la principauté de Galles en Angleterre. » (*Encyclopédie*, tom. XVI, pag. 296.)

(21) *Père du carnage.*] « Le nom de Swidrer signifie l'incendiaire, le père du carnage. Les druides honorent toutes ces divinités avec des cérémonies funèbres, des chants lamentables et des sacrifices humains. » (B. de St-Pierre ; *Arcadie.*)

(22) *Mystérieux Vidaros.*] « Le taciturne *Vidaros* qui porte des souliers fort épais, avec lesquels il peut marcher dans l'air et sur l'eau, sans faire de bruit. » (*Arcadie.*)

« C'est aussi le dieu du secret. » (*Edda.*)

(23) *Aveugle Hoéder.*] « Hoéder est le dieu des enfers ; c'est le Pluton gaulois ; il est aveugle : c'est pourquoi les Gaulois comptent par nuit et non par jour, et qu'ils comptent les heures du jour, du milieu de la nuit, contre la coutume de tous les peuples. » (*Arcadie.*)

« Le Pluton gaulois était aussi le dieu des sacrifices. » (*Rép. des Champs-Élysées* ; M. de Grave.)

(24) *Sa main sexagénaire.*] « L'arme la plus dangereuse chez les Celtes, n'était ni l'arc ni l'épée, mais le couteau. Ils en armaient les nains, qui avec cette arme triomphaient de l'épée des géants. » (Notes de l'*Arcadie* ; id.)

(25) *Roche escarpée.*] « On trouve dans la contrée de Carnac, près d'Aurái en Bretagne, une foule de monumens qui annoncent le goût du gigantesque et les plus grandes difficultés vaincues : on distingue plusieurs rangs d'énormes pierres qui s'étendent à une grande distance, en lignes symétriques et écartées les unes des autres, d'environ trois toises ; leur élévation commune est de douze à quinze pieds, quelquefois plus ; leur base est enfoncée en terre à une grande profondeur ; leur grosseur est prodigieuse. La main de l'homme est si faible, et ces monumens si étonnans, que le premier sentiment que l'on éprouve en les fixant, est d'y faire intervenir un peu de magie, et d'augmenter, par-là, la liste des choses surnaturelles d'une découverte de plus.

» Au centre du dernier rang des pierres que l'on vient de décrire, on distingue une chaire grossièrement taillée dans le vif d'un de ces énormes blocs; cette chaire servait-elle de siége au chef ou pontife des druides, à celui qui, suivant César, présidait leurs assemblées? Ce que l'on conçoit, c'est qu'entourés de ces monumens qui paraissaient tenir du prodige et qui parlaient aussi fortement à l'imagination qu'aux yeux, les druides devaient donner à leurs assemblées et à leurs pratiques religieuses un caractère vraiment imposant. » (Latour d'Auvergne; *Origines gauloises;* p. 23.)

(26) *Hésus le terrible.*] « Hésus est le nom de Mars; les Gaulois le représentaient sous une figure si hideuse, que les Romains en furent saisis d'effroi, la première fois qu'ils approchèrent du sanctuaire de ce dieu. » (*Lettres écrites sous le règne d'Auguste;* pag. 131.)

(27) *La pierre du pouvoir.*] « Le roi de cette contrée sortit de la forêt où il adressait alors ses vœux à la pierre du pouvoir, au milieu du cercle de Brunir. » (Ossian; *Poëme de Fingal;* tom. Ier.)

« Par la pierre du pouvoir, Ossian entend l'image de quelques divinités, et par le cercle, l'enceinte où on l'adorait. » (*Note* de M. Letourneur.)

« Snivan, vieillard aux cheveux blancs, qui chanta plus d'une fois autour du cercle de Loda. Au son de sa voix, la *pierre sacrée du pouvoir* était émue, et la fortune des combats changeait dans la plaine des braves. » (*Fingal;* chant troisième.)

(28) *Esclave de sa parole.*] « Quel est le peuple qui a le plus de franchise, de droiture et de crédulité?

» Le Gaulois, répondis-je; car sa parole vaut un serment. » (*Lettres écrites sous le règne d'Auguste,* pag. 74.)

« Les historiens nous représentent le Gaulois impétueux, violent, toujours prêt à revendiquer ses droits à main armée ; mais d'ailleurs, généreux, bienfaisant et d'une probité à laquelle il sacrifiait le bien même qu'il regardait comme le plus cher, la liberté. Quand il ne pouvait pas payer ses dettes, il allait à son créancier, lui présentait des ciseaux et devenait son serf, en se coupant ou se laissant couper les cheveux. » (St.-Foix ; *Essai sur Paris* ; tome II, page 86.)

« C'est de cet usage que vient la manière de parler proverbiale : *être esclave de sa parole*, ce qui dément victorieusement ce que dit César, de l'inconstance et de la mauvaise foi des Gaulois. Piqué de leurs révoltes continuelles, le conquérant voulut présenter le plus noble côté de leur caractère (l'amour de l'indépendance), comme un mal qui leur était particulier. Cette flétrissure, imprimée sur ce peuple, n'a pour garant que l'assertion d'un de ses plus cruels ennemis, qui pour le détruire n'eut d'autre moyen que de le diviser et de lui chercher des fléaux parmi les Gaulois eux-mêmes. » (*Origines gauloises* ; Latour d'Auvergne, page 52.)

LIVRE SIXIÈME.

Le Voyage; — Les Chasseurs; — Les Présens.

LE même jour qui avait vu les funérailles de Diciomar et la douleur de tout un peuple, avait éclairé de sa douce lumière les premiers pas de Théodemir et de ses jeunes compagnons d'armes, vers la terre de la patrie; résistant aux instances du roi des Sycambres qui voulait l'attacher à sa nation, le héros avait quitté ses palais hospitaliers et leurs pompes sauvages. Trois fois l'hiver avait blanchi de ses frimas les tours d'Arduène, depuis qu'à la tête de ses braves il avait traversé les ondes de la Mosa et visité les terres dévastées des Nerviens; de ces peuples si fiers qui, dans un seul jour, virent périr leur jeunesse et leurs sénateurs. D'une nation florissante, à peine resta-t-il cinq cents hommes [1]. Les veuves et les orphelins pleuraient encore sur la tombe de leurs pères et de leurs époux au passage des guerriers d'Arduène.

Les mêmes scènes de désolation affligèrent leurs regards, lorsqu'ils traversèrent les champs des Aduatiques. Là, nul toit hospitalier n'accueillit les jeunes guerriers; nul être humain ne parut à leurs regards; le chevreuil effrayé du bruit des armes s'élançait des forteresses en ruines. Ces belles contrées étaient désertes depuis le jour où le cruel César vendit, à l'encan, toute la nation [2], dont les tristes débris se réfugièrent chez les Sycambres, destinés plus tard à venger leur défaite [3].

Plus sages que leurs voisins, les courageux Ménapiens avaient surmonté leur malheur et réparé les maux de la guerre. L'industrie et le travail leur procuraient alors des victoires plus douces et des triomphes moins enviés.

Théodemir et ses compagnons admirèrent avec quel art les peuples de Morinie traient les fils enlevés aux tiges du chanvre et du lin, dont ils forment des tissus éclatans de blancheur; qui, tantôt souples et transparens comme les nuées, parent le front des vierges; tantôt, forts et indestructibles, font voguer les vaisseaux sur les ondes [4].

La troupe guerrière revoit de nouveau les rives de la Mosa, et franchit ses eaux profondes réunies aux flots du Wahal; elle salue la terre de la liberté, la patrie de l'industrieux Batave, qui, par son adresse, son courage et sa patience, sut le premier asservir les vagues de l'Océan. C'est là que reposaient toutes les antiques notions des lois de la divine Atlantide. Les cités, les eaux et les remparts maritimes portent encore des noms sacrés, mais dont la plupart de ces peuples ont perdu l'intelligence [5].

Théodemir va seul visiter l'heureuse et sainte Zélande, qui n'a retenu que son nom d'une antique splendeur. [6] Élevé avec soin parmi les enfans des druides, il reconnaît avec une émotion religieuse tous les lieux consacrés par d'augustes origines que célèbrent encore les scaldes dans leurs chants mystérieux : mais pressé de se rendre au sein de la Germanie, et de s'unir aux vaillans peuples qui, sur les bords de l'Amysius, luttaient encore contre la domination romaine, Théodemir rejoint ses compagnons, et s'embarque sur un navire qui, des bouches de l'Hélium [7], le transporte ainsi que ses amis aux côtes sablonneuses de la Frise; de ces peuples dont l'orgueil se vante d'avoir donné leur nom à une contrée de l'Asie [8], et qui, par un art connu d'eux seuls, apprêtent la laine des béliers, et savent en tisser des étoffes moelleuses, dont la durée égale la finesse et l'éclat [9].

Les jeunes Gaulois parcoururent les terres des Cauces, celles des Ansivares, et les peuplades hospitalières de la forêt Cesienne [10]. Ils visitèrent les Bructères, nation belliqueuse où des femmes sacrées guident les phalanges guerrières par leurs divines inspirations [11]. Les Cattes, au cœur indomptable, qui se vouent au silence, fuient le chant des vierges et les sourires de la beauté, jusqu'à ce qu'une action éclatante les affranchisse de leur noble vœu [a]; les Teuctères, habiles à dresser des coursiers et à les conduire au combat; les Suèves intrépides, *auxquels les dieux seuls peuvent résister* [b], et qui, voués au culte de la déesse Isis, l'honorent sous la forme symbolique d'un navire; les blonds Chérusques, peuple illustré par la victoire; les Camaves, les Tubantes et tous les peuples qui boivent les eaux de l'Albis [c], de l'Adrana [d], du Visurgis [e]. Théodemir et ses braves arrivèrent enfin chez les Sycambres, où la gloire semblait attendre ces héros.

A la dernière assemblée générale, ces peuples guerriers avaient résolu de former une alliance pour s'opposer à l'audace toujours

---

[a] Voyez la note 8 du livre 2.
[b] *César*, livre 4, page 108.
[c] L'Elbe.
[d] L'Oder.
[e] Le Veser.

croissante des Romains, qui, après avoir envahi les Gaules, menaçaient d'étendre leur domination sur la Germanie. On attendait l'occasion de se déclarer lorsque les Chérusques, nation alliée aux Sycambres, allumèrent les premières flammes de la guerre. Des centurions avaient passé le Rhin; et forts de l'impunité que la terreur assurait à leurs violences, ils voulaient établir sur ces peuples si fiers le cens odieux qui pesait sur la Gaule.

A la vue de la toge romaine, les Chérusques indignés courent aux armes, et les exacteurs sont punis du dernier supplice [12]. Les vainqueurs transmettent, de colline en colline, le signal des batailles. Trois peuples se réunissent, et par un serment solennel, ils s'engagent à ne point rentrer dans leurs demeures qu'ils n'ayent puni l'insolence des maîtres de la terre. Ces braves, pleins des pressentimens de la victoire, se partagent d'avance les dépouilles des vaincus : les Suèves doivent avoir l'or; les Chérusques demandent les coursiers, et les Sycambres se réservent les captifs.

En arrivant chez les Sycambres, Théodemir et ses fidèles compagnons se font recevoir dans les rangs de cette jeunesse guerrière. Le succès couronne leur audace. Ils enveloppent sans bruit la cavalerie romaine qui s'avançait pour soutenir ses envoyés : elle est vaincue, et la cinquième légion, que commandait Marcus Lollius, reste sur le champ de bataille.

« Idoïne, s'écrie Théodemir en élevant vers le ciel ses bras ensanglantés, je suis affranchi de mon vœu ! le sang romain a coulé sous mon glaive : je suis désormais digne de toi ! »

Ses compagnons applaudissent à ses paroles, et vantant eux-mêmes sa valeur, ils s'empressent de détacher l'anneau de fer qui serrait son bras, et le déclarent le plus brave d'entre les braves.

L'amant d'Idoïne partagea l'ivresse de la victoire de ses hôtes, comme il avait partagé leurs dangers. Des fêtes somptueuses célébrèrent leur retour, et les bardes associèrent les noms celtes à la gloire nationale.

Le jeune héros avait trouvé dans le roi sycambre toute la tendresse d'un père et le dévouement d'un ami. Ses vertus guerrières lui avaient acquis l'estime du monarque; mais un sentiment plus tendre avait ému Marcomir à la vue du jeune étranger. Il en cherchait la cause, en attachant son regard rêveur sur la noble figure du guerrier. La naissance d'un fils avait jadis égayé son palais, et maintenant, triste, isolé, il s'acheminait sans postérité vers la vieillesse.

Marcomir, fier de commander à un peuple libre, avait jadis juré par les crânes de ses ancêtres de défendre cette précieuse liberté. A la tête de ses nombreuses tribus, et sur la foi des oracles, il s'était établi près des belles contrées qu'arrose l'Amysius [a] aux eaux impétueuses. La tranquille Lupia [b] bornait son empire vers le septentrion; les ondes du Rhin le séparaient de la Gaule fertile, et la Sieg [c],

---

[a] L'Ems.
[b] La Lippe.
[c] La Sigue.

au nom prophétique [*a*], formait une barrière entre les terres des Sycambres et celles du peuple [*b*] qui rend un culte sanglant au farouche Irminsul [13].

César venait d'entrer dans les Gaules, et des peuplades entières, fuyant l'esclavage et la mort, se réfugiaient dans les forêts profondes des monts Bacénis [*c*]. Marcomir, inquiet sur le sort de son naissant empire, résolut de consulter les prophétesses. Pendant le chant magique qui précède le sacrifice, un sommeil surnaturel s'empara de tous ses sens. Il vit en songe un monstre d'une forme inconnue, qui portait à la fois la tête d'un lion, celle d'un aigle et celle d'un habitant des marécages. A peine le monarque l'a-t-il entrevu, que le fantôme disparaît. Un guerrier d'une taille gigantesque lui succède; son front est couronné d'un

---

[*a*] Ce mot signifie *victoire*.

[*b*] Les Mattiaces.

[*c*] Les montagnes de la Hartz, duché de Brunswick. *César*, liv. 6.

diadême d'or, ses mains portent le glaive et le sceptre royal. Soudain, agitant ces glorieux symboles de la puissance, il éblouit les regards du Sycambre, puis s'évanouit dans les airs [14]. Marcomir s'éveille, et troublé encore, redit cette vision à la prophétesse. « Monarque protégé des dieux, lui dit la savante Akima, druidesse inspirée, les destins de ta race étonneront l'univers !.... Un fils de tes fils domptera le monstre aux triples gueules ; il écrasera la première, mutilera la seconde, enchaînera la troisième. A tant de gloire succéderont des jours plus glorieux encore ; et ton peuple, roi superbe de la guerre et des arts, règnera sur le monde ; mais pour te rendre digne de ces hautes faveurs, quelles que soient les épreuves que les dieux te réservent, obéis sans murmurer ! »

Les paroles de la prophétesse ne tardèrent point à s'accomplir : Marcomir eut bientôt l'espoir d'être père. La reine lui donna un fils ; mais l'amour et l'orgueil paternel jouirent peu de cette félicité : une nuit, les fées enlevèrent le royal enfant, aux yeux de sa mère, dans le bouclier qui lui servait de berceau : elle ne survécut point à sa perte, et Marcomir eut à pleurer à la fois son épouse et son fils. Vingt fois les arbres des forêts ont donné leur feuillage, depuis l'instant où l'ordre des dieux l'a privé de l'héritier du trône, auquel ils avaient promis tant de gloire.

En recevant Théodemir dans ses demeures, le vieux monarque avait été vivement ému. Il l'accueillit comme Gaulois et fils adoptif de Diciomar, auquel l'unissaient lui-même les liens de l'hospitalité. Mais une bienveillance plus tendre lui fit presser l'étranger sur son cœur : le jeune homme aux yeux pers, à la chevelure ondoyante, a fait tressaillir ses entrailles. A peine un léger duvet blond comme ses cheveux ombrage ses lèvres vermeilles. Sa haute stature, sa blanche poitrine que couvre un large collier d'or, ses bras musculeux ornés de bracelets, tout lui donne l'apparence d'un héros ! tel devrait être son fils ! Plus d'une fois, trompé par cette douce illusion, le roi sycambre a voulu donner à Théodemir le nom et les droits de cet enfant tant regretté. Mais une crainte religieuse l'arrête : les déesses-mères, les fées de la Germanie, n'ont-elles pas pris sous leur garde ce précieux rejeton? Akima, interprète des volontés célestes, lui a parlé chaque année dans le creux des chênes. Elle l'assure enfin que le jour approche où il doit revoir un fils digne de lui. Marcomir attendra l'ordre des dieux ; mais, contenant avec peine ses désirs impatiens, il cherche, dans des plaisirs périlleux, une distraction au trouble de son ame.

Le roi sycambre veut célébrer le séjour des étrangers parmi ses peuples : il ordonne les apprêts d'une grande chasse.

Aussitôt les esclaves qui prennent soin de ses dogues les rassemblent; et les attachant par couple, ils passent à leurs larges cous des colliers d'airain hérissés de pointes aiguës qui les préserveront de l'atteinte des bêtes féroces. Ces animaux dociles et prompts à la voix de leurs maîtres, mais fiers, indomptables devant les urochs et les sangliers, tiennent leurs vertus de leur naissance. Fils d'une louve et d'un levrier rapide, ils ont à la fois la force de leurs mères, le courage et l'adresse de leurs pères [15]. A la vue de leur parure, ils pressentent le combat; et oubliant les dents des ours et les cornes recourbées des taureaux sauvages, ils témoignent leur impatience par mille bonds joyeux, par des aboiemens prolongés.

Avant l'aurore, les chasseurs avertis par le monarque se rendent en foule au lieu désigné pour le point de départ. Marcomir a déclaré qu'on ne poursuivrait dans cette journée ni les daims légers, ni les chevreuils timides; mais que l'objet de la chasse serait l'élan aux bois rameux, aux pieds meurtriers, dont la force est telle qu'il en écrase les hommes et les animaux, brise les rochers et déracine les chênes; l'uroch farouche [16], dont la tête formidable est armée de cornes menaçantes; enfin, l'animal merveilleux auquel on n'avait point encore donné de nom, qui réunit à l'allure du cerf [17] la force et la gravité du taureau. Sur son front et à distance égale de ses larges oreilles, s'élève une dague d'ivoire, défense meurtrière et capable de percer d'outre en outre le chasseur inexpérimenté qui ose affronter le redoutable animal.

Pour cette chasse dangereuse, qui demande autant de force que d'adresse, les jeunes Sycambres se sont armés de dagues et de javelots [18]. Théodemir et ses amis se joignent à eux. Ils brûlent de se distinguer aux yeux de leurs hôtes dans des exercices qui furent les jeux de leur enfance. Ils leur font part des ruses employées dans la Gaule pour entourer, tromper le sauvage ennemi, le poursuivre, le frapper avec dextérité. Ils leur apprennent à tremper leurs dards dans les sucs mortels de l'ellébore et de la divine bélinuncia : ces sucs, en pénétrant le flanc de l'animal qui fuit, assurent la victoire du chasseur, et rendent la chair de sa proie plus délicieuse [19].

Le jour paraît; le son rauque des cornets d'airain annonce l'arrivée du monarque. Il porte un vêtement court; une forte ceinture entoure ses reins, et soutient le glaive à courte lame et la hache sycambre; ses pieds sont chaussés de brodequins de peau; ses longs cheveux, réunis eu tresses, sont contenus par un casque de cuir sans ornement : le roi, qui va partager les dangers de ses guerriers, ne veut se distinguer par aucune marque de grandeur. Aussitôt les chasseurs l'entourent avec respect. Marcomir examine leurs armes, recommande à tous le sang-froid, la prudence, et la marche commence au son des trompes qui accompagnent le chœur d'Alcis, chanté par les joyeux chasseurs.

CHANT DES CHASSEURS.

« Alcis [20], toi qui, dans les Gaules, reçois des honneurs divins, sous le nom de Cernunos, saisis tes javelots, enfle les sons du cor, effroi des chevreuils de la montagne! secoue les colliers d'or suspendus à tes cornes rameuses! [21] »

« La chasse commence; guide nos pas, ô Alcis, dieu des chasseurs! »

« Entends-tu les cris perçans de nos lices ardentes ? elles t'adressent leurs vœux ; préserve-les des cornes de l'uroch, du boutoir des sangliers, et des larges pieds de l'élan, forcé dans sa retraite ! Epargne nos levriers et nos dogues fidèles. »

« O Alcis, dieu des chasseurs ! »

« Montre-nous les traces des bêtes fauves; rends inutile la finesse de leur odorat ; jette la terreur au sein de leur retraite. Amène la proie dans l'enceinte environnée de toutes parts d'un double cercle de chasseurs ; que sa légèreté lui devienne fatale ; fais qu'elle tombe dans le piége préparé. [22] »

« O Alcis, dieu des chasseurs ! »

« Si tu écoutes nos vœux, dieu cher à nos forêts, nous te consacrerons les dons de la victoire [23]. Nous ornerons ton sanctuaire des bois palmés de l'élan, des hautes ramures du cerf; et, déposées sur les branches de tes chênes, dix têtes de bizons se consumeront lentement par les feux du soleil et les glaçons des hivers [24]. Un diadême d'or entourera ton front [25] et tes cornes rameuses, auxquelles nous suspendrons les précieux colliers de nos levriers vainqueurs [26]. »

« La chasse commence; guide nos pas, ô Alcis, dieu des chasseurs! »

Cependant le monarque et sa suite sont arrivés dans la forêt : on détache les limiers, qui vont quêtant la voie; le son des cors les anime. Les hôtes des forêts, effrayés de leur approche, quittent leur retraite; les guerriers se dispersent et poursuivent la proie.

L'ardent Théodemir a découvert le gîte d'un de ces onagres précieux par une peau bigarrée [27]. Il s'élance à sa poursuite. L'animal blessé d'un trait rapide, fuit dans les profondeurs de la forêt, et entraîne le héros sur ses traces. Théodemir s'enfonce dans des fondrières où jamais le pied de l'homme n'a pénétré. Mais l'onagre disparaît à ses regards ; et, comme par enchantement, rien ne lui rappelle sa voie. Théodemir s'arrête incertain. Un rocher, couvert de mousse, laisse échapper de ses flancs une onde jaillissante : le héros épuisé par une longue course, vient s'y désaltérer ; tout-à-coup, la nuit succède au jour; la terre frémit sous ses pas ; des voix prophétiques se font entendre et glacent d'un effroi inconnu, son cœur magnanime. Un vent impétueux courbe les arbres avec violence : tout annonce la présence d'une divinité. Mais peu à peu le calme renaît ; une lumière brillante éclaire la forêt, et le jeune Gaulois voit devant lui, à l'entrée du rocher, une femme majestueuse. Son vêtement noir étincelle d'étoiles ; son écharpe d'azur, brillante de figures mystérieuses, soutient une faucille d'airain ; son front est couronné de verveine; une de ses mains s'appuie sur une haste d'or [28], et l'autre porte un rayon de miel. « Fils de la Gaule, dit-elle d'une voix sévère, quelle puissance te retient ici loin de tes amours, loin des lieux où s'écoula ton enfance? Sais-tu que Diciomar touche aux portes du palais d'Héla? Sais-tu que tes plus chers amis sont menacés de l'esclavage, et qu'Arduène est près de subir le joug? Les fils de Rome ont enveloppé les

Gaulois comme dans un rets, et leurs divisions ont achevé leur ruine. Pour la seconde fois le superbe vainqueur imprime sur le front de ce peuple, un sceau infamant [a]. Hâte-toi; cours sauver Arduène. Le ciel réserve d'éclatantes destinées à cette nation. Innombrables enfans sortis de la même ruche, continua-t-elle après un moment de silence, puissiez-vous imiter les abeilles industrieuses; ne souffrez rien d'étranger parmi vous; soyez unis comme elles: rien ne pourra vous résister [b]. » Après ces mots, la brillante vision s'évanouit, le jour reprit sa clarté accoutumée, et Théodemir entendit les cris des chasseurs envoyés à sa recherche.

Tout plein du souvenir de cette scène merveilleuse, le jeune Gaulois se présente à Marcomir avec un visage rêveur. Le monarque l'interroge, et Théodemir avoue que le plus

---

[a] Le cens établi par Drusus.
[b] Si les Gaulois étaient unis, rien ne saurait leur résister. (*César*, liv. 4.)

ardent désir de revoir sa patrie s'est emparé de son ame. « Va, dit le roi sycambre; je ne m'oppose point à tes vœux ! Sans doute un dieu t'inspire cette pensée : et qui peut résister aux dieux ? Je veux que mille de mes plus fidèles guerriers t'accompagnent ; que cent chariots chargés de mes dons, rappellent à ton souvenir le vieux Marcomir. En songeant aux liens d'amitié qui nous unissent, souviens-toi, mon fils, que l'étendard de la liberté [29] flotte au milieu de nous. Si l'ennemi ose forcer ta paisible retraite, envoie-moi le Cran-tara, mystérieux signal des batailles [31] ; le Sycambre partagera avec joie et tes dangers et ta victoire. » Il dit et rentre dans ses demeures.

Ses ordres sont donnés : la première aurore éclairera le départ des Gaulois et de leur noble escorte. Le monarque veut lui-même veiller à ces apprêts, et les lueurs blanchissantes de l'aube le trouvent ordonnant à ses esclaves de placer sur les chars les dons superbes qu'il destine au héros. Ce sont des vases d'airain propres à faire bouillir les viandes; des trépieds d'argent d'un travail précieux; des coupes de même métal, qui jadis circulèrent autour des tables romaines : trophées glorieux enlevés aux ennemis. Le monarque y joint cent peaux d'ours noirs, doublées de pourpre; un nombre égal des précieuses fourrures du bison et de l'alcée, dix manteaux d'hermine, et autant de sayes bigarrées, de pelleteries apportées d'un océan inconnu [a].

A ces magnificences, Marcomir ajoute des dons plus rares encore : ce sont des armes formidables; de longues framées; des haches à deux tranchans, et des épées recourbées, dont la blessure est mortelle.

Par l'ordre du roi sycambre, les gardiens de ses nombreuses étables ont amené cent couples de jeunes taureaux; autant de blanches génisses, dont les mamelles fécondes se remplissent deux fois le jour; mille porcs engraissés avec soin, et un nombre pareil de brebis,

---

[a] Tacite.

toutes chargées de leur épaisse toison. Le monarque n'oublie point les esclaves et les dogues nécessaires à la conduite de ces troupeaux, ni les urnes remplies de cervoise et d'hydromèle, liqueurs destinées à réparer les forces des guerriers. Sa tendre amitié n'a rien omis de ce qui pouvait flatter les goûts ou l'orgueil de son jeune hôte.

Ces soins divers ont occupé son ame; ils en avaient écarté, pour quelques instans, l'importun regret qu'il éprouve de voir s'éloigner le jeune Gaulois. Mais au moment de la séparation, il cède à l'impulsion de son cœur, et entraînant Théodemir dans le lieu où reposent ses armes : « Jeune homme, lui dit-il d'une voix émue, contemple ces boucliers d'azur, semés d'abeilles d'or, et ces glaives à deux tranchans : ils sont ceux de mes pères. Reçois dans ton sein un secret qui n'est connu que des dieux et de moi. Un fils.... il serait de ton âge.... Un fils a été ravi à ma tendresse par l'ordre des destinées ! Un bouclier fut son berceau, et la moitié d'un glaive le jouet de son enfance. Ces marques belliqueuses peuvent le faire reconnaître. O jeune homme! grave dans ta mémoire le souvenir de ces pavois, reçois en dépôt cette arme mutilée. Si dans tes voyages tu trouves le possesseur de l'autre partie de ce glaive rompu, s'il offre à tes yeux le bouclier aux abeilles, il est mon fils.... Mais jure-moi, si tes recherches ont été vaines, de me rendre ce gage de ma confiance, quand l'année aura achevé son cours. »

« Je te le jure, mon père, s'écrie le héros; je reviendrai moi-même remettre en tes mains ce dépôt sacré, ou te présenter ton fils; un doux pressentiment m'avertit que les dieux me destinent à consoler ta vieillesse. »

Il dit, prend avec respect le tronçon du glaive, et tombant aux pieds du vieillard, il embrasse ses genoux vénérables; Marcomir le relève, le serre avec transport sur son sein, lui fait signe de s'éloigner, puis se

LIVRE SIXIÈME.

détourne lui-même pour cacher son attendrissement.

Le jeune guerrier rejoint ses compagnons. Impatiens du départ, ils agitent leurs lances, et quittent enfin la terre de l'hospitalité.

FIN DU LIVRE SIXIÈME.

NOTES

DU LIVRE SIXIÈME.

(1) R<small>ESTA-T-IL</small> *cinq cents hommes.*] « Le territoire des *Nerviens* s'étendait des rives de la Meuse jusqu'à la mer; Cambrai en était la capitale. Les *Nerviens*, après avoir enfermé leurs femmes, leurs enfans et leurs vieillards, dans un lieu entouré de marais inaccessibles, se postèrent sur la Sambre et attendirent les Romains. Un moment leur valeur et leur audace jeta César dans un grand embarras, et il fallut tout le génie et le sang-froid de ce grand capitaine, pour réparer le désordre et ramener la victoire sous ses étendards; elle fut sanglante: ce combat anéantit, pour ainsi dire, la race et le nom des Nerviens. Les femmes et les vieillards cachés dans les marais apprirent bientôt que les vainqueurs n'avaient plus d'obstacles à surmonter, ni les vaincus d'espérance à concevoir; ils députèrent à César, et se rendirent à discrétion. Les envoyés, dans le récit de leur désastre, dirent que sur six cents sénateurs, trois seulement avaient échappé à la destruction générale, et que de soixante mille combattans, il en restait à peine cinq cents en état de porter les armes. » (*César*; liv. 2, pag. 73.)

(2) *Toute la nation.*] « César campait autour de la forteresse des Aduatiques. Ceux-ci, vers minuit, firent une sortie, et attaquèrent les légions romaines. César avait ordonné d'allumer des feux en cas de surprise : il fut bientôt averti par ce signal. Les troupes des forts voisins accoururent. Les Barbares, malgré le désavantage de leur position, quoique assaillis de traits lancés des tours et des retranchemens, se défendirent en héros qui se reposent uniquement sur la bravoure, et pour qui elle est la dernière ressource ; on en tua quatre mille ; le reste fut repoussé dans la place. Le lendemain, les Romains y entrèrent après en avoir enfoncé les portes ; César vendit tous les habitans, qui, d'après un état fourni par les acheteurs, s'élevaient à soixante-trois mille. » (*Commentaires de César ;* liv. 4.)

(3) *Leurs défaites.*] « Plus d'une fois les peuples de la Gaule Belgique se réfugièrent au-delà du Rhin, chez les Sycambres toujours prêts à accueillir les fugitifs. » (*Mézerai*, livre premier.)

(4) *Les vaisseaux sur les ondes.*] « Les Menapiens et les Morins étaient deux anciens peuples de la Gaule Belgique, célèbres par leur courage et leur industrie. Ils occupaient les pays situés entre la Meuse, l'Escaut, la Sambre et l'Océan britannique. Boulogne, Tournai, Ipres, Courtrai, Valencienne et *Terouane* aujourd'hui ruinée, étaient leurs principales villes. » (*Note des Commentaires de César.*)

Tout le monde connaît les toiles et les dentelles de Flandres.

(5) *Ont perdu l'intelligence.*] M. de Grave croit avoir trouvé l'antique et fabuleuse *Atlantide* dans la

Hollande ou la Gaule septentrionale. Ce qu'il y a de certain, c'est que des Hollandais fort instruits m'ont donné, sur différens mots de cette langue, les mêmes étymologies que celles sur lesquelles M. de Grave appuie ses assertions. Si M. de Grave se trompe, du moins il intéresse par ses aperçus ingénieux.

« Nous verrons, » dit son éditeur au commencement de l'ouvrage que je cite, « pourquoi une nation placée sous un ciel inconstant, plus souvent rigoureux que doux, et sur un sol plus avare que généreux, a pu être la première, industrieuse et agricole; parce qu'elle a senti qu'avec des efforts et de la constance, elle pouvait réparer les torts du sol et du climat. Par la même cause, cette nation située aux embouchures de plusieurs grands fleuves, et bornée par la mer, est devenue promptement habile dans la navigation, et, pour le devenir, elle a étudié les astres. Ses progrès dans l'astronomie furent rapides, à l'aide de ses longues et brillantes nuits d'hiver.

» Nous verrons encore comment, ayant à lutter sans cesse contre le débordement de ses fleuves d'une part, et de l'autre contre le courroux de l'Océan, elle a porté si loin l'art des constructions hydrauliques, et est parvenue à dompter le moins domptable des élémens, et même à envahir une partie de ses domaines, au profit de l'agriculture, ce qui se continue encore de nos jours dans les mêmes contrées. Enfin cette nation à laquelle la nature n'accordait rien gratuitement; mais aussi ne refusait rien à son labeur, éprouva le besoin de se placer sous leur égide; de resserrer les liens de son association, par des institutions religieuses, morales et conservatrices. Alors, ainsi constituée sous l'influence d'un gouvernement ferme, cette nation étendit son commerce et ses relations industrielles, sur tout l'univers connu ; elle y propagea ses arts, ses principes et ses connaissances. Sa longue prospérité influa sur sa population ; elle devint surabondante, et reflua sur d'autres contrées : il se fit de nombreuses émigrations, et des colonies se portèrent sur différens points du globe. Quelques sages des autres nations vinrent s'éclairer chez ce peuple de sages : ils sollicitèrent et obtinrent la faveur d'être initiés aux mystères de son culte, et ils retournèrent dans leur patrie, fiers de connaître les principes de ce peuple religieux et aimé du ciel. Mais le temps qui détruit tout, les révolutions naturelles et politiques qui entraînent tout avec elles, n'ont plus laissé, après des siècles nombreux, entre les Atlantes, les nations qui étaient contemporaines et nous, que d'immenses débris dans lesquels il faut fouiller avec sagacité et avec prudence. » (*Rép. des Champs-Élysées* ; M. de Grave ; tom. Ier, pag. 27.)

(6) *D'une antique splendeur.*] « Les îles de *l'Helium*, qui ont été le théâtre de toutes les merveilles décrites par Homère, s'appellent encore de nos jours, sans qu'on y fasse attention, *îles fortunées*. Le nom de Zélande ne vient pas, comme on le croit, de *Zée*, mer, mais du teuton *Zel*, le même que *Zélig*, *fortuné* ; en même temps que *Heiligh* est l'équivalent de saint, mystérieux, etc. » (*Rép. des Champs-Élysées* ; tom. Ier, pag. 61 ; de Grave.)

(7) *Des Bouches de l'Hélium.*] « Le Rhin, qui se perd aujourd'hui dans les sables, un peu au-dessus de Leïde, avait autrefois deux embouchures : l'une nommée *Fle-*

vum, l'autre *Helium*. Pline et d'autres auteurs, nous en ont donné les noms et les descriptions Hélium était le bras du Rhin, appelé aujourd'hui la grande bouche de la Meuse. » (*Rép. des Champs-Élysées ;* par M. de Grave ; tom. Ier, pag...)

(8) *A une contrée de l'Asie.*] « La Phrygie d'Asie. Plusieurs auteurs ont trouvé beaucoup d'analogie entre celle-ci et la Frise d'Europe. Ils ont cru que la Frise était une colonie de cette Phrygie. On a des raisons de croire, au contraire, que les Phrygiens doivent le nom de leur pays et leur civilisation aux Bardes idéens de *la Frise* gauloise. » (*Extrait de la Rép. des Champs-Élysées* ; M. de Grave ; tom. I , pag. 195.)

(9) « Les draps de Frise ont joui d'une grande réputation jusqu'au seizième siècle. Les habitans de ce pays avaient trouvé le secret de tisser de l'or dans ces étoffes; le camp du Drap-d'Or leur doit son nom et son éclat. » (*Latour-d'Auvergne*, pag. 36)

(10) *De la forêt de Césienne.*] « Les *Teuctères* et les *Usipiens*, à qui les Sycambres avaient donné un refuge et des terres pour habiter, depuis que Jules César les avait chassés de la Belgique, se joignirent à eux comme étant leurs dépendans, et incorporés dans leur cité. Aussi firent les *Frisons*, les *Cauces*, les *Suèves*, les *Chérusques*, les *Cattes*, les *Bructères*, les *Tubantes*, les *Ansivariens*, les *Cimbres* et plusieurs autres peuples. » (Mézerai, *Hist. de France avant Clovis*, liv. I.) Voyez pour la situation respective de tous ces peuples, *Mézerai*, livre I , pag. 74 , et la Géographie comparée de M. Mentelle.

(11) *Par leurs divines inspirations.*] « Il y avait alors

dans le pays de *Bructères*, une fille de cette nation nommée Vélléda, qui possédait un grand pays et se mêlait de prédire l'avenir, ainsi que beaucoup d'autres filles en Allemagne ; elle avait acquis depuis peu une grande réputation, ayant prédit la défaite des légions romaines, et les avantages remportés par les Gaulois et les Bataves sur leurs ennemis. Les Allemands ont un grand respect pour ces sortes de devineresses ; ils les regardent même comme des divinités ; celle-ci demeurait seule au haut d'une tour. » (Mézerai, *Hist. de France avant Clovis*, liv. 2.) « Les Germains prennent quelquefois les filles de leurs ennemis en ôtage. Ils croient qu'il y a dans ce sexe quelque chose de plus sacré, de plus divin, de plus propre à prédire l'avenir, ils ne méprisent ni leurs avis, ni leurs prédictions. On vit parmi eux des femmes adorées comme des déesses, témoin : Vélléda, Arinia, Alcena, Akima. » (*Dom Calmet*, tome I, pag. 71). « Les Germains faisaient encore plus, car ils déféraient à quelques femmes toute l'autorité civile et politique. » (*Tacite ;* liv. 4, ch. 62.)

(12) *Du dernier supplice.*] « Le premier remuement de ces peuples ligués ensemble, dura près de 30 ans, et donna bien du mal à Auguste et à ses lieutenans ; mais ce fut peu de chose, jusqu'en l'an de Rome 736. Cette année là, les *Sycambres*, les *Chérusques* et les *Teuctères* attachèrent en croix, ou, selon Florus, brûlèrent vingt centurions des Romains, qu'ils trouvèrent de-là le Rhin, levant des impôts et traitant déjà les Germains comme leurs sujets ; puis s'étant obligés par ce meurtre, comme par un serment solennel, à leur faire la guerre, ils la commencèrent avec une si forte

espérance de la victoire, qu'ils avaient par avance partagé le butin : les Chérusques devaient avoir les chevaux ; les Suèves, l'or et l'argent, et les Sycambres, les captifs. En effet, ayant passé la rivière, ils enveloppèrent la cavalerie romaine qui venait contre eux, et poursuivant leur pointe, donnèrent jusqu'au gros de l'armée que commandait Marcus Lollius, et lui taillèrent en pièces toute la cinquième Légion. » (Mézerai; *Hist. de France* ; liv. 1 , pag. 76.)

(13) *Au farouche Irminsul.*] « Le fameux peuple des Sycambres avait, au couchant, le Rhin, environ trois milles depuis Cologne jusqu'à trente milles au-dessous ; au midi, le cours de la *Sigue*, en langage du pays *Sieg*, d'où ils avaient pris leur nom; au nord une ligne tirée de l'endroit où le Rhin se fourche, au lieu où est la petite ville de Lunen, au comté de la Mark, et au levant une autre ligne depuis la source de la Lippe à celle de la Sigue. Cela comprend aujourd'hui le duché de Berg, le comté de la Mark, la partie orientale du duché de Clèves, qui est de-là le Rhin, la partie de Westphalie qui appartient à l'archevêché de Cologne, la partie occidentale de l'évêché de *Paderborn*. » (Mézerai; *Hist. de France avant Clovis* ; liv. 1.) Irminsul ou Mars, était adoré à Mersbourg, capitale des Marsaques, peuples voisins des Sycambres.

(14) *Puis s'évanouit dans les airs.*] « Marcomir commençait à civiliser les Francs ; il leur apprit à se fortifier et à défendre leurs villages et leurs châteaux contre les assauts des brigands. On raconte qu'il eut un songe qui annonçait les destinées de la France. Il vit un fantôme qui avait trois têtes de différens animaux, dont l'une, semblable à celle d'un aigle, surpassait les deux

autres; soudain ces trois têtes disparurent, le fantôme fut remplacé par la figure d'un guerrier couronné d'un diadême d'or, et portant dans ses mains le sceptre et l'épée. Une femme instruite dans la science des druides expliqua cette vision : les trois têtes désignaient trois races qui devaient régner sur les Francs. »

Taraut, Ann. de France, donne cette explication et cite à l'appui des monumens de la ville de Wurtzbourg. D'autres ont attribué ce songe à un ayeul de Marcomir. » (*Hist. de la nation française*, par Damartin, pag. 50.) « Marcomir Ier eut une vision nocturne, par les prestiges de la prophétesse Akima, qui lui fit voir un monstre à trois têtes : la première d'un aigle, la seconde d'un lion, la troisième d'un crapaud ; lequel monstre lui dit, parlant par le bec de l'aigle : *Marcomir, caput meum progenies tua superabit,*

>Marcomir, un jour sera
>Que ce qui de toi naîtra
>Aux pieds ma tête foulera.

» Et le prince expliquant cet augure en faveur de trois royaumes que sa postérité s'assujettirait au temps à venir, se détermina à s'approcher plus près de ces nations. » (Voyez *Wasthald, Hunibald, Tritheime* et *Raphaël Volateranus.*)

(15) *Et l'adresse de leurs pères.*] « Les Gaulois et les Germains dressaient, pour la chasse, des chiens fameux pour la force et l'adresse qu'ils tiraient de leur naissance, car ils venaient ordinairement d'un loup et d'une chienne. Les colliers qu'on leur faisait porter étaient bien travaillés, et avaient assez l'air de bra-

celets. » (*Aristote*, *Pline*, cités par Dom Martin, tom. II, p. 95.)

(16) *L'uroch farouche.*] « Il y a aussi des taureaux sauvages qui sont un peu moindres que des éléphans, mais semblables du reste aux autres, et d'une force et vitesse extraordinaires ; de sorte qu'il y a peu d'hommes ou d'animaux qui pussent échapper à leur rencontre. La jeunesse s'endurcit à la chasse de ces bêtes, et garde leurs cornes par vanité, comme une marque de valeur. Elles sont différentes de celles de nos taureaux, tant pour la grandeur que pour la figure, et sont recherchées avec grand soin pour boire dans les festins, après avoir garni d'argent l'ouverture. » (*Commentaires de César*; liv. 6, p. 173.)

(17) *A l'allure du cerf.*] « Dans la forêt d'Hercynie, dit César, il y avait une espèce de bœuf qui avait l'allure d'un cerf, mais n'avait qu'une corne qui lui sortait du milieu du front à égale distance de ses oreilles. Il ajoute que cette corne était plus droite et plus longue que celles des bœufs ordinaires. » (*Dom Martin*; tom. II, pag. 104.)

César a sans doute décrit ainsi la licorne, et il est probable que c'est d'après l'ancienne tradition de son existence, que la figure de cet animal fabuleux orne encore aujourd'hui la plupart des armoiries allemandes et françaises.

(18) *De dagues et de javelots.*] « Les Gaulois avaient deux sortes de chasses : l'une de plaisir, où ils poursuivaient les animaux timides ; l'autre périlleuse, qui demandait autant de force que d'adresse. Ils invo-

quaient Diane pour la première, et Cernunos pour la seconde. » (*Dom Martin*; tom. II, p. 93.)

(19) *Plus délicieuse.*] « Les Gaulois, pour faire une chasse plus heureuse, se servaient de flèches empoisonnées avec le suc d'un fruit ressemblant à une corniche corinthienne que portait un arbre semblable à un figuier; ils frottaient aussi leurs dards d'ellébore, et d'une herbe qu'ils appelaient bélenion. Ils retiraient deux avantages de ce poison : car, outre qu'il ne leur en arrivait jamais aucun mal, ils assuraient leur proie et avaient le plaisir d'en trouver les chairs plus tendres et plus délicates. » (*Strabon*; liv. 4.)

(20) *Alcis.*] « *L'Alcis* des Naharvales, tribu suève, était le *Cernunos* des Gaules. On l'invoquait à la chasse des bêtes fauves pour être garanti de leurs cornes, griffes et défenses; car, pour ne parler que de l'élan, ses coups sont si rudes, que des pieds de derrière il brise les arbres, et de ceux du devant il perce les chiens, les loups et les chasseurs d'outre en outre. » (Olaus Mag.; *Hist. du Nord;* liv. 2.)

(21) « Le *Cernunos* des bas-reliefs de la Cathédrale de Paris, a de grandes oreilles de satyre, et des machines qui paraissent des anneaux passés dans ses cornes. » (*Dom Martin*; tom. II, p. 83.)

(22) *Dans le piége préparé.*] « Les élans étaient très-communs alors dans les Gaules, au rapport de Pausanias. Les Gaulois se plaisaient fort à cette chasse, et ils s'y portaient avec d'autant plus d'ardeur qu'elle était difficile; car d'un côté, cet animal était d'une légèreté extraordinaire, et de l'autre, son odorat était si fin, qu'il sentait de fort loin les approches des

hommes, s'échappait aussitôt et se retirait dans le fort des bois, où il était à couvert des insultes des chasseurs; ce qui fait dire à Pausanias qu'il n'était pas au pouvoir de l'homme de prendre un élan, quand on n'en voulait qu'à lui seul. C'est pourquoi les Gaulois, pour ne point manquer leur chasse, entouraient un espace de mille stades, et s'avançant tous ensemble, en gardant chacun leur rang, ils prenaient toutes les bêtes qu'ils avaient enveloppées, surtout l'élan, à moins qu'il n'eût quelque fort ou tanière, où il pût se retirer, et se dérober aux yeux des chasseurs. Au reste les Gaulois n'avaient que ce seul moyen de le prendre. » (*Religion des Gaulois*; tome II, liv. 3, page 89.)

(23) *Les dons de la victoire.*] « Le bas-relief, chargé de l'inscription suivante, *Cernunnos*, représente le dieu Pan, portant deux espèces de cornes. On remarque deux anneaux passés dans ces cornes qui ressemblent assez à des bois de daim.

» Ceci est peut-être une allégorie qui a rapport au goût que les Gaulois prenaient à chasser ces animaux; les anneaux sont des couronnes d'or ou d'autre métal, dont ces peuples couronnaient leurs divinités. Ce dieu paraît avoir été adoré par les Gaulois comme le maître des forêts, et invoqué par eux avant d'aller à la chasse des bêtes fauves, exercice pour lequel ils avaient beaucoup de goût. Ils portaient cette passion si loin, qu'à leur retour ils faisaient des espèces de marches triomphales, portant les têtes des animaux qu'ils avaient forcés et tués. Ils les attachaient ensuite aux portes de leurs maisons, ainsi que nous avons vu les garde-chasses clouer à leur porte les oiseaux de proie qu'ils avaient tués. Cet usage remonte fort haut, car on sait que les

Grecs, au retour de la chasse, offraient à Diane une partie des bêtes qu'ils avaient prises; souvent même ils appendaient à des arbres les têtes ou les jambes de ces animaux. La chasse que les Gaulois affectionnaient le plus, était celle de l'élan et du daim, dont on voit figurer les cornes sur le front de notre *cernunnos*. » *Monumens celtiques*; par Al. Lenoir; p. 76.)

(24) *Les glaçons des hivers.*] « Il ne faut point oublier que la tête d'élan que tient le cernunnos déjà décrit, est un véritable vœu ou offrande que les Gaulois chasseurs faisaient à leur dieu cornu. Ils faisaient aussi parade des têtes des animaux tués à la chasse, car ils les attachaient aux portes de leurs maisons. » (*Diodore de Sicile*; *Dom Martin*; tome II, p. 92.)

(25) *Tes cornes rameuses.*] « La couronne en forme de diadème, que porte le *cernunnos* de M. Chezelle, lui ceint la tête d'une manière assez particulière, qui consiste en ce qu'elle descend jusqu'aux tempes et au milieu du front. » (*Dom Martin*; tome II, p. 93.)

(26) *De nos levriers vainqueurs.*] « Les anneaux enclavés dans les cornes de cernunnos, semblent être des couronnes ou plutôt de vrais colliers, qu'on appendait en mémoire des bonnes chasses qu'on faisait, ou en actions de grâces des périls qu'on avait évités par son secours. » (*Dom Martin*; tome II, p. 95.)

(27) *Une peau bigarrée.*] « Il y a une espèce d'ânes sauvages qui ressemblent aux chevreuils, et ont la peau bigarrée; mais ils sont un peu plus grands et sans cornes. Ils n'ont aucune jointure aux jambes, de sorte qu'ils ne se couchent point pour se reposer, et s'ils tombent, ne se relèvent plus. Quand on a reconnu

leur gîte et leur trace, on scie des arbres voisins, ou on les déchausse si bien, que les ânes venant à s'appuyer contre pour se reposer, ils tombent à la renverse et sont pris facilement. » (*César* ; liv. 6, p. 173.)

(28) *Sur une haste d'or.*] « Selon Bartholin, dont les ouvrages sont pleins de choses curieuses sur les peuples du nord, ces devineresses qu'il appelle *Visinda-Kona*, ou femmes aux oracles, étaient vêtues de robes bleues étoilées ; un large baudrier suspendait à leur côté une poche remplie d'instrumens magiques ; leur bonnet était une toison noire, roulée autour de leur front. Elles s'appuyaient sur un long bâton de cuivre doré, surmonté d'une boule brillante. » (M. Marchangy; *Gaule poétique ;* tom. I, pag. 220.)

(29) *L'étendard de la liberté.*] « Les Sycambres devaient être les fondateurs de la liberté, car ce sont eux qui les premiers se sont révoltés contre les Romains. (Voyez la première guerre de 30 ans sous Auguste.) Ils se liguèrent à différentes époques, et soulevèrent une partie de la Germanie. » (*Mézerai*, pag. 75.)

(30) *Signal des batailles.*] « Le cran-tara, signifie ordinairement un emblème de détresse. C'était un morceau de bois à demi brûlé et trempé dans le sang, que l'on portait avec toute la célérité possible, d'habitation en habitation. Le mot *cran-tara*, veut dire *bois d'appel* ; et l'union du bois et du feu pouvait indiquer, ou le danger même, ou une menace contre ceux qui ne se rendraient pas immédiatement sous les drapeaux du chef. L'usage du *cran-tara* s'était conservé parmi les montagnards de l'Écosse ; seulement le nom avait subi quelqu'altération. Autrefois, dit Pen-

nant, les chefs des *clans*, ou tribus, se servaient de la méthode suivante pour assembler leurs vassaux, lorsqu'ils avaient dessein de les conduire à une expédition militaire : il y avait pour chaque clan un lieu de rendez-vous appelé *Carna-à-Whin*, où tous les membres de la tribu étaient obligés de se réunir, dès qu'ils voyaient paraître une personne, tenant un pieu brûlé à l'une de ses extrémités, ensanglanté de l'autre bout, surmonté d'une croix et nommé *crosh-tarie*, *croix de honte* ou *croix enflammée*. Dans le premier sens, ce mot signifiait l'opprobre dont on se couvrait si l'on refusait d'obéir ; dans le second, il donnait à entendre que l'on porterait le fer et le feu dans les possessions des réfractaires. L'envoyé ou chef, courait de toute sa force, et remettait le crosh-tarie au premier qu'il rencontrait ; celui-ci à un autre, et ainsi de suite. A l'époque de la dernière insurrection des montagnards, quelqu'un dont on n'a jamais su le nom, fit voyager un de ces signaux dans tout le comté de Bréardalbane ; il parcourut trente-six milles en trois heures. » (*Pennants tour in Scotland*; tom. I, pag. 192.)

LIVRE SEPTIÈME.

Le Retour ; — Le Festin ; — Les Jeux.

Après une marche rapide, les guerriers, sous la conduite de Théodemir, atteignent les rives du Rhin, fleuve saint [1], dont le nom seul est un serment redoutable, et sous la garde duquel les heureux peuples qui habitent ses bords ont placé la foi conjugale [2].

Suivi de sa troupe belliqueuse, le héros, tout armé, traverse le fleuve à la nage. Les esclaves, les troupeaux et tout le riche butin, fruit de leurs victoires, ou dons d'une amitié généreuse, sont placés sur d'immenses radeaux qui franchissent les ondes rapides; on touche le sol sacré; la terre natale est saluée par des cris joyeux et des acclamations guerrières; les trompes d'airain, les harpes retentissent, et les enfans d'Arduène, rangés sur la rive, commencent ainsi le chant du retour.

CHANT DU RETOUR.

CHOEUR.

« O patrie ! voici tes enfans ;
Nous voici, nous voici ! [3] »

« Forêts, couvrez-nous de vos ombres saintes; rochers consacrés par nos pères, tressaillez au son de nos voix; fées protectrices, élevez-vous du sein des fontaines sacrées ! »

« O patrie ! voici tes enfans ;
Nous voici, nous voici ! »

« Où donc est-il l'appui de ma vieillesse ? s'est écriée la veuve délaissée que l'injustice opprime. Enfans chéris, quand verrez-vous la gloire de votre père, dit chaque jour l'épouse du héros ! »

« O patrie ! voici tes enfans ;
Nous voici, nous voici ! »

« Simples et fraîches comme la rose des forêts [4]; les vierges des Gaules disent en soupirant : Reviendront-ils les fils de la patrie? Filles chéries, séchez vos pleurs à l'haleine des vents ! »

« O patrie ! voici tes enfans,
Nous voici, nous voici ! »

« Lorsqu'en nous serrant dans vos bras, tendres mères, amantes adorées, vos yeux en pleurs nous conjuraient de ménager nos jours, une déité enchanteresse nous fit vous résister : c'était la belle Andarté [a], la déesse de la victoire : guidés par elle, nous revenons triomphans ! »

« O patrie ! voici tes enfans ;
Nous voici, nous voici ! »

« O patrie ! enhardi par notre absence, l'ennemi a osé franchir tes limites ! Nous avons entendu les présages ; les coursiers sacrés ont henni [5], la flamme bleuâtre des fées tremble sur leurs crinières ondoyantes [6].... Marchons au combat ! »

« O patrie ! voici tes enfans ;
Nous voici, nous voici ! »

---

[a] Voyez la note 32 du livre premier.

Le cri de guerre termine ce chant; les armes bruissent avec fracas; mais le prudent Théodemir, qui veut réprimer encore l'ardeur de ses braves, leur adresse ces mots : « Vaillans compagnons de ma fortune, contenez, pour un temps, dans vos âmes généreuses, ce vif désir de la gloire : le danger veille autour de vous. Nous sommes ici sur les terres des Ubiens [a]; qui sait si, forcés par la nécessité, ils n'ont point juré fidélité aux vainqueurs de la terre ? Craignons que nos mâles accens ne choquent des oreilles corrompues par l'esclavage, et que, trahissant notre noble but, ils ne mettent obstacle à notre réunion avec nos frères. Cependant, que le camp s'arrête ici. Donnons cette nuit à la joie, et qu'une fête se prépare, pour célébrer notre retour aux champs de la patrie ! »

Il dit : à ses ordres ses compagnons se dispersent dans la forêt. Les uns lèvent leur redoutable francisque [b], et les troncs véné-

---

[a] Territoire de Cologne.
[b] Espèce de hache à deux tranchans. Arme sy-

rables des hêtres tombent avec fracas ; les autres préparent les foyers : un vaste bûcher s'allume, et ses clartés brillantes égayent la solitude. Bientôt les chasseurs arrivent de toutes parts, chargés d'une proie immense. Les cerfs légers sont dépouillés de leur élégante parure; antique habitant des forêts, le sanglier abandonne son dos chargé d'une graisse succulente, et le coudrier mystérieux perce, de ses branches aiguës, les membres palpitans du faon ravi à la mamelle.

Le festin est apprêté, les mets tout fumans sont entassés sur des disques d'airain, et leur profusion satisfera l'appétit des convives [7]. Les guerriers se rassemblent, des groupes fraternels se forment d'après les liens d'amitié ou de convenance qui les rapprochent. Les chefs entourent Théodemir. Des faisceaux d'une mousse épaisse, disposés en demi-cercle, servent de siéges aux guerriers. Le prince d'Ar-

---

cambre, qui prit son nom du peuple franc auquel elle était d'un usage familier.

duène occupe la première place, celle où l'appellent son rang et sa valeur. Derrière le demi-cercle, de jeunes hommes debout, armés de lances et de pavois, servent avec respect les illustres convives. Près de là sont les ardens foyers où rotissent les viandes [8], et à peu de distance une source fraîche épanche ses ondes : les compagnons de Théodemir y plongent des cornes d'uroch, enrichies d'un cercle d'étain brillant. L'une d'elles, trois fois plus grande que les autres, porte autour de son bord une lame d'argent sur laquelle une main habile a tracé des *rûnes* [9] salutaires. Un feuillage d'or serpente autour, et; chef-d'œuvre de l'art, une chaîne de même métal sert à la suspendre, et augmente son éclat.

Cette rare coupe est destinée au chef; son ami, son plus cher compagnon, est chargé de la garde de ce trésor que Théodemir reçut dans son voyage, d'un prince étranger, pour prix d'une action éclatante.

Après que la faim est apaisée, les esclaves apportent la cervoise rafraîchissante dont rien ne peut contenir les flots écumeux, et l'hydromel parfumé, présent du monarque sycambre; liqueur que, tant de fois, les vierges de la Germanie ont versée dans la coupe des héros. Alors la langue du silencieux se délie; les fronts austères s'éclaircissent; l'innocent babil circule dans le groupe animé, et les échos des forêts répètent les cris confus, les chansons de l'ivresse et son rire éclatant. Toutefois la retenue préside à la joie : jamais un guerrier ne trahit, d'une bouche indiscrète, les aveux de l'amitié ou les mystères de l'amour ! Toujours révéré, le nom de l'amante du héros lui semblerait profané par une parole légère ; en le révélant, le Gaulois croirait offenser les déesses-mères, tant est profond son respect pour les femmes.

De nobles défis s'engagent cependant entre les guerriers; chacun vante son courage, ses trésors ou ses amours.

« Je sais faire huit exercices [10], s'écrie le blond Hramur, jeune héros scandinave que l'amitié avait attaché à Théodemir ; ma cheve-

lure égale en longueur celle des fils du roi;
je conduis avec hardiesse une nef au sein des
ondes les plus furieuses. Mon père m'a laissé
dans ses trésors un tambour magique entouré
de figures d'or, à l'aide duquel on évoque les
génies [11]; mille chevreuils boivent les eaux
de mes torrents, et les flots de la mer lavent
les solides fondemens de mes tours. Mais, à
toutes ces richesses, je préfère une tresse
blonde de la beauté que j'aime. »

« J'ai combattu dans trente batailles, dit à
son tour le farouche Hydeltan; mon front est
chauve, et mon sein est couvert de glorieuses
cicatrices; plus d'une fois j'ai enlevé les dépouilles des tribus infidèles, qui, renonçant à
l'alliance des peuples frères, ont mendié la
protection des Césars. J'ai dédaigné les accens
trompeurs des vierges, et j'ai fui leurs sourires décevans; mais je sais me battre, et boire
sans relâche toute une nuit et tout un jour :
aussi, lorsqu'à mes fêtes j'assemble mes amis,
cent coupes brillantes, remplies de bière forte,
circulent autour de mes tables. Je laisse aux

femmes le cristal des fontaines, et l'hydromel aux guerriers sans vigueur !.... Esclave ! dit-il d'une voix impérieuse, verse-moi de la bière forte [12].

Un bruyant éclat de rire accueille cette saillie, et Théodemir ordonne qu'on remplisse de nouveau les coupes.

« Qui de nous ne possède tes sauvages vertus ? dit Irmine le chérusque, en s'adressant au guerrier buveur ; si l'hiver de l'âge n'a point encore blanchi mon front, l'audace, le courage et même la prudence ne manquent point à mon ame ! La valeur distingue les princes de ma race ; mais elle s'unit dans mon cœur à l'amour et au respect pour les femmes : ces lois auxquelles m'attachent la tendre Moïna aux yeux d'azur, et la vénérable Alcèna ma mère, me sont chères et sacrées. Boire et combattre conviennent sans doute aux guerriers, mais celui qui sait aimer devient seul un héros ! »

« Vous oubliez, Irmine, dit alors Bardus, jeune scalde élevé aux champs fortunés de Divodure, vous oubliez qu'il faut savoir plaire. Les vierges de nos contrées, inconstantes et légères, demandent ainsi que les fleurs, qui sont leur emblème, des soins différens : la violette, humble et modeste, se contente de l'abri d'un buisson épineux; la primevère développe sans culture ses grappes d'or, au sein des prés humides; presque foulée aux pieds, la blanche marguerite croît sous les pas du voyageur; mais l'hyacinthe au calice odorant, le lys superbe, ornement des monarques; mais la rose, élégant chef-d'œuvre de la déesse Herta [a], veulent un terrain fertile, des cieux propices et des soins assidus. De même, la beauté se laisse fléchir, tantôt par la vaillance, l'adresse ou l'éclat des conquêtes, tantôt par une belle chevelure, de belliqueuses offrandes ou des chants mélancoliques! Heureux le héros qui, possédant l'art de la guerre, sait par la savante magie de la lyre, remplir les loisirs de

---

[a] Sous ce nom les Germains adoraient Cybèle ou la Terre.

la paix! Mais plus heureux encore celui qui sait plaire! malgré ses rivaux, la victoire est à lui. »

« Qui vient donc nous parler et de femmes et de fleurs? interrompit un vieux Sycambre. Ces soins frivoles sont-ils dignes d'occuper des ames guerrières? Le fier Sycambre sait aussi combattre, aimer et plaire; mais nos vierges, au cœur belliqueux, ne se soumettent qu'au plus brave. Quand les trompes d'airain nous appellent aux batailles, les amantes des guerriers les accompagnent. Idolâtres de la seule valeur, elles suivent, les yeux baissés et le sourire sur les lèvres, elles suivent les traces des héros, pansent leurs plaies sanglantes, s'emparent de leurs armes, et portent en triomphe les tributs de la guerre. Les vierges même, qu'un devoir impérieux a retenues dans leurs foyers, accourent au-devant des vainqueurs; elles comptent avec émotion les blessures de leurs amans, et les têtes ennemies appendues au col de leurs coursiers; mais elles abandonnent le lâche qui fuit.

» Loin de nous, ô guerriers, la gloire efféminée d'un joueur de lyre! Savez-vous quels exploits me méritèrent le cœur de la belle et chaste Helmina? Vous avez tous rappelé vos hauts faits : écoutez mon récit ; il contient de glorieux souvenirs.

» Le cruel César avait dompté les Gaules [13] ; les Éburons, après cent combats, vaincus, dispersés dans les forêts, fuyaient leurs demeures dévastées. L'astucieux tyran, par une ruse digne de lui, ne pouvant les poursuivre dans leurs retraites, appela au pillage de leurs cités les peuplades voisines. Le bruit en vint jusqu'à nous ; nos montagnes avaient déjà donné asile à ces infortunés : nous résolûmes de sauver ce qui restait de leurs richesses. J'appelle mes braves, deux mille cavaliers se rassemblent ; nous passons le Rhin. Nous trouvons de toutes parts les troupeaux errans sans maîtres, les habitations en cendres et la cité abandonnée. Enhardis par ce silence, nous traversons les bois, les marais avec sécurité. Quelques fugitifs nous apprennent que César était éloigné; l'un d'eux, conduit par la haine et le ressentiment, nous dit : « Sycambres, le » ciel vous envoie sans doute pour nous ven- » ger. Au confluent du Sabis et de la Mosa » s'élève la forteresse d'Attuaca [a]; là, sont » déposés les trésors accumulés par nos ty- » rans : osez attaquer le camp romain; les » dieux de la vengeance, conjurés par nos » vœux, protégeront votre entreprise. »

» Nous suivons cet avis. Le Gaulois nous sert de guide; nous pénétrons à travers l'étroit défilé, et nos regards avides découvrent enfin le lieu que les dieux semblent avoir marqué pour humilier l'orgueil romain. A notre aspect inattendu, la cohorte court aux armes; tels que des loups acharnés au carnage, nous nous précipitons sur le camp ouvert de toutes parts. En vain le centurion défend avec courage l'entrée du retranchement; en vain la cavalerie ennemie, absente pour chercher des fourrages, accourt à son secours, nous taillons en pièces

---

[a] Tongres.

tout ce qui nous approche; Héla agite autour de nous ses ailes funèbres. Enfin, ivres de sang et de fureur, nous plaçons sur nos coursiers le riche butin; et, semblables aux aigles de nos montagnes, qui, emportant dans leurs serres la proie qu'ils viennent de ravir, étendent leurs vastes ailes, et regagnent l'aire accoutumée, nous revenons, d'une course rapide, aux champs de la patrie.

» O! qui dira les transports qu'excita notre retour? A la tête des vierges de Sycambrie, parut la noble Helmina, dont mon cœur ambitionnait l'amour; elle avait toujours détourné ses regards lorsque je lui apportais les prémices de ma chasse; mais, dans ce jour solennel, ses grands yeux noirs, souvent pleins de fierté, alors pleins de douceur, se fixèrent sur moi. Je lui présentai en silence l'enseigne d'or et de pourpre, arrachée à la cohorte romaine. »

« Guerrier, dit-elle avec un céleste sou-
» rire, j'accepte ce don de ta valeur, mais
» pour en orner notre couche nuptiale. »

« Son père et le mien applaudirent à ses paroles : je devins l'heureux époux d'Helmina. Depuis ce jour elle m'a donné six fils et six filles, qui feront à la fois ma gloire et mon bonheur. »

Le Sycambre se tut, et ses compagnons, embarrassés, gardèrent un instant le silence.

Théodemir se hâta de le rompre : « Nobles guerriers, dit-il avec une douce gravité, j'ai entendu vos discours et ne veux point établir entre vous un injurieux parallèle : les dons de la valeur et ceux du génie sont également dignes de fixer la beauté. Cherchez-vous qui doit plaire au guerrier, de la femme courageuse, ou de celle que savent attendrir les chants d'amour? Dans les forêts de ma patrie il est une vierge (mes lèvres tairont son nom) dont les nobles vertus et les attraits enchanteurs mériteraient les offrandes réunies des héros et des enfans de Belenus [a]. Renonçons à de vains débats, et que chacun de nous,

---

[a] L'Apollon gaulois.

heureux de ce qu'il possède, en goûte le prix, et ne le dispute pas à ses compagnons d'armes. Mais quittons le festin, les jeux commencent, venez les partager, votre présence animera nos lutteurs : les regards des héros excitent l'adresse et le courage. »

Les chefs se lèvent et suivent Théodemir sur la pelouse unie, choisie pour le théâtre de leurs plaisirs.

Là, divers groupes s'exercent à la course, à la lutte, au saut périlleux. On apprête l'enceinte destinée aux jeux belliqueux, dans lesquels le Celte et le Germain font remarquer leur intrépidité. Un cercle est tracé; les guerriers hérissent le sol d'épées nues et de lances acérées. Douze d'entre eux quittent leurs vêtemens, et, au signal donné, s'élancent avec adresse à travers les glaives meurtriers; ils les franchissent, tournent rapidement dans l'étroit espace ménagé entre les armes, s'attaquent, se poursuivent sans les toucher et sans en être atteints [14].

D'autres rappellent les jeux de l'enfance : ils

se placent sur une ligne, à des distances égales, s'inclinent, appuient leurs mains sur leurs genoux robustes, et leurs dos courbés présentent la forme d'un autel. La troupe restée en arrière franchit, en courant, les douze appuis, et va plus loin former les mêmes obstacles [a].

Ici deux groupes tirés au sort offrent, dans leurs évolutions, l'image de la guerre [b]. Des barrières sont posées; le terrain qu'elles renferment représente la patrie; l'ennemi l'attaque, ses défenseurs le repoussent. C'est là que paraissent le courage, l'adresse, la force et la générosité. Les chefs des deux partis s'exposent pour sauver leurs soldats égarés; ils feignent de fausses attaques, jettent souvent leurs casques, leurs brillans bracelets, pour amuser l'ennemi et laisser à leurs coureurs le temps de regagner le camp; car, de

---

[a] Le cheval fondu.
[b] Le jeu des barres doit remonter à une haute antiquité, comme tous les jeux guerriers.

la perte des soldats dépend celle de la victoire.

A ces exercices succède celui que les Gaulois de l'Armorique nomment le jeu de la *soul* [15], et qu'ils célèbrent en l'honneur du blond Bélenus, dieu du jour. Une outre bondissante est préparée par les soins des joueurs. L'air renfermé avec force dans son sein, rend le globe élastique capable de s'élever à la plus grande hauteur. Un bras vigoureux le lance vers les cieux ; mille mains s'élèvent pour le recevoir, et cette action semble un hommage à l'astre bienfaisant dont le globe porte le nom. Il retombe, mille fois il est renvoyé avec adresse ; enfin, l'un des joueurs s'en empare, l'emporte en fuyant, et c'est à la course qu'il faut de nouveau le conquérir.

Mais, parmi tous ces jeux, il n'en est point qui ait autant d'attrait pour les guerriers que celui qu'ils nomment le tir-de-l'oie, jeu sanguinaire, inventé par eux, en mémoire du cruel revers que leur fit jadis éprouver la vigilance de ces oiseaux sacrés, dont les cris avertirent le jeune Manlius de l'approche de

Brennus [16]. Pour perpétuer leur haine et leur vengeance, aux jours solennels ils plantent en terre deux fortes lances ; on amène une oie au blanc plumage ; une longue courroie enlace son cou flexible, malgré les cris perçans du malheureux oiseau, on le suspend tout vivant aux deux javelines ; chaque Gaulois, armé d'un bâton court, se place à la distance d'un jet de pierre, et lance son épieu. La colère anime les yeux des combattans : il semble qu'un ancien ressentiment dirige leurs coups. Malheur à celui qui n'atteint pas la victime ; les railleries le font sortir du cercle des joueurs, qui le contraignent à une amende pour racheter sa maladresse. Bientôt les os de l'oiseau sont brisés, il ne se débat plus : le dernier coup lui a donné la mort. Celui qui l'a porté reçoit les honneurs du triomphe ; on détache l'oiseau meurtri, on l'offre au vainqueur avec les lances qui ont servi au supplice ; puis, l'élevant sur un brancard formé de javelines, on le promène autour du camp en célébrant sa victoire.

C'est ainsi que, dans des jeux variés, les guerriers prolongeaient la veille.

Mais Théodemir s'était dérobé à la joie tumultueuse de ses compagnons; des pensées profondes l'agitaient : des émissaires envoyés à la découverte, venaient d'arriver; ils avaient trouvé, à la sortie de la forêt, les débris d'un camp romain; et un habitant de la vallée leur avait appris que les fils de Mars avaient soumis toute la contrée, depuis le Rhin jusqu'aux rives de la Mosa.

Théodemir avait compté sur l'alliance des peuples riverains, et maintenant, ô douleur d'une ame généreuse! maintenant ils gémissent sous le joug! il ne peut les délivrer ni rejoindre ses frères d'Arduène. Cachant avec soin son inquiétude, bientôt il congédie l'assemblée; chacun court s'abandonner au repos : mais de cruels soucis écartent long-temps le doux sommeil des yeux de Théodemir.

FIN DU LIVRE SEPTIÈME.

NOTES

DU LIVRE SEPTIÈME.

—◦◦◦—

(1) Fleuve *saint.*] « Le nom du Rhin est né de l'ancien culte ; il signifie *fleuve purificatoire.* C'était dans ses eaux que les initiés se purifiaient avant leur admission aux mystères. On réputait ses eaux saintes et salutaires. » (M. de Grave, *République des Champs-Élysées*; tome II, pag. 102.)

(2) *La foi conjugale.*] « Le Rhin tenait lieu aux Gaulois des eaux de jalousie. Ce fleuve, dit l'empereur Julien, vengeait, par son discernement, l'affront qu'on faisait à la pureté du lit conjugal. » (*Religion des Gaulois*; tome Ier, page 56.)

« Lorsque les Gaulois habitant les bords du Rhin, soupçonnent leurs femmes de quelques galanteries, et qu'ils veulent s'assurer de leur fidélité, ils les obligent d'exposer elles-mêmes les enfans qu'elles mettent au monde, à la merci des eaux et du courant du Rhin. S'ils coulent à fond, la femme est regardée comme infidèle, et perd la vie ; si au contraire ils sont portés sur l'eau et vont se rendre entre les bras de leurs mères qui les attendent à certaine distance, toutes saisies de crainte, le mari chasse tous ses soupçons et rend à son épouse sa confiance et sa tendresse. » (*Julien*; épître 16.)

« Les courageux Celtes éprouvaient dans les ondes rapides du Rhin, la légitimité de leurs enfans. Ils ne se croyaient pères qu'après les avoir vu *purifier par ses eaux vénérables*. Du moment que l'enfant répandait ses premières larmes (ce qui, comme l'observe très-bien Desroches, n'arrive que vers le quarantième jour de sa naissance, car avant ce terme les enfans poussent des cris et des gémissemens, et ne pleurent pas), le père le couchait dans un bouclier, et dans cet état il l'abandonnait à la merci des vagues sans s'en mettre en peine; car, disait-on, il ne sent pas la force de la tendresse paternelle, tant qu'il n'est pas déclaré *père* par un fleuve qui réprouve des fruits adultérins. La mère est présente à l'épreuve; et quoique rassurée par une conscience pure, elle attend néanmoins en tremblant le jugement d'un élément capricieux. » (*Anthologie*, première lettre, chap. 43, liv. 1er.)

« L'aveuglement sur la vertu de ces eaux, durait encore au quatorzième siècle. Pétrarque assure avoir vu, *la veille de la St.-Jean-Baptiste*, une infinité de femmes qui plongeaient les bras dans les eaux du Rhin. Elles étaient parées de fleurs, avaient les manches retroussées, et murmuraient certaines paroles. On donnait pour raison de cette pratique que le peuple, et surtout les femmes, avaient cru *de toute antiquité*, qu'au moyen de cette ablution on noyait dans les eaux du Rhin les calamités d'une année entière, et qu'on se procurait des jours heureux. C'est pourquoi on répétait tous les ans une purification si salutaire. Il n'est pas inutile de remarquer que cette espèce de baptême avait lieu la veille de la St.-Jean-Baptiste. Le Rhin était le grand *Jourdain* de nos ancêtres. » (*République des Champs-Elysées* ; tome II , page 103.)

(3) *Nous voici!*] Je me disposais à publier cet ouvrage, lorsque le dix-septième volume des Victoires et Conquêtes me tomba sous la main. J'y trouvai dans le détail des fêtes solennelles avec lesquelles la ville de Paris accueillit les brillans vainqueurs d'Austerlitz, le chant triomphal composé à cette époque par le noble et vénérable *Arnault*; et j'éprouvai un vif mouvement d'orgueil et de joie, de m'être rencontrée au moins en quelque chose avec l'homme célèbre dont la France s'honore : tant il est vrai qu'une même pensée peut quelquefois animer également un esprit sublime, et un humble admirateur du génie, quand l'amour national inspire l'un et l'autre.

Je ne changerai rien à mon Chant du retour; mais pour suppléer à son imperfection, je place ici l'hymne immortel que l'auteur de Germanicus a consacré à la gloire de nos braves.

> Les voici , réjouissez-vous !
> Heureuses femmes , tendres mères,
> Ces vainqueurs ce sont vos époux,
> Ce sont vos enfans et vos frères.

> Quand ces intrépides soldats ,
> Triomphans d'abord de vos larmes,
> Au premier signal des combats,
> Se sont élancés sur leurs armes.
> Vous leur disiez , dans un transport

Que la valeur n'a pas dû croire :
Français ! vous courez à la mort !
Français ils couraient à la gloire !
Les voici, réjouissez-vous ! etc.

———

Du Nord les éternels frimats,
Du Midi les feux implacables,
N'ont pu fermer leurs durs climats
A ces vainqueurs infatigables.
Le globe retentit encor
De leur marche et de leurs conquêtes.
Non moins rapides que l'essor
De l'aigle planant sur leurs têtes,
Les voici, réjouissez-vous. ! etc.

———

A l'avare Anglais rallié,
Cinq fois vainqueur en espérance,
Cinq fois le monde soudoyé
S'est précipité sur la France.
Surprenant un peuple pervers
Dans sa trame, à lui seul funeste,
Quels vengeurs au-delà des mers,
Joindront l'ennemi qui nous reste ?
Les voici, réjouissez-vous ! etc.

———

Voyez-vous ce peuple empressé,
Dont la foule les environne ?
Sa reconnaissance a tressé
Le rameau d'or qui les couronne.

Ah! qu'on suspende à leurs drapeaux,
Ce prix de leurs nobles services :
Placés sur le front des héros,
Ils cacheraient leurs cicatrices.
Les voici, réjouissez-vous! etc.

(*Victoires et Conquêtes* ; tome XVII, pag. 221 et 222.)

(4) *La rose des forêts.*] « Les historiens parlent de la beauté des Gauloises, dont ils comparent le teint à la blancheur du lait et à la fleur de l'églantier. Leurs yeux avaient la couleur du ciel. Une blonde chevelure descendait sur leurs épaules et sur leur sein éblouissant qui n'avaient pas d'autres voiles ; le reste de leur corps se couvrait de peaux d'hermine, de vêtemens de lin, brodés de fils teints en pourpre. » (*Gaule poétique*; Marchangy ; tome Ier, page 39.)

« Ne te souvient-il plus, O Malvina, de la beauté de l'étrangère? Oui, car tu l'accompagnas jusqu'aux chênes d'Arduène, montée sur ton coursier. Nous admirâmes tous la beauté de Civadona........ Les perles que renfermait sa bouche, étaient d'une blancheur éblouissante, et sa peau délicate semblable au duvet des collines : des anneaux entrelacés formaient son col charmant, deux globes d'amour s'élevaient ainsi que deux collines parées de leur toison de neige. La plus pure mélodie animait ses accens. L'incarnat des roses pâlissait à côté de ses lèvres, l'écume des flots perdait sa blancheur à côté de ses mains. Jeune fille de *Gormluba!* quelles expressions peindront ta beauté! Tes sourcils légèrement dessinés, tiraient sur la couleur de l'ébène ; tes joues ressemblaient au fruit du fresne montagnard ; ta blonde chevelure au sommet d'une colline où s'arrêtent des nuages d'or, après le coucher du soleil ; tes yeux étincelaient comme les rayons de cet astre, et ta taille était le modèle de la perfection ; les héros charmés à ton aspect, firent pour toi les vœux les plus tendres » (Ossian ; poëme intitulé *L'Incendie.*)

N. B. Cette étrangère tant célébrée par le poëte, était la fille de Sithama, chef de l'ordre des druides, qui règnaient sur les chênes d'*Arduène.* Serait-ce un réfugié des Gaules, qui aurait donné à la terre hospitalière d'outre-mer le doux nom de sa patrie ? Cela paraît très-vraisemblable.

(5) *Les coursiers ont henni.*] « Les anciens Celtes formaient leurs pronostics, sur les hennissemens et trémoussemens de quelques chevaux tout blancs, qui étaient nourris publiquement dans les bois et les forêts consacrés, et qui n'avaient d'autre couvert que les arbres. On les faisait marcher immédiatement après le char sacré, et le prêtre, le roi ou le seigneur du canton observaient tous leurs mouvemens, et tiraient des augures auxquels ils ajoutaient une ferme foi, dans la croyance que ces animaux étaient confidens des secrets des dieux, tandis qu'ils n'étaient que leurs ministres. » (*Tacite.*)

(6) *Crinières ondoyantes.*] « Il y a une espèce *de feu follet*, appelé en latin *ignis lambens.* Ce n'est pas autre chose qu'une petite flamme ou lumière, que l'on voit quelquefois sur la tête des enfans et sur les cheveux des hommes. On en remarque aussi de semblables sur la crinière des chevaux quand on la peigne. Ces petites flammes n'appartiennent point aux météores aériens, quoique les anciens philosophes les aient mises dans

cette classe. C'est une espèce de phosphore produit par la nature du corps, et que l'on pourrait imiter. L'exhalaison onctueuse de la tête s'attache aux cheveux, et s'enflamme aussitôt qu'on les frotte, ou qu'on les peigne. Les anciens regardaient comme un *feu sacré* ces petites flammes, et en tiraient d'heureux présages. » (*Encyclopédie*; tom. VI, pag. 613.)

(7) *L'appétit des convives.*] « Sulpice-Sévère, représente les Francs comme grands mangeurs. Chez les Grecs, dit-il, ce défaut est gourmandise; chez les Francs, c'est nature. En conséquence, quand un Franc donnait un festin, il chargeait les plats d'une grande quantité de viandes, soit qu'il voulût ainsi ne rien laisser désirer à l'appétit de ses convives, soit que, par cette profusion affectée, il cherchât à étaler sa richesse et son opulence.

» Cette abondance de mets était même passée en proverbe, témoin ce passage de Sidoine Apolinaire, quand il vante la table de Théodoric, roi des Visigots de France : Nous y vîmes, dit-il, l'élégance grecque, l'abondance gauloise et la célérité italienne réunies. » (*Le Grand d'Aussy;* tom. III, pag. 240.)

Les Germains mangeaient la viande rôtie; les Gaulois la préféraient bouillie, dit Mézerai. En effet, la pièce de bœuf dite *bouilli*, fait encore de nos jours le mets principal de nos tables. On ne trouve cet usage qu'en France; car même en Allemagne, cette même pièce de bœuf se sert rôtie.

(8) *Où rôtissent les viandes.*] « Dans les festins des Francs, chacun avait sa petite table devant soi, et pour siège un faisceau d'herbes ou de peaux. Ils se

rangeaient en demi-rond, n'ayant pas loin d'eux leurs foyers et leurs viandes qui rôtissaient. Le plus vaillant, ou, s'il n'y en avait point qui le fût par-dessus les autres, le plus noble tenait la première place, le maître du logis la seconde ; les autres s'asseyaient suivant leur emploi et leur mérite. Vis-à-vis de ce demi-rond, il y en avait un pareil où étaient assis d'autres conviés de moindre qualité, armés de lances ou javelots ; et derrière le premier, il y avait des gens armés d'écus et de boucliers, mais qui se tenaient debout, et qui servaient aux conviés de ce demi-rond. On apportait aussi sur une longue table des trépieds chargés de viandes, dont on distribuait les portions à chacun avec un pain levé. » (*Hist. de France avant Clovis* ; Mézerai ; page 31.)

(9) *Des rûnes salutaires.*] « *Les rûnes*, ou alphabeth des peuples du nord, étaient dans l'origine des caractères sténographiques. Les septentrionaux avaient donné à chacune d'elles le nom de quelque objet naturel, tel que *homme*, *soleil*, *étoile*, etc. Ce fut pour cette raison qu'elles furent employées depuis par ces mêmes peuples à exprimer les mystères de la magie.

» *Rûna* en langue gothique, et *Rhin* en *cambrobritannique*, se dit des choses secrètes ou mystérieuses. *Runar*, dans le voluspa, signifie paroles mystérieuses. *Jornandes* et *Stiernhielmius* nous apprennent qu'on nommait *Alrunaé* les magiciennes ou sorcières, du monosyllabe, *all*, tout, et de roena, savoir, enseigner. » (*Essai sur les Antiquités du nord*, par Ch. Pougens.) »

« On distinguait plusieurs espèces de rûnes. Il y en avait de nuisibles que l'on nommait *rûnes amères ;*

les *rûnes secourables* détournaient les accidens; les *rûnes victorieuses* procuraient la victoire à ceux qui en faisaient usage; les *rûnes médicinales* guérissaient des maladies; enfin il y avait des *rûnes* pour éviter les naufrages, pour soulager les douleurs maternelles, pour préserver des empoisonnemens, et pour se rendre une belle favorable. Ces *rûnes* ne différaient que par les cérémonies qu'on observait en les écrivant; par la matière sur laquelle on les traçait; par l'endroit où on les exposait, et par la manière dont on arrangeait les lignes, soit en cercle, soit en serpentant, soit en triangle, etc. » (*Introduction à l'histoire de Danemarck*, par Mallet.)

(10) *Je sais huit exercices.*] « Je sais faire huit exer-
» cices, chantait Harald le vaillant; je combats avec
» courage; nul cheval ne peut m'ébranler; je sais fen-
» dre les flots de mes bras nerveux; je vole en patins
» sur la glace; je puis et je sais ramer avec vigueur; je
» lance au loin un javelot d'une main sûre, et cepen-
» dant, hélas! une fille de Russie me méprise! » (*Introduction à l'Hist. du Nord*; Mallet. *L'Origine des romans*; par M. de Tressan.)

(11) *On évoque les génies.*] « Hialmar, souverain de Biarmlandie, conféra au brave Hramur la dignité de *Jarle* et le gouvernement de Thulémarkie. Enfin, il ajouta à toutes ces faveurs le don précieux d'un tambour magique du poids de quinze livres, incrusté d'images d'or pur, au moyen duquel on pouvait connaître l'avenir. » (*Essai sur les antiq. du Nord*, page 38; par Charles Pougens.)

(12) *De la bière forte.*] « Outre la cervoise, on con-

naissait encore la *godale*. Ce nom vient de l'allemand, ou plutôt de l'anglais *good ale*, qui signifie bonne bière ; la godale était en effet une bière plus forte que la cervoise ordinaire. Les Flamands lui avaient de même donné le nom de double bière. Il nous en est resté l'expression *godailler*, qu'on applique encore aujourd'hui aux buveurs crapuleux, qui, peu jaloux des plaisirs de la société, se réunissent uniquement pour boire. » (*Legrand d'Aussy;* tome II, page 355.)

(13) *Les Gaules.*] « La renommée pub , sur la rive droite du Rhin, que l'on saccageait le territoire des Éburons, et que tous les peuples étaient excités à partager le butin. A cette nouvelle, les Sycambres, voisins du fleuve, lèvent deux mille hommes de cavalerie. Nous avons déjà remarqué qu'ils avaient donné retraite aux Teuctères et aux Usipètes. Ils passent le Rhin avec des barques et des canots, à trente milles plus bas du pont détruit en partie par César, et près duquel il avait laissé des troupes. Ils pénétrèrent chez les Éburons, surprirent plusieurs fuyards, et s'emparèrent d'une grande quantité de bestiaux, proie qu'ils recherchent avidement. L'attrait du pillage les emporta plus loin. Accoutumés dès l'enfance à la guerre, familiarisés avec le brigandage, ils traversèrent les bois sans crainte et franchirent hardiment les marais. Ils demandèrent à leurs prisonniers à quelle distance était César ; ils apprirent qu'il était fort éloigné et qu'il se retirait avec toute son armée. Un de ces pris nniers leur adressa ces mots : « Pourquoi vous acharner à une proie si miséra-
» ble et si faible, tandis que vous pouvez parvenir au
» comble de la fortune ? Dans trois heures, si vous le
» voulez, vous serez à la forteresse d'Atuaca : là, sont

» déposées toutes les richesses des Romains. La garni-
» son suffit à peine pour défendre le rempart : aucun
» soldat n'ose quitter les retranchemens. » Les barbares,
séduits par ces paroles, cachent leur butin et s'avancent
vers la forteresse, ayant pour guide le même prisonnier
qui les avait déterminés à ce dessein.

» Un convoi venait de quitter le camp pour chercher
des fourrages, lorsque la cavalerie des Germains se présente, et, sans s'arrêter, essaye de forcer l'enceinte :
un bois placé devant les Romains avait empêché de
l'apercevoir plutôt. Les marchands campés sous les
remparts n'eurent pas le temps de se mettre en sûreté.
Frappée d'un événement si soudain, la cohorte qui ce
jour-là était de garde soutint à peine l'effort des barbares. Ils se précipitent sur différens points pour chercher une issue. Les nôtres gardent difficilement toutes
les portes. Par bonheur, la nature et l'art défendaient
assez le reste des retranchemens. L'alarme est générale.
On se demande réciproquement la cause de ce tumulte;
mais on ne songe pas à se réunir sous les drapeaux; on
n'assigne point aux soldats les postes convenables. L'un
s'écrie que le camp est déjà pris ; un autre, que le général est tué, que l'armée est anéantie, que les barbares n'auraient pas tant d'audace s'ils n'étaient victorieux. Le plus grand nombre, par une absurde superstition, attribuait au lieu même une espèce de fatalité, en
se rappelant la catastrophe de *Sabinus* et de Cotta. Leur
effroi confirme la vérité du récit que le prisonnier avait
fait aux Germains. Ceux-ci s'efforcent d'emporter la
forteresse, en s'exhortant à ne pas perdre le riche butin
que l'occasion leur offrait.

» Sabinus-Sextus-Baculus, un des premiers centurions

de César, était resté malade au château d'Atuaca. Depuis cinq jours, il n'avait pris aucune nourriture. Il sort sans armes de sa tente, voit les ennemis sur le point de forcer le camp ; et, jugeant du péril que couraient les Romains, il désespère du salut commun. Cependant, il saisit les premières armes qu'il trouve sous sa main, se présente à la porte, et, secondé des centurions de garde, il arrête un instant l'impétuosité des barbares. Mais, épuisé par les blessures qu'il reçoit, il s'évanouit et tombe, etc. » (*Extrait des Commentaires de César;* tome I, page 214.)

(14) *Sans en être atteints.*] « Ils ont une espèce de spectacle auquel ils prennent grand plaisir : c'est de voir de jeunes hommes nus sauter et faire des tours de souplesse parmi des lances et des épées aiguisées. » (*Dom Calmet ;* tome I, page 39.)

« Connalo vint au palais de Ruro ; il combattit à la joûte des lances. Il était jeune et beau comme le premier rayon de l'aurore. Mes guerriers lui cédèrent la victoire et ma fille lui donna son cœur. » (Ossian, *poëme de la guerre d'Isthona.*)

« On appelait cette joute en usage chez les anciens peuples du Nord *l'honneur de la lance.* » (Note de M. Letourneur.)

(15) *Le jeu de la soul.*] « Après l'exercice de la lutte, celui qui flatte davantage le goût des Bretons, est le jeu qu'ils nomment *la soul*, mot qui signifie dans leur langue, un globe, un ballon. Cet exercice semble être une imitation de l'antique institution des jeux Pythiens, qui se célébraient en l'honneur d'Apollon. Les Bretons, au lieu de lancer horizontalement

la soul, la lancent perpendiculairement à une très-grande hauteur, et mille mains élevées en même temps pour la recevoir, semblent payer un commun tribut d'hommages à l'astre bienfaisant dont on célèbre la fête. Le ballon, cent fois renvoyé, pris et repris, est enfin enlevé par un des joueurs, qui, après s'être débarrassé de *la soul*, l'emporte en se sauvant à la course.

» On observera que ce jeu n'a lieu que le dimanche, jour consacré au soleil par les Gaulois. » (*La Tour-d'Auvergne*, pag. 16.)

Le jeu du ballon existe encore dans plusieurs parties de la France; et à Paris, la jeunesse, aux Champs-Élysées, en fournit un exemple.

Dans la Lorraine, il en est un qui rappelle l'idée du ballon ou de *la soul* bretonne; mais il est réservé aux jeunes filles, et n'a lieu qu'aux temps des primevères. Lorsque ces fleurs paraissent, les enfans du même sexe se rassemblent pour faire la pelotte de *coucou*; (la primevère sauvage porte ce nom, parce qu'elle fleurit lorsque cet oiseau fait entendre son chant.) Les jeunes filles séparent la tige de la fleur, puis deux d'entre elles, se plaçant en face l'une de l'autre, prennent un long fil, dont elles tiennent chacune un bout entre les dents, et commencent à suspendre ces têtes de fleurs le long du fil : lorsqu'il en est couvert, et qu'il ressemble à une guirlande, une troisième petite fille pose la main au centre, et les deux autres, avec des précautions infinies, joignent les deux bouts du fil, le nouent et réunissent ainsi en un centre commun toutes les têtes de primevères. La main de la petite sert à soutenir les fleurs pour qu'elles ne soient pressées que peu à peu. A mesure que ses compagnes rétrécissent l'ouverture, elle retire adroitement chacun de ses doigts. Le dernier ôté, la pelotte est faite. Alors, celle qui a présidé au travail, s'assure de sa solidité, en la faisant tourner trois fois sur le fil qu'elle tient par les extrémités. Cet essai est accompagné d'une sorte de conjuration adressée aux primevères des champs, des prés et des forêts, afin que le fil ne rompe point. Lorsque l'opération a réussi, on joue de même qu'avec le ballon, en lançant la pelotte aussi haut que possible. Mais celle qui la laisse tomber, cède sa place à une autre. Cet exercice se fait à l'aide d'une espèce de chant monotone accompagné de paroles bizarres. A l'instant où la chanteuse prononce un certain mot, toutes les jeunes filles vont se cacher. Pendant ce temps, la joueuse dérobe la pelotte à tous les regards; puis, rappelant ses compagnes, elle les invite à la chercher, et celle qui l'a trouvée recommence le jeu.

Qu'on me pardonne cette digression en faveur des jeux de l'enfance, plaisirs si doux que leur seul souvenir force les plus graves à sourire; ce jeu d'ailleurs m'a semblé original, parce qu'il offre, dans les premiers jours du printemps, la réunion des objets les plus aimables.

Les rues de Nancy, au mois de mai, sont remplies de ces fleurs printannières. Il s'établit même des marchands, dont les corbeilles ne sont remplies que de jaunes primevères, uniquement destinées à cet usage. Le tableau de jeunes filles jouant avec ces globes de fleurs que leurs mains ont formés, m'a paru assez gracieux pour en faire mention.

(16) *L'approche de Brennus.*] « Brennus avait formé

le projet de surprendre le Capitole ; une nuit, il y dirige l'élite de ses soldats. Marcus-Manlius, personnage consulaire, éveillé par le cri des oies consacrées à Junon, sonne l'alarme, vole à la muraille, renverse dans le précipice les premiers Gaulois, parvenus déjà jusqu'aux créneaux, et sauve ainsi ce même Capitole, du haut duquel il devait être honteusement précipité, cinq ans après, sur l'accusation, peut-être injuste, d'avoir aspiré à la puissance souveraine.

» Les oies, depuis cette époque, reçurent à Rome des honneurs presque divins. Elles furent, au contraire, dans les Gaules, l'objet d'un jeu sanguinaire et féroce, qui sert encore aux amusemens des habitans de quelques campagnes, et contraste avec la simplicité de leurs mœurs. » (*Hist. des Guerres en Italie;* tom. I, pag....; par Auguste Jubé.)

LIVRE HUITIÈME.

La Douleur; — L'Espoir; — L'Evocation.

L'amant d'Idoïne veille seul à la lueur incertaine que jettent encore les torches mourantes. La lune silencieuse se promène dans les cieux, et ses clartés mobiles donnent des formes bizarres aux ombres de la forêt; elles glissent sur les troncs brillans des bouleaux, qui, de loin, semblent des colonnes de marbre éclatant. Le vent nocturne agite leurs rameaux devant la clairière, et Théodemir croit voir s'élever du sein de la terre des figures éblouissantes, qui, grandissant à mesure que l'œil s'y attache, finissent par se perdre dans les airs.

Cependant, le murmure des eaux, les parfums suaves qu'exhalent les fées en se jouant parmi les fleurs que la nuit fait éclore, le cri lointain de la hulotte, tout semble inviter au repos. Bientôt, une divinité invisible, la belle Ardoïna, presse les paupières fatiguées du héros; et, voltigeant autour de lui, elle lui dévoile dans un songe le destin de sa patrie. « Marche sans crainte, murmure-t-elle à son oreille; les fées qui te protègent précèderont tes pas. Que ta course soit rapide et silencieuse; ne confie le secret de ton retour à aucune des tribus dont tu vas parcourir les terres; surtout, retiens les cris de tes guerriers lorsqu'ils verront le Gaulois esclave, tailler le roc, broyer le ciment et fendre les chênes vénérables, pour construire les demeures fastueuses de ses maîtres! »

L'ame du héros tressaille à ces paroles; il fait un violent effort pour rompre les liens dont le sommeil le captive, mais la déesse en augmente le charme; elle veut l'instruire encore. Elle dit la mort de Diciomar, la douleur d'Idoïne, l'amour, les prétentions d'Isarn et la perfidie du druide. « Poursuis le cours de tes glorieuses destinées, continue Ardoïna; les dieux, qui ont remis en tes mains le sort de tes frères, te seront favorables. » En cet instant, le jour paraît. Théodemir s'éveille ; il assemble sa troupe et lui fait part d'une partie de ce qui lui a été révélé. A ce récit, les Gaulois saisissent leurs armes, et leurs bruyantes acclamations annoncent l'impatience de combattre l'ennemi qui voudrait s'opposer à leur retour. Le hardi Sycambre, qui a juré de s'attacher à Théodemir, propose avec audace de s'ouvrir un passage à travers les légions qui gardent Colonia [a]. Théodemir contient avec douceur ces bouillans transports. « Compagnons, leur dit-il, réservez cette fureur généreuse pour le salut de nos foyers : là, seulement, elle peut être utile. Écoutez-moi. Une divinité favorable m'a sans doute inspiré durant mon sommeil ; c'est encore elle qui vient ranimer dans ma mémoire le souvenir d'un chemin secret, qui, serpentant entre des collines, conduit depuis les terres des habitans d'Usbie jusques aux saintes limites de notre territoire.

---

[a] Cologne.

» Un jour, il m'en souvient, des guerriers insultèrent nos chasseurs dans la plaine, et leur ravirent la proie qu'ils destinaient aux festins. Une querelle sanglante s'éleva entre eux; et le jeune Umad succomba sous leurs coups, après avoir ravi le jour à plus d'un de ces perfides. Ses compagnons en pleurs rapportèrent près de moi ses restes glacés, ainsi que les armes que sa valeur avait arrachées aux vainqueurs. Je reconnus le bouclier d'un Usbien. Aussitôt, appelant à grands cris douze de mes compagnons, nous suivons la trace des téméraires; et, guidés par le ravage qu'ils avaient fait dans nos bois, nous les atteignons près de Tolbiac[a]. Leur troupe était trois fois plus nombreuse que la nôtre, mais le désir de venger notre ami anime notre courage, excite notre fureur; les meurtriers expient leur forfait, ils sont étendus sur la bruyère.

« Nous regagnions nos forêts, chargés de

---

[a] Aujourd'hui Zulpich, ancien département de la Roër.

glorieuses dépouilles, lorsque nous vîmes briller sur la colline les enseignes détestées des oppresseurs de la Gaule. O Hésus, dieu vengeur! m'écriai-je; et vous, divine Ardoïna! ajoutez un nouveau trophée à notre gloire! Soudain, semblables aux ondes furieuses que l'ouragan précipite des montagnes, nous nous élançons sur l'ennemi; une terreur panique le saisit. Surpris, épouvanté, le superbe vainqueur tombe sous les coups redoublés de nos armes vengeresses; le reste fuit; nous dédaignons de le poursuivre, et le sentier tortueux que nous avions suivi nous ramène au pagus de Phaemanie. Les vierges accourent au-devant de nous, pour recevoir nos trophées, nous alléger du poids de nos armes, et panser nos blessures. Si vous m'en croyez, chers compagnons, nous prendrons sans bruit cette voie inconnue. Tel, lorsque Taranis promène ses foudres dans les cieux [2], le coupable, que le dieu poursuit, meurt en même temps qu'il aperçoit le céleste météore: tel à notre aspect inattendu, l'ennemi, frappé de terreur, tombera sous nos coups. »

Il dit, et ses compagnons se rendent à la sagesse de son avis. On charge les chars en silence, on ramène les troupeaux et les coursiers qui paissaient dans les bois; les guerriers se rassemblent. Alors, les Germains compagnons de Théodemir adressent leurs vœux au grand *Theut*, père de la nation, qu'ils adorent sous la forme d'un chêne majestueux [3]. Les Gaulois offrent leurs prières à la même divinité, révérée par eux sous le nom d'Ogmius, comme l'inventeur des arts, le dieu de l'éloquence et le guide des voyageurs [4]. L'antique Isarnore [5] emprunte son éclat des temples que la piété gauloise a érigés à ce dieu, dans son sein. C'est là qu'on voit Ogmius sous les traits d'un vieillard vénérable. L'expérience, fille des ans, a imprimé sur son visage ses rides profondes. La peau d'un lion couvre ses fortes épaules; ses mains portent la massue, l'arc et les traits rapides que lui consacra le grand Hercule après le terrible combat qu'il soutint contre les Titans [6]. Mais des armes plus douces lui assurent une victoire plus durable. Des paroles enchanteresses sortent de sa bouche persuasive, et la multitude le suit à travers les campagnes; des chaînes d'or et d'ambre, symbole ingénieux de l'éloquence, partent de ses lèvres divines et s'attachent sans effort aux oreilles de ceux qui l'écoutent; la joie éclate sur leur front, et, tout entiers au charme qui les attire, ils oublient tout pour voler sur ses pas [7]. C'est à ce dieu, protecteur des chemins, que les Gaulois adressent de secrètes prières et promettent des victimes si le succès couronne leur entreprise.

Les enfans d'Arduène quittent les chemins battus; ils traversent des champs déserts éloignés de l'habitation des hommes. Vers le soir, ils passent sans bruit près de la cité de Marcodure [a], remontent les rives de la Rohr, nommée ainsi des beaux roseaux qui fleurissent sur ses bords, vont jusqu'à sa source, et s'enfoncent enfin dans les gorges formées par les monts qui séparent les terres des Trévires [b], de

---

[a] Aujourd'hui Duren, ancien département de la Roèr.

[b] Territoire de Trèves, de Namur et de Liége.

celles des Condruses et des Eburons. A mesure qu'ils avancent, le terrain leur devient plus familier : les uns reconnaissent les lacs, les fontaines sacrées; les autres, les profonds ravins où ils ont poursuivi les animaux sauvages. Théodemir, guidé par une déesse invisible, conduit sa troupe à travers le dédale formé par les côteaux couverts de bois, et les sombres vallées. Ils atteignent enfin, le soir du second jour, l'entrée de la forêt de Phaemanie. Là, par des détours connus aux seuls habitans d'Arduène, ils rentrent sur leur territoire et foulent avec délices les vastes bruyères, théâtre des jeux de leur enfance.

Cependant, Idoïne voit avec douleur le soleil s'abaisser derrière le sommet des arbres de la forêt. Elle voudrait retenir l'astre brillant dont le retour doit éclairer son malheur. Par l'ordre de Hemdal, la fille d'un roi est prisonnière dans la demeure de ses ancêtres; et le barbare, redoutant les conseils de la prophétesse, a séparé Idoïne de celle qui lui servait de mère. Ce dernier coup avait abattu son courage. En proie à la douleur, elle oublie le soin de sa parure ; elle porte encore la couronne funèbre dont l'a décorée la mort ; ses longues tresses [8] flottent sur son sein agité, et ses yeux, rougis par les larmes, se tournent avec désespoir vers l'occident, où, dans des nuages pluvieux, le soleil paraît s'anéantir. Seule, abandonnée, l'orpheline, appuyée sur sa harpe [9], laisse errer ses doigts sur les cordes plaintives. Sa douce voix se mêle à leur frémissement harmonieux : on croirait entendre les gémissemens des ombres, ou les soupirs mélodieux du cygne blessé [10] à mort.

CHANT DE LA DOULEUR.

« Que nos jours sont courts sur la terre ! à peine le soleil est-il levé qu'il aspire à son couchant. La fleur, brillante le matin, meurt avant la fin du jour, et les fruits ne sont pas mûrs encore, que l'âpre vent du nord accourt pour les flétrir. »

« Oh ! qui retiendra le temps dans sa course rapide ? »

« Jours fortunés de ma paisible enfance; jours de bonheur, où donc avez-vous fui ? Je vous cherche dans ma mémoire, comme le souvenir des songes de la nuit! »

« Aujourd'hui que la douleur m'accable, et qu'un sombre avenir s'avance vers moi, je m'écrie encore : Qui retiendra le temps dans sa course rapide ! »

« La nuit succède au jour, la vieillesse au printemps de l'âge, et la mort à la vie ; les sages descendent dans la tombe, les méchans affligent la terre, et le lâche manie l'épée du héros ! »

« Oh! qui retiendra le temps dans sa course rapide? »

« A l'heure du minuit, quand les vents étaient calmes, j'ai vu les blanches nuées qui forment la robe éblouissante de mon père !.... A travers le treillis de roseau qui ferme mes salles, je l'ai vu lui-même me sourire.... J'ai contemplé sa radieuse figure.... ". »

« M'avez-vous appelée ? ô mon vénérable père!

vos traits étaient aimables, et votre aspect serein!..
Ou, par ce sourire mélancolique, m'annoncez-vous de nouveaux malheurs?... Un seul manque à ma misère : si le héros que j'adore ne doit point revoir sa patrie, s'il est mort dans la terre étrangère : ô Temps, secoue tes ailes ténébreuses, hâte ta course rapide! »

―――――

A cet instant, un tumulte lointain vient interrompre les chants mélancoliques de la vierge. Long-temps elle croit entendre le bruit des vents qui se jouaient dans la forêt en détachant les feuillages des hêtres. Mais bientôt elle distingue les accens de la joie et le cri de l'allégresse. Ce n'est point une illusion.... Les lueurs de mille flambeaux éclatent dans la forêt, et tout le Pagus lui présente l'aspect d'une fête nocturne. Quelle peut être la cause d'une telle solennité?

Les coureurs de la troupe de Théodemir ont annoncé la venue des enfans de Phaemanie. A cette nouvelle, les mères, les épouses, les vieillards et les vierges se sont précipités hors de leurs demeures; ils se portent en foule du côté où se font entendre les chants guerriers et le bruit des boucliers retentissans. Ils revoient leurs fils, leurs époux! Soudain tous les rangs sont rompus; les héros se jettent dans les bras ouverts devant eux! Les étrangers sont accueillis du doux nom de frères; toutes les demeures s'ouvrent pour les recevoir. L'onde attiédie va rendre la souplesse à leurs membres fatigués; les viandes, le pain nourrissant, les boissons fortifiantes et tous les soins de l'hospitalité, vont être prodigués aux guerriers voyageurs....

Un seul ne partage pas la joie générale: une vive douleur pénètre le cœur de Théodemir et le remplit d'amertume. Il n'est plus, le protecteur de sa jeunesse! Celui qui a décoré ses jeunes mains de la lance et du bouclier repose dans la tombe! La paisible demeure où s'écoula son enfance lui est interdite; et la vierge qui lui fut promise, y gémit privée de sa liberté! A ces pensées, un profond et douloureux soupir s'échappe de son sein.

« O mon fils! lui dit la vénérable druidesse

en paraissant tout-à-coup. à ses côtés et lisant dans son ame; oublies-tu celle qui te servit de mère? Viens dans ma demeure, jeune héros; qu'elle soit la tienne jusqu'à ce que les dieux donnent un trône à ton courage! » Elle dit et entraîne Théodemir vers la tour élevée où elle passait sa vie. Là, elle l'instruit des événemens arrivés en son absence, et rassure sa tendresse, en lui parlant d'Idoïne. Le jeune homme, appuyé sur sa lance et la tête penchée vers Sulmina, écoute avidement ses paroles. Il se relève soudain, et s'adressant à la druidesse: « Permets, ô vénérable Sulmina, que je me dérobe à tes soins maternels! celle que j'aime ignore qu'elle a maintenant un défenseur; laisse-moi l'instruire de mon retour. Sa vue m'est interdite, mais l'harmonie, qui plus d'une fois servit l'amour, portera à son oreille les paroles secrètes que ma bouche n'oserait lui dire. »

« Va, ô mon fils! répond la druidesse; et puisse la fée aux larmes d'or, l'amie, la protectrice des cœurs tendres [12], guider ta marche et écarter de toi les embûches des ténèbres. »

Le héros détache du lambris d'argile la harpe, mère des chants harmonieux, et quitte la druidesse. Il s'avance vers les murs qui renferment la vierge bien-aimée; il s'arrête au pied de la tour couverte de mousse, et fait entendre des accens pleins d'amour et de mélancolie.

CHANT DE L'AMANT.

« Fille du soir, étoile lumineuse, élève-toi resplendissante sur les vertes collines du Bénal! Que ton aspect réjouisse la vierge que j'aime, et lui présage le retour de son amant! »

« O doux chantre des nuits! ma bien-aimée, penchée sur le bord de sa couche, écoute tes accens. Redouble les éclats de ta voix mélodieuse; qu'ils enchantent son oreille et lui présagent le retour de son amant! »

« Esprits légers qui vous jouez sur les fleurs, quittez le sein de la prairie; agitez autour d'elle vos ailes frémissantes; que vos parfums inattendus, portés à ses sens ravis, lui présagent le retour de son amant! »

« Murmures de la fontaine, bruits lointains des forêts, doux présages d'amour envoyés par les fées, parlez au cœur de la vierge que j'aime, et annoncez-lui le retour de son amant!

Aux premiers accords, Idoïne a reconnu Théodemir. Elle était préparée aux prodiges; mais celui-ci surpasse toutes ses espérances. Elle remercie à la fois son père et l'amour; dans le ravissement que lui cause la douce harmonie, elle reste immobile et retient son souffle. Ses mains compriment les battemens précipités de son cœur; son regard est plein de bonheur, et, dans l'excès de sa joie, ses larmes roulent comme des perles sur son sein et sur ses bras d'albâtre. Peu à peu la voix s'affaiblit, la mélodie s'éloigne, elle s'éteint enfin comme le murmure des zéphyrs dans les roseaux de la fontaine. A cet instant un doux sommeil secoue ses ailes sur la vierge; son front s'abaisse, ses yeux se ferment, le sourire erre encore sur ses lèvres, et des songes brillans enchantent son repos.

Théodemir a regagné sa retraite, et cherche sur la couche que lui a préparée Sulmina, le délassement à ses fatigues.

La druidesse ne se livre point au sommeil: cette nuit est celle qui a vu naître la fille de Diciomar; et Sulmina, à qui le culte des déesses-mères est sacré, leur doit un sacrifice solennel. Elle renouvelle les cérémonies saintes qu'on fit au moment où Idoïne vit le jour[13]. Elle s'enferme dans le lieu le plus secret de sa demeure. Là, elle se couronne de verveine, afin de se rendre les déesses favorables; elle pétrit trois gâteaux de farine d'orge, et les fait cuire sous la cendre. Lorsque le feu les a colorés, elle les dépose tout brûlans sur une table où elle a déjà placé trois rayons de miel, trois vases pleins de lait et trois flambeaux de cire.

Voulant connaître la destinée du jeune héros, elle joint à ces offrandes celle du glaive brisé et du bouclier aux abeilles. La druidesse allume ensuite un trépied; elle jete dans la flamme des baies de genièvre, de la laine d'agneau noir et des branches de sélage, plante sacrée que sa main gauche a ravie à sa droite, lorsque naguère elle la recueillit au lever de l'astre du chien; prononçant enfin les paroles magiques dont la puissance évoque les fées, elle se retire en marchant à reculons dans le coin le plus obscur de la salle, où elle implore à voix basse la protection des fées pour les deux êtres qui lui sont si chers.

A peine est-elle agenouillée, qu'un vent léger circule dans la salle; un doux murmure parvient à son oreille; elle entend le bruit aérien que font les déesses en acceptant l'offrande; le trépied pétille, la flamme des flambeaux s'agite; de doux parfums se répandent en nuages. Bientôt l'obscurité et le silence annoncent à Sulmina que les fées se sont retirées. Elle rallume sa lampe. O surprise! tous les dons ont disparu, et avec eux le glaive et le pavois d'azur. La druidesse, accoutumée à interpréter les augures, voit dans cet événement la protection des dieux et l'intention qu'ils ont de veiller aux destinées du héros et de la vierge d'Arduène [14].

FIN DU LIVRE HUITIÈME.

NOTES

DU LIVRE HUITIÈME.

(1) *Les habitans d'Usbie.*] « Les *Ubiens*, du temps de César, habitaient la rive droite du Rhin ; mais vaincus par les Celtes leurs voisins, ils obtinrent d'Auguste d'être transplantés sur la rive gauche, où ils bâtirent la ville de Cologne. » (Note des *Comment. de César.*)

(2) *Ses foudres dans les cieux.*] « Jupiter était le maître du tonnerre. On le révérait dans les Gaules sous le nom de *Taranis*, parce que ce dieu disposait à son gré de la foudre ; *taran* est l'expression dont on se sert en Bretagne pour parler de la foudre et du tonnerre. » (*Orig. celtiques et bugesiennes* ; tome II, pag. 167.)

(3) *D'un chêne majestueux.*] « Les Celtes adoraient Jupiter sous la forme d'un chêne. Il paraît que le dieu *Vodan*, adoré des Germains comme une de leurs divinités du premier ordre, était le Jupiter *querquetulanus* des Romains.

» Cependant d'autres auteurs font l'application du mot *Vodan* à Mercure, et croient qu'il était aussi révéré sous ce nom et sous cet attribut en Germanie. » (*Origines celtiques et bugesiennes* ; tome II, p. 168.)

(4) *Le guide des voyageurs.*] « Les Gaulois recon-

naissent trois sortes de Mercure. Le premier était Mercure *marchand*. On le représentait presque nu et sans sexe ; sa statue tenait une bourse de la main droite, de la gauche un caducée grossièrement fait ; elle avait sur la tête une sorte de calotte ou bonnet bizarre qui tenait lieu du petase, d'où sortaient deux espèces d'oreilles toutes droites à la place d'ailerons. Telles étaient les statues de ce dieu, trouvées sur la montagne de Framont en Lorraine.

» L'autre Mercure des Gaules était *Ogmius* : sous ce nom on le regardait comme le dieu ou le symbole de l'éloquence, l'inventeur des arts, le guide des voyageurs, et le dieu qui présidait aux chemins. C'est peut-être en partie pour marquer ces deux qualités qu'on lui donnait la massue d'Hercule et la peau de lion; parce que le préjugé populaire avait pu faire croire que c'était lui, et non Hercule, qui avait été par le monde pour assurer les chemins et les purger de monstres et de brigands. Ces attributs pouvaient en effet lui convenir, en qualité de guide et de protecteur des voyageurs : titres que toutes les nations lui donnaient, et qui leur faisaient croire qu'on encourait l'indignation de ce dieu, quand on refusait de mettre dans le bon chemin les voyageurs égarés. » (Dom Martin; tom. Ier, p. 337.)

« Le troisième Mercure des Gaulois, était Mercure *infernal*, ou *Teutatès*; car il semble que les Gaulois ne donnèrent le nom de teutatès à Mercure, qu'en tant qu'il était pris pour Pluton leur père, que César appelle *Dis pater*. » (Pezron ; *Antiquités des Gaulois*, et Dom Martin, tome Ier, p. 337.)

(5) *L'antique Isarnore*.] « Ce temple a communiqué

son nom à un village qu'on a bâti tout autour et qui subsiste encore dans le Bugey sous le nom d'*Isarnore*. On y voit quelques restes de temple : les plus considérables consistent en trois colonnes de marbre qui sont encore debout ; deux ont trente-cinq pieds de hauteur et treize en grosseur ; l'autre sur la même grosseur n'a que vingt-cinq pieds de hauteur. L'architrave du temple était aussi dans son entier, et portait une inscription. » (Guicheron ; *Histoire de Bresse*, etc. ; première partie , p. 7.)

(6) *Contre les Titans.*] « Les Gaulois honoraient encore Mercure sous le nom d'*Ogmius* ; ce mot signifiait l'ancien, car le mot *ogmios* exprime un sillon, et par métaphore, les rides du visage. Il portait comme Hercule la massue et la peau de lion, parce qu'après le combat des géants, Hercule ayant érigé douze autels aux dieux, au nombre desquels était Mercure, consacra ses armes et en particulier sa massue, à ce dieu surnommé *Polygius*, en action de grâces de sa victoire, et de ce qu'il était sorti sain et sauf d'un combat si périlleux. » (*Pausanias ; Lilius Giraldus* , et *Religion des Gaulois* ; tome Ier, page 311.)

« Ogmius, ou l'Hercule gaulois, à qui la crédule antiquité érigea des autels, fut aussi connu sous le nom de Teutatès, c'est-à-dire père des hommes. » (M. de Grave ; *République des Champs-Élysées.*)

(7) *Pour voler sur ses pas.*] « Les Gaulois appellent en leur langue Hercule *Ogmius*, et lui donnent une figure extraordinaire. C'est un vieillard décrépit et chauve ; le peu de cheveux qu'il a sont tout blancs ; il est tout hâlé et ridé, comme sont nos vieux nauton-

niers : on le prendrait volontiers pour Caron, ou du moins pour tout autre qu'Hercule. Avec cela, si l'on considère sa peau de lion, sa massue dans sa main droite, son carquois et son arc dans sa gauche, il a tout l'air d'Hercule. Ce qu'il y a de plus curieux, c'est que ce vieillard tient attachées par l'oreille une multitude de personnes. Ces chaînes sont d'or et d'ambre; et, quoique ces chaînes soient fines et déliées, nul ne veut les rompre ou les quitter; personne ne résiste et ne fait effort pour ne point marcher; au contraire, les captifs gais, alertes et pleins de joie, suivent comme à l'envi; et leur empressement fait que les chaînes sont lâches, ce qui marque qu'ils ne souffriraient qu'à regret d'être déliés. Le peintre ne sachant où attacher le bout de ces chaînes, puisque les deux mains d'Ogmius étaient occupées l'une à tenir la massue, l'autre à tenir l'arc, a représenté percé le bout de sa langue, par où il fait passer les chaînes de tous les captifs vers lesquels Ogmius se tourne avec un doux souris. (*Dialogues de Lucien*, cités par Dom Martin, tome I, page 305.)

(8) *Ses longues tresses.*] « Les femmes gauloises dont les historiens vantent la beauté, la sagesse et la fécondité, étaient recherchées dans leurs ajustemens : elles étaient, ainsi que les hommes, fort attachées à leur chevelure dont elles avaient le plus grand soin et dont elles faisaient leur principal ornement. La plus grande punition qu'on pût leur infliger était de les leur couper. » (*Histoire de Chartres*; par Chevard, tome Ier, page 79.)

(9) *Appuyée sur sa harpe.*] Ce n'était pas seulement

les bardes qui jouaient de la harpe ; les poésies Erses nous offrent plus d'une fois les vierges *d'Érin*, dont les blanches mains voltigent sur les cordes, en chantant des hymnes d'amour ou de douleur :

« Cachée dans un bocage, Roscrana chantait, et sa
» main blanche voltigeait sur sa harpe. J'entrevis cette
» beauté ; elle était semblable à un esprit céleste à
» demi enveloppé dans son nuage. » (Ossian, *poëme de Temora*, chant 4.)

« Nos héros sont assemblés dans Selma, dans ce pa-
» lais maintenant en ruines ! Un chêne embrasé res-
» plendissait au milieu d'eux, sa lueur éclairait leurs
» visages ; la coupe passait de main en main avec sa
» liqueur réjouissante ; les bardes chantaient, et la
» douce main des vierges tremblait sur les cordes de la
» harpe. » (*Gaul.*, poëme d'Ossian, tome III.)

« Son langage était comme le son de la harpe dans
» les blanches mains de la fille de Toscar, etc. » (*Id.*)

J'ai déjà cité plus d'une fois les poésies d'Ossian à l'appui de cet ouvrage. Nous avons si peu de détails sur les mœurs intérieures des Gaulois, que tous nos écrivains ont été forcés de rechercher, dans les usages des étrangers, ceux que les historiens avaient négligé de nous faire connaître. A cet égard, les chants traditionnels des Scandinaves et des anciens Calédoniens, peuvent nous fournir de quoi remplir cette lacune, et cette opinion se fonde sur les relations intimes qui existaient jadis entre tous ces peuples primitifs. Les druides visitaient fréquemment l'Angleterre, dit César, afin d'y étudier les rites de la religion druidique, lesquels s'y observaient avec plus de sévérité que partout ailleurs.

Après la conquête des Gaules, de nombreuses tribus se réfugièrent dans ces îles : témoin la colonie gauloise qui peupla le pays de Galles dont les habitans parlent encore aujourd'hui un dialecte qui est, dit-on, l'ancien celtique ; les Firbolges, ou Belges, qui s'emparèrent de l'Irlande sous le règne de Fingal, les Calédoniens dont le nom *Cael-don* signifie en langue gallique *Gaulois des collines.*

Après la persécution exercée par les empereurs contre le culte des Gaulois, leurs druides cherchèrent un refuge dans les îles d'Iona ; ils en demeurèrent les maîtres jusqu'au sixième siècle, et il est probable qu'ils portèrent dans cette contrée leurs chants, leurs croyances et leurs merveilles. Ossian en parle dans vingt endroits de ses poëmes ; il les présente toujours comme des hommes inspirés de la divinité ; et, quoique étrangers, ils paraissent jouir d'une haute estime parmi ses compatriotes.

« Va, Ferchios, va trouver dans son rocher le vé-
» nérable Allad ; sa demeure est dans un cercle de
» pierre. Il saura nous apprendre en quels lieux est
» Gelchossa. » (Ossian, *poëme de Fingal*, chant 5.)

« Allad était un druide. Ossian l'appelle enfant du rocher, parce qu'il demeurait dans une caverne. On croyait alors que les druides avaient des connaissances surnaturelles. » (*Note de M. Letourneur.*)

« Sous ce rocher de Clona habite Clonmal, le roi des
» harpes. L'âge a blanchi ses cheveux ; une onde pure
» serpente autour de sa grotte ; au-dessus de sa tête,
» on voit s'élever une forêt de chênes ; le bruit de nos
» armes frappe ses oreilles tandis que sa pensée sonde
» les abîmes de l'avenir. » (*Temora*, chant 7.)

« Il paraît, dit Macpherson, par la vie retirée de ce personnage, que c'était un ancien druide. Le titre de *roi des harpes* ne détruit pas cette supposition, car on sait que les bardes étaient une classe de druides. » (*Note de M. Letourneur.*)

« Fils de l'étranger, habitant de la caverne silen-
» cieuse, est-ce le vent qui murmure dans tes bois? Est-
» ce le son de ta voix qui frappe mon oreille? Le tor-
» rent gronde, mais j'entends aussi des accens mélo-
» dieux. Chantes-tu les héros de ta patrie? chantes-tu
» les esprits du ciel, habitant solitaire du rocher?
» Étranger, tu habites ici une terre couverte de héros;
» chante quelquefois la gloire de ces morts célèbres,
» et leurs ombres légères viendront se réjouir autour
» de toi! » (Ossian, *poëme de la bataille de Lora.*)

« Ce poëme est adressé à un culdée, ou barde solitaire, qu'on croit être de la race de ces druides gaulois, réfugiés en Écosse après l'édit de Tibère. (*Note de M. Hill, traducteur d'Ossian.*)

« Pourquoi ne m'as-tu pas dit qu'il devait périr,
» triste habitant du rocher? Tu voyais dans l'avenir le
» jeune héros nageant dans son sang, et tu ne l'as
» point dit à Comala. » (Ossian, *poëme de Comala*, tome I.)

« Sans doute il existait encore quelques druides au commencement du règne de Fingal, et Comala en avait consulté un sur l'événement de la guerre contre Caracalla; elle l'appelle *enfant du rocher*, parce que, l'ordre des druides étant détruit, ceux qui restèrent se retirèrent dans les rochers et les cavernes. (*Note de M. Letourneur.*)

Le souvenir de ces temps héroïques s'évanouit peu à

peu parmi nous. La longue servitude que nous imposèrent les Romains, la persécution druidique, une religion nouvelle, tout concourut à en effacer la mémoire. Ces traditions, au contraire, se concentrèrent au sein des montagnes de la froide Écosse. Idolâtre jusqu'au septième siècle, elle conserva ses bardes jusqu'au règne du féroce Édouard III; mais si depuis lors la harpe d'Ossian fut condamnée au silence, les simples habitans des montagnes en conservèrent la mémoire. On peut donc emprunter à ces chants antiques les usages de nos ancêtres, que la poésie a sauvés de l'oubli, ou ceux qui à cette époque étaient communs à tous les peuples celtes.

(10) *Du cygne blessé.*] « Au rapport de tous les habitans de l'Écosse occidentale, les cygnes sauvages qui fréquentent leur pays en hiver, et qui diffèrent spécialement des cygnes apprivoisés, rendent quelques sons mélodieux en de certaines occasions; mais surtout lorsque deux de leurs troupes viennent à se rencontrer, lorsqu'ils sont blessés, et au moment de leur départ, car ce sont des oiseaux de passage. Leur chant a même un nom particulier dans la langue gallique, ce qui ne serait pas si la chose n'avait aucun fondement dans la nature. Il existe dans la même langue une chanson appelée *le chant du cygne*, dont l'air et les paroles sont une imitation de la mélodie de cet oiseau. » (*Note de Dargo, poëme d'Ullin*; traduit de l'anglais, par Hille.)

(11) *Sa radieuse figure.*] Les apparitions ne causaient pas toujours de l'effroi; elles étaient quelquefois l'annonce d'un événement heureux.

« Penchez-vous du sein de vos nuages, ombres de

» mes pères ? Écartez de vous la terreur et les feux qui
» vous environnent ; recevez le héros qui expire à cette
» heure ; préparez sa robe de brouillard et sa lance
» de nuages ; placez à son côté un météore à demi
» éteint sous la forme de son épée, et qu'il s'offre sous
» des traits aimables, afin que sa vue puisse réjouir
» ses amis. » (Ossian, *poëme de Darthula*, tome III.)

« Paix éternelle aux ames des héros, dit *Cuchulin*;
» leurs actions furent éclatantes dans les dangers : que
» leurs ombres errent autour de moi portées sur les
» nuages. A leur aspect, mon ame sentira croître son
» courage. Mais toi, Moïna ! viens à mes yeux sur un
» rayon de la lune ; viens près de ma fenêtre pendant
» mon sommeil : j'oublierai la guerre et ses alarmes
» pour ne songer qu'aux loisirs de la paix. » (Ossian,
poëme de Fingal, chant premier.)

« On croyait alors, et c'est encore l'opinion des montagnards d'Écosse, que les ames des morts erraient autour de leurs amis et qu'elles leur apparaissaient à la veille d'un grand événement. » (*Note de M. Letourneur.*)

(12) *Des cœurs tendres.*] « Quand le soleil fait place à la nuit, Fréga, déesse de l'air et de l'amour, répand sur la bruyère des larmes d'or plus odorantes que l'ambre de Courlande, plus brillantes que les vers luisans des mousses de Fionie.

» Le Scandinave suit ces chemins rayonnans, et arrive au pied des tours où Vara, déesse des sermens, allume un flambeau conducteur. » (Marchangy ; *Gaule poétique* ; tome Ier, p. 205.)

Frega ou la fée aux larmes d'or, était l'amie, la protectrice des cœurs tendres. (Voyez l'*Edda.*)

(13) *Où Idoïne vit le jour.*] « A certains jours de l'année et à la naissance de leurs enfans., les Gaulois avaient grande attention de dresser une table dans une chambre écartée, et de la couvrir de mets et de bouteilles avec trois couverts et de petits présens, afin d'engager les *mères*, c'était ainsi qu'ils les nommaient, à les honorer de leur visite et à leur être favorables. Voilà l'origine de nos contes de fées. »(*St.- Foix* ; tome II, p. 95.)

(14) Ces détails sont puisés, pour la plupart, dans les superstitions qui se pratiquent encore parmi le peuple des campagnes.

LIVRE NEUVIÈME.

L'OEuf anguinum ; — Les Pompes religieuses ; — L'Assemblée du peuple.

La nuit s'écoule, nuit heureuse que les joies de la patrie ont désormais consacrée ! Le jour marqué pour l'assemblée du peuple a paru.

Hemdal a reçu Théodemir au lever de l'aurore ; la froideur de son accueil a confirmé tous les soupçons du guerrier. En effet, le druide a vu avec dépit l'arrivée du jeune héros et de ses compagnons d'armes. Il redoute leur mâle courage et leur ardent amour de l'indépendance, sentimens dont le fils adoptif de Diciomar a jadis donné plus d'une preuve. Hemdal a promis Idoïne à l'impétueux Isarn, quoiqu'il n'ignore point les droits que Théodemir possède sur le cœur de la vierge : droits que les dernières paroles du monarque expirant semblent avoir confirmés. Cependant son alliance avec les Romains est certaine; Isarn, enchaîné par ses promesses, doit signaler ainsi le premier exercice de sa puissance : de ce pacte dépend le succès des espérances du druide. Il pense qu'appuyé par les Romains, rien ne pourra s'opposer à son élévation. Il voit déjà son front orné des marques du souverain pouvoir. Quelles craintes pourraient le troubler ? Un enfant obscur, élevé par la pitié du vieux monarque, et qui ne doit qu'à cette adoption le rang et la faveur dont il jouit, osera-t-il renverser ses vastes plans ? Puériles inquiétudes ! Hemdal se rassure ; toutefois joignant la perfidie à la prudence, et pour mieux assurer la réussite de ses desseins, il envoie un esclave affidé, porteur d'un message secret, vers le chef des cohortes romaines qui sont campées à Minérica sur les bords de la Sure [1].

Cette même nuit, Isarn, effrayé du retour inattendu de son rival, accourt à la demeure du druide ; il cherche une nouvelle sécurité dans les promesses que lui fait Hemdal.« Quelle vaine terreur t'agite? lui dit l'insidieux pontife; les dieux ne se sont-ils pas prononcés en ta faveur? qu'as-tu donc à redouter? est-ce cette troupe indisciplinée que ton rival appelle ses amis? n'auras-tu pas pour toi le suffrage de tes guerriers, et le mien qui t'assure celui des immortels? Présente-toi sans crainte à l'assemblée; et pour te concilier la protection céleste et la faveur populaire, reçois de moi ce présent; il est inestimable. Emblème des plus profonds mystères, qu'il soit aujourd'hui le gage de ta prospérité : dès cet instant les hommes ni les dieux ne pourront te résister. »

Il dit, et remet à Isarn encore éperdu l'œuf *anguinum* qui, né de la bave impure des serpens, doit préserver celui qui le porte des feux du tonnerre, de la fureur des eaux, des morsures envenimées, et assurer enfin le succès de toutes ses entreprises. Cet amulette auquel le Gaulois attache un grand prix, avait été recueilli par Hemdal lui-même, dans les arides rochers des monts Celtiques : périlleuse tentative, qui fait partie des épreuves par lesquelles les druides exercent le courage de leurs élèves. Instruits, par la connaissance qu'ils ont des astres, du temps où ces reptiles se rassemblent, ils se rendent aux lieux fréquentés par leur troupe immonde. Lorsque dans leur fureur les serpens ont formé l'œuf merveilleux, ils poussent d'horribles sifflemens dont la force le soulève. Les druides attentifs à cet affreux spectacle, s'avancent alors : l'un d'eux reçoit dans une saie blanche l'œuvre magique, avant qu'elle ait touché la terre; un coursier rapide est préparé; l'initié s'élance sur lui, et armé d'un glaive pour sa défense, il fuit, emportant la précieuse conquête jusqu'à ce que les eaux secourables d'un fleuve le dérobent à la poursuite des reptiles [2].

Ce talisman que le druide conservait comme un souvenir de ses jeunes années, est entouré d'un cercle d'or chargé de figures mystérieuses [3]. Le superstitieux Isarn le reçoit avec transport, le cache sous sa robe, et conçoit de présomptueuses espérances.

A peine le soleil avait pénétré dans les frais vallons de Phaemanie, que les habitans du Pagus, ceux des vallées environnantes, et toutes les tribus qui reconnaissaient le pouvoir de Diciomar, se rassemblent sur une bruyère non loin de leurs simples demeures. Les chênes d'Arduène abritent la place demi-circulaire destinée au conseil. Les guerriers arrivent de toutes parts; leurs armes étincelantes ont été fourbies pour la fête [4]. Les vieillards couverts de longs manteaux se placent sur des siéges de mousse préparés pour eux dans l'enceinte; à leurs pieds sont les prudentes matrones, les épouses belliqueuses et les vierges sacrées, auxquelles les dieux révèlent parfois leurs obscurs décrets [5].

Le son des cors et des trompettes [6] annonce l'arrivée des jeunes guerriers [7]. Le fier Isarn paraît le premier. Il est vêtu d'une robe de pourpre bordée d'hermine; son large baudrier est enrichi de figures d'or; une chaîne de même métal suspend à son cou sa longue épée; de riches bracelets pressent ses bras nerveux [8]. Son casque, formé de la dépouille d'un sanglier monstrueux, a pour cimier un noir corbeau aux ailes étendues, qui, le bec entr'ouvert, semble aspirer le carnage. Son bouclier carré est enduit et coloré d'un cinabre éclatant. Il balance d'un air superbe sa forte lance, dont l'angon, doublement recourbé, présente la lame d'un glaive, unie au dard acéré d'une flèche [9]. Suivi de ses amis, le fils de Tordal se place à la droite du conseil. A l'approche des guerriers chasseurs, qui n'ont encore rien fait pour la patrie, le peuple observe un profond silence; mais en voyant paraître le beau Théodemir et ses braves, à l'aspect de celui dont il a vu l'enfance croître et se développer dans les demeures royales, il fait éclater ses transports. Le jeune héros s'avance à la tête de sa troupe belliqueuse; son regard, doux et fier tout à la fois, se repose avec confiance sur tout ce qui l'entoure. Ses blonds cheveux retombent en tresses ondoyantes; un cercle d'or les retient captives et orne son front [10]. Une chlamyde azurée,

parsemée d'abeilles d'or, noble présent de
Marcomir, s'attache à ses blanches épaules [11];
un riche collier, à la manière gauloise, couvre
sa large poitrine ; une ceinture d'airain soutient sa hache de pierre, instrument de mort
qui lui fut donné par un roi de la tribu Salienne. Le fer de cette arme est remplacé par le
précieux giade de l'orient, dont la couleur est
celle de l'azur des mers; sa dureté surpasse
celle de l'acier, des veines d'argent serpentent sur sa surface. Cette hache, à deux tranchans, est enchâssée dans l'or le plus pur; un
manche d'ivoire sert à la soulever ; et une
forte chaîne la suspend aux flancs du héros [12].

Les deux rivaux sont en présence. La réputation de gloire que s'est acquise Théodemir,
lui a gagné l'amour de ses compatriotes : à la
troupe nombreuse de ses amis, s'est réunie
une foule de guerriers déjà illustres. À la diversité des armes et des étendards, on croirait voir une armée formée des peuples frères [13]. Le taureau celte [14], les grues, symbole
du courage [15]; le navire suève, les abeilles

du Sycambre [16], peints sur les enseignes, flottent et brillent dans les airs. Les lances, ornées de banderolles, les longues framées [17], à l'aide desquelles le guerrier franc s'élance sur l'ennemi, la hache salienne, les boucliers teuctères et les pavois des Arduénens se confondent entre eux. Isarne voit ce spectacle avec envie; il lance des regards furieux à son rival, et les traîtres qui l'accompagnent se décèlent par l'audace de leur contenance.

Bientôt des sons plus graves annoncent le saint cortége des ministres de la religion. Quarante bardes, vêtus de blanc, portant des harpes et des cithares harmonieuses, s'avancent à pas lents; ils chantent les louanges des héros immortels. Après eux viennent les eubages et la foule nombreuse des initiés, portant des branches de chêne entrelacées de verveine; des ceintures flottantes serrent autour de leurs reins leurs robes de lin; la piété, le recueillement décorent leur front modeste. Les vacies, troisième classe des druides, portant les instrumens du sacrifice, entourent le victimaire qui conduit le sanglier, offrande agréable aux dieux [18].

Le druide, le majestueux Hemdal, paraît enfin; il s'est paré de toute la pompe sacerdotale : une longue tunique de la plus pure blancheur entoure sa taille que l'âge n'a point encore courbée : un vaste manteau, enrichi de bandes de pourpre, est retenu sur ses épaules par une agraffe précieuse ; une ceinture blanche suspend à son côté la faulx d'or destinée à récolter le gui salutaire ; sa barbe blanche descend en ondoyant sur sa poitrine [19]; des bandelettes étoilées pressent sa chevelure hérissée, et le feuillage révéré du chêne forme sa couronne [20]; une de ses mains porte la marque distinctive de sa dignité, le sceptre d'or, surmonté d'un croissant [21]; l'autre, plus élevée, expose à la vénération publique le rameau sacré dont le nom seul est respecté, le gui aux fruits d'or, au feuillage immortel, auquel les élémens obéissent ; et dont l'aspect redoutable fait fuir les fantômes [22].

Aux côtés de Hemdal, s'avance timidement la royale orpheline : sa pâleur et sa touchante candeur sont la parure de sa beauté; l'espoir silencieux qui brille dans ses yeux d'azur, donne à son charmant visage un caractère ineffable de grandeur et de mélancolie. Craintive, elle n'a point encore tourné son regard vers l'ami de son enfance; elle redoute de se trahir, et, pour dérober à des yeux jaloux, et même à ceux de son amant, le trouble qui l'agite, elle ramène sur son front le voile qui parait sa tête céleste.

Mais le cortège a pris place. Le pontife trempe le saint rameau dans l'eau lustrale, et bénit le peuple. La victime est amenée à l'autel; les eubages allument la flamme sacrée: l'odeur du sacrifice monte vers les cieux. Rangés sur une éminence, les bardes font résonner les cordes mélodieuses, et leurs voix réunies commencent l'hymne à Hercule, dont la nation se plaît à chanter les louanges dans les plus grandes solennités.

CHANT D'HERCULE.

« Enfans, guerriers, chantez le héros fils de la force ; chantons le robuste, l'invincible Alcéus [23]. »

« Alcéus, fils des dieux, vint un jour dans les Gaules. Teinte du sang des tyrans sa massue redoutable se balançait sur son épaule, et la dépouille d'un monstre inconnu à nos forêts couvrait sa taille gigantesque. En descendant les monts Pyrennes [24] il jeta un vaste regard sur nos contrées, et dit : Je veux illustrer cette terre et y laisser des souvenirs ! »

« Enfans, guerriers, chantez le héros fils de la force ; chantons le robuste, l'invincible Alcéus. »

« Les enfans du dieu des mers veulent s'opposer à son passage. Déjà le héros a épuisé ses flèches ; sa massue voltige autour de lui et frappe comme la foudre. Il implore le secours de son père immortel : aussitôt une grêle merveilleuse descend des cieux, des disques de pierre tombent à ses côtés ; il s'en empare, et les lançant avec rapidité, il triomphe de ses ennemis. Les champs de l'odorante Ligurie gardent encore les vestiges de sa victoire [25]. »

« Guerriers, chantez le héros fils de la force; chantons le robuste, l'invincible Alcéus. »

« Le vainqueur continua sa course, et partout sa forte main rebâtit nos cités, fortifia nos remparts, opposa des digues aux eaux vagabondes, et grava ses exploits sur nos rochers [26]. Il posa enfin, dans nos climats, ces colonnes, monumens de sa gloire, et qui font aujourd'hui notre orgueil [27]. »

« Guerriers, chantez le héros fils de la force; chantons le robuste, l'invincible Alcéus. »

« Qui pouvait te retenir encore parmi nous, dieu fort, dieu bienfaisant? Après la gloire ce fut l'amour! ».

« Un jour qu'il arrachait, des flancs de la montagne, de grands quartiers de roche, pour en former les fortes murailles de sa ville chérie [28] [a], il vit la belle Galacie, fille du roi de ces contrées; elle se baignait dans les eaux limpides de l'Arare [b].

---

[a] Alexia, aujourd'hui Alise en Bourgogne.
[b] La Saône.

Aussitôt un soupir soulève le sein du demi-dieu ; les rochers échappent à ses mains vigoureuses, et plein d'amour il adresse ses vœux à la belle Gauloise. »

« Guerriers, chantez le héros fils de la force ; chantons le robuste, l'invincible Alcéus. »

« Frappée d'épouvante, la vierge sort des roseaux, et saisissant ses voiles, elle s'élance dans la forêt. Alcéus la poursuit : Ne me fuis pas, dit-il, ô la plus belle des nymphes ! je suis le fils des dieux : donne-moi ton cœur, et tu deviendras mère d'un grand peuple ! Mais le vent emportait ses paroles. Déjà il n'aperçoit plus qu'à travers les feuillages l'écharpe de la vierge et l'or de ses tresses flottantes. Alors, celui qui jadis avait arrêté la biche aux pieds d'airain, Alcéus prend sa course ; il atteint la belle fugitive, et de ses bras nerveux étreignant son corps d'albâtre, il dompte son orgueil et sa frayeur !

« Guerriers, chantez le héros au cœur indomptable ; chantons le robuste, l'invincible Alcéus. »

« Un fils dut le jour à ce tendre mystère : beau comme sa mère et vaillant comme son père, il donna son nom aux peuples qu'il commandait, et celui d'Alcéus [29] aux villes que ce héros avait bâties. Les rochers de la Gaule gardent encore ces souvenirs, et les bardes du chant bercent notre enfance de ces récits merveilleux [30]. »

« Enfans, guerriers, chantez le fils de la force; chantons le robuste, l'invincible Alcéus. »

———

Pendant le chant, Hemdal s'était recueilli. Il commande le silence; puis s'adressant au peuple attentif : « Enfans d'Arduène, dit-il, les immortels ont parlé à mon ame : ils vous destinent le noble Isarne pour souverain. Idoïne sera son épouse; tel est l'ordre des dieux. »

Ici les vieillards regardent Isarn avec inquiétude; le peuple murmure et les femmes détournent les yeux avec horreur. Le druide, sans paraître remarquer la consternation générale, continue ainsi :

« Vous savez, nobles Arduénens, que le sage Diciomar m'a rendu dépositaire de ses dernières volontés, et m'a laissé l'arbitre du sort de sa fille : *Vous connaissez*, m'a-t-il dit, *celui que son cœur préfère* ; et quel autre que ce héros serait digne d'Idoïne ? O fille heureuse, viens unir ta main virginale à la main vaillante du fils de Tordal ; et vous, jeunes et braves guerriers, apportez le pavois qui doit élever le héros au rang suprême, et faites bruire vos armes éclatantes pour consacrer cette union [31]. »

Un morne silence règne dans une partie de l'assemblée ; les amis d'Isarn font seuls entendre quelques acclamations. Le druide s'approche d'Idoïne, presque évanouie entre les bras de Sulmina.

Soudain Théodemir s'avance, et s'adressant à Hemdal avec une noble assurance : « Pontife de la nation, dit-il, quelque fondés que puissent être mes droits au trône de Diciomar, je ne m'en ferai point un titre : aux dieux ne plaise que je veuille me prévaloir des bontés de mon père adoptif, pour obtenir une telle faveur : elle appartient au plus brave.

J'attendrai la décision de mes concitoyens, et je la respecterai.

» Mais la vierge orpheline fut la compagne de mes jeunes ans; les soins de son père se partagèrent entre elle et moi; dans les chasses périlleuses où, pleine de courage, elle accompagnait le monarque, plus d'une fois je la sauvai de la dent des lynx et des ours; je l'arrachai aux ondes du torrent qui faillit un jour renverser nos murailles. Je pourrais encore alléguer d'autres droits à sa tendresse; je les tairai et ne réclame que ceux d'un frère. A ce titre j'exige que, libre de son destin et de son cœur, la vierge royale fasse connaître son choix! »

« Jeune présomptueux, s'écrie le druide avec un regard de mépris, qui te donne une telle audace? »

« Mon devoir et l'amour, » répond Théodemir sans se troubler.

« Quand les dieux ont parlé, ton devoir est le silence. »

Dans cet instant une femme du peuple se lève et s'écrie d'une voix inspirée : « Arrêtez! ne formez pas cette odieuse alliance! la fille de la patrie ne doit point être livrée à celui qui veut la vendre! Le traître Isarn n'est point destiné à succéder à notre roi; il entretient des intelligences avec les ennemis de notre liberté! »

A ces accens, un grand tumulte se manifeste dans l'assemblée; la crainte des vengeances du pontife [32] n'a point arrêté la courageuse Gauloise; le peuple en conclut qu'un dieu a dicté ses paroles. Il craint surtout de se voir ravir la précieuse prérogative de choisir ses rois [33], et le discours du druide a blessé sa fierté. Les anciens de la nation demandent avec respect à Hemdal, s'il ne serait point préférable de laisser au peuple ses anciennes coutumes, et à la fille du monarque le droit de choisir un époux.

Le druide semblait hésiter à répondre, lorsqu'Isarn, irrité de ces débats, s'avance au milieu de l'arène suivi de ses complices, et s'écrie avec fureur : « Que celui qui m'ose disputer Idoïne se présente!.. Combattons, et que la vierge soit le prix de la victoire! »

Les compagnons de Théodemir tirent leurs armes du fourreau. « Amis! leur crie le jeune homme, laissez-moi répondre au défi. » Et le héros s'avance. A cet instant, un dard aigu, lancé par un des guerriers d'Isarn, frappe à ses côtés Isimare, le plus cher de ses amis. A la vue de ce sang qui rejaillit sur lui, la fureur s'empare de Théodemir et de ses braves; ils franchissent le court espace qui les sépare d'Isarn, et le combat s'engage avec acharnement. Les vieillards lèvent leurs mains suppliantes vers les combattans; chacun appelle ses fils par les plus doux noms; les mères, les épouses, se précipitent au milieu des épées meurtrières, et, les cheveux épars, le sein découvert, elles les conjurent, par leurs douleurs maternelles, de calmer leur fureur. Hemdal, seul impassible au milieu du carnage, contemple les combattans.

Tout-à-coup la lumière du soleil devient

sanglante; le souffle violent d'un vent du nord disperse dans les airs les feuilles des forêts; la terre tremble, de profonds gémissemens se font entendre. Le combat cesse. Ardoïna, déesse révérée, paraît, non point comme lorsqu'elle visite ses peuples chéris, mais sous une forme éclatante et terrible. Un bandeau retient et rejette en arrière sa chevelure d'or; le redoutable croissant de la lune au sixième jour, étincelle sur son front sévère; sa robe de neige éblouit les regards. Sa main porte trois dards, et, signe funeste, elle les brandit vers le peuple que la terreur a glacé. Ses pieds chaussés d'airain ne touchent point à la terre : les vents la soutiennent; sa taille gigantesque surpasse en hauteur les chênes antiques de la forêt. « Enfans d'Arduène, espoir de la patrie, dit-elle d'une voix tonnante, quelle fureur vous saisit et tourne vos glaives contre vos propres seins? Ah! réservez ce sang précieux pour des combats dignes de votre courage. Ecoutez ce bruit horrible; voyez cette

lueur sanglante, c'est celle de l'incendie. L'ennemi est près d'ici, il a embrasé la partie orientale de la forêt, il veut vous surprendre comme des bêtes fauves. Cessez d'affreux démêlés ; réunissez-vous, marchez à l'ennemi ! Alors seulement, le plus brave, pour prix de sa victoire, recevra Idoïne de mes mains. »
Elle dit, et enlevant la vierge et la druidesse dans un tourbillon que les vents rapides forment autour d'elle, Ardoïna disparaît aux yeux de la multitude.

Les paroles de la déesse ne sont point vaines : on entend dans le lointain les sons aigus de l'airain et le choc des boucliers retentissans : tout le peuple en est ému ; les guerriers apprêtent leurs armes et forment leurs rangs ; les vieillards tiennent conseil. Plus d'un, à l'aspect du danger, retrouve la vigueur de sa jeunesse et reprend son armure. Les vierges, étouffant leurs soupirs, enflamment l'ardeur des héros ; les épouses préparent les chars sur lesquels elles suivront les guerriers au combat, où, selon l'antique usage suivi par leurs mères, elles doivent leur prodiguer des soins et panser leurs blessures [34].

Au milieu du tumulte, Théodemir, calme et imposant comme un dieu, donne des ordres à ses braves. Idoïne, en s'élevant dans les airs, a laissé tomber son voile, bigarré de couleurs éclatantes; le héros s'en saisit. « Gage d'amour, s'écrie-t-il, sois aussi le présage de ma victoire ! » et l'attachant au fer recourbé de sa longue framée, il appelle le brave Saadiger. « Porte cette enseigne sacrée, dit-il; et que les couleurs de la fille des rois brillent à nos yeux au milieu des combats; comme l'arc radieux des fées au sein de l'orage. »

Ces paroles animent les guerriers et semblent présager leur succès. « Guide nos phalanges, vaillant Théodemir, s'écrient-ils d'une commune voix, nous voulons suivre tes pas. »

« Suivez-nous tous deux, répond le généreux amant d'Idoïne en montrant son rival; notre amour pour la patrie et la fille de Diciomar, vous sont garans de nos efforts; et toi, vaillant fils de Tordal, viens combattre les Romains et sauver ton pays. Si je succombe........, rends heureuse la vierge que j'aime ! » Isarn répond par un sourire ironique : il a saisi un regard de Hemdal et l'a compris. Toutefois, feignant de se joindre avec joie à Théodemir, il rassemble ses amis ainsi que les guerriers qui obéissent à ses ordres, et les enfans d'Arduène, au nombre de dix mille, s'avancent à la rencontre de l'ennemi.

FIN DU LIVRE NEUVIÈME.

NOTES

DU LIVRE NEUVIÈME.

(1) Bords *de la Sure.*] *Minérica*, dans la carte de dom *Bouquet*, est situé à peu de distance d'Ecternach, petite ville à dix lieues de Trèves et sur les bords de la Sure, rivière qui se jette dans la Moselle.

(2) *De ces reptiles.*] « Voici encore une étrange superstition des druides. Ils vantaient fort une espèce d'œuf inconnue à tout le monde, hors à ceux qui donnaient dans leurs rêveries ; cet œuf, disaient-ils, était formé en été par une quantité prodigieuse de serpens entortillés ensemble qui y contribuaient tous de leur bave et de l'écume qui sortait de leur corps. On lui donnait, à cause de cela, le nom d'*anguinum*. Aux sifflemens des serpens, l'œuf s'élevait en l'air ; il fallait aussi le recevoir en l'air de peur qu'il ne touchât la terre. Celui qui l'avait reçu, devait prendre vite un cheval et s'échapper, parce que les serpens couraient tous après lui jusqu'à ce qu'ils fussent arrêtés par une rivière qui coupât leur chemin. » (*Pline*; livre 29, chap. 3.)

(3) *De figures mystérieuses.*] « On faisait l'essai de cet œuf en le jetant dans l'eau; il fallait qu'il sur-

nageât avec le cercle d'or dont on avait soin de l'entourer. Les druides, pour le faire valoir davantage et en augmenter l'estime, assuraient qu'on devait le recevoir je ne sais quel jour de la lune; qu'au reste il avait la vertu de procurer gain de cause dans tous les différens qu'on avait à démêler, et qu'il ne manquait jamais de faire avoir un libre accès auprès des rois. Quelques modernes assurent que les druides le portaient dans leurs enseignes. Sa figure était semblable à celle d'une pomme ronde, d'une moyenne grosseur. Sa coque était cartilagineuse et couverte de fibres et de filamens approchant de la forme des pinces des polypes. C'est une si grande superstition, que l'empereur Claude fit mourir un chevalier romain du Dauphiné, par cela seul qu'il portait un de ces œufs dans son sein, en vue de gagner un procès qu'il avait. » (*Pline*; livre 29, chap. 3.)

« C'est sans doute par un reste de cette superstition, qu'en Lorraine on donne un œuf et du sel aux enfans, la première fois qu'ils entrent dans une maison. Le sel était regardé comme une chose sainte, et les sorciers ne pouvaient manger que des viandes sans sel. « Le diable, dit une vieille chronique, vint un jour déguisé en moine chez un bourgeois de la ville de Toul, afin de séduire sa fille. Il avait demandé qu'on lui servît son repas sans sel. Cette recommandation excita les soupçons de la jeune Lorraine; elle s'avisa de saupoudrer de sel au lieu de farine, une tourte qu'elle avait préparée. Furieux de cette supercherie, le diable abandonna ses projets, et cassant un carreau de vître, il s'enfuit par-là sous la forme d'un oiseau noir. » (*Ancienne chronique de la ville de Toul.*)

(4) *Pour la fête.*] « Les Gaulois n'assistaient jamais qu'armés à leurs assemblées ; ils n'entraient même dans leurs temples qu'avec leurs armes. » (*Pomponius Mela* ; liv. 3.)

(5) *Leurs obscurs décrets.*] « Et le conseil de la nation, où siégeaient les vierges prophétiques, les épouses belliqueuses et les mères qui allaitaient leurs enfans, l'espoir de la patrie. », (*Tacite* ; *Amm. Marcel.*, liv. 15 ; Plutarque, *vie de Marius* ; cités par Marchangy, *Gaule poétique*; tome Ier, p. 90.)

« Ces peuples regardaient, aussi bien que les Germains, l'état de fille comme renfermant je ne sais quelle sainteté, qui les disposait à être plus propres aux communications divines ; jusques-là qu'ils regardaient quelques-unes, non-seulement comme des divinités, mais même ils les traitaient réellement de déesses dès cette vie. C'est pour cela aussi qu'ils leur avaient confié quelquefois le soin d'administrer la justice et de gouverner la république, ce qui se pratiquait encore dans la Germanie long-temps après Jésus-Christ. » (*Religion des Gaul.* ; *Mézerai*, etc.)

(6) *Et des trompettes.*] « Les trompettes chez les Gaulois étaient de plomb, et leur pavillon offrait la tête d'un animal. » (*Histoire de l'administration de la guerre* ; par Xavier Audoin ; tome Ier, page 24.)

(7) *Des jeunes guerriers.*] « Ceux qui tiennent le premier rang dans le pays sont les druides, et après eux les chevaliers ; ceux-ci n'ont point d'autre exercice que les armes. Quand il survient quelque guerre, les chevaliers se trouvent tous à l'assemblée de la nation, suivis de leurs cliens ; chacun selon le nombre qu'il en

peut avoir ; car on juge de leur grandeur et de leur pouvoir par le cortège qui les accompagne ; ainsi chacun grossit sa troupe à l'envi. Dans ces assemblées, on délibère sur les affaires de la nation, on nomme des généraux pour l'armée, etc. » (*Commentaires de César.*)

(8) *Ses bras nerveux.*] « Ils portent des colliers d'or et des bracelets aux bras et aux mains ; et ceux qui sont en dignité ont des habits de couleur, ornés d'or. » (*Religion des Gaulois* ; et *Histoire de Lorraine*, par Dom Calmet ; tome I , page 37.)

« Ils étaient décorés de carcans, de chaînes d'or pendues au cou , de bracelets et d'anneaux d'or garnis de pierreries , afin que, selon leur état ils fussent tenus en plus grande réputation ; parce que, dès ce temps-là, on ne tenait pas grand compte , non plus qu'aujourd'hui, de ceux qui étaient pauvrement vêtus et haillonnés. » (*Taillepied* ; liv. 1 , fol. 106.)

(9) *D'une flèche.*] « Leurs armes sont grandes, longues, proportionnées à la grandeur de leur taille ; ils portent une longue épée suspendue au cou par une chaîne de fer ou d'airain ; quelques-uns méprisent tellement la mort , qu'ils combattent tout nus , n'ayant qu'une ceinture qui leur couvre les reins. Ils ont des boucliers de la hauteur de leur corps , ornés de peintures qui représentent des animaux ou d'autres emblèmes. Leurs lances sont fort longues ; elles ont, au bout, un fer d'une coudée de long et de deux palmes de large. Ils se servent de frondes et de flèches ; leurs casques sont d'airain , surmontés de grandes aigrettes, ou de cornes d'animaux , et ornés de figures d'oiseaux

ou de bêtes sauvages. » (*Histoire de France*, par Mézerai ; *Histoire de Lorraine* ; tome I, p. 38.)

(10) *Orne son front.*] « Les Francs avaient une taille élevée, une voix terrible et des yeux étincelans ; leurs lèvres s'ombrageaient d'une barbe épaisse ; leur chevelure tressée, était retenue sur leur front par un rézeau d'or, ou par des cercles de cuivre ; leur corps, aussi blanc que l'albâtre, se couvrait à demi de la dépouille des bêtes féroces. » (*Tacite, Sidoine Appolin., Agathias*, etc. ; livre 2 ; cités par Marchangy ; tome Ier, page 118.)

(11) *Ses blanches épaules.*] « Surtout qu'ils fassent bien reluire la cotte d'armes de pourpre, parsemée *d'abeilles d'or*, emblème mystérieux de nos prétentions, et qui exerce inutilement la sagacité des savans de ce pays.

» C'est un point d'histoire bien établi, que les *Francs* se considéraient comme une colonie originaire de la Gaule, dont leurs pères avaient émigré à la suite de *Sigovèse*.

Pendant le long cours de leurs aberrations, l'esprit do retour ne les quitta jamais ; au contraire, il réglait leurs démarches et leurs entreprises, et ce fut cet espoir qui les dirigea, peu à peu, vers les bords du Rhin, dans le voisinage de la Gaule, dont ils ne se voyaient plus séparés que par le faible intervalle d'un fleuve, toujours impatiens de le franchir.

« Le spectacle habituel des *essaims d'abeilles*, qui abondaient sur la rive droite du Rhin ; leurs *émigrations* momentanées du rocher ; leur empressement à y rentrer, en combattant les étrangers qui s'en seraient emparés, leur offrant quelque similitude avec leur propre situation, ces Francs avaient adopté cet emblème sur leurs *étendards*, sur les *caparaçons* de leurs chevaux, et sur les *cottes d'armes*.

» *Childéric*, petit-fils de *Clodion*, mort en 481, (c'est-à-dire trente-six ans seulement après la conquête des Francs) fut inhumé hors des murs de *Tournai*, et le long de la levée. Ce tombeau ayant été découvert en 1653 (près de 1200 ans après), on y trouva, entre autres objets, une grande quantité *d'abeilles d'or*, qui s'étaient détachées de la cotte d'armes et de la housse du cheval ; etc. » (*État de la Gaule au cinquième siècle* ; tome Ier, page 148.)

(12) *Du Héros.*] « En 1685, on fit des fouilles près des bords de l'Eure en Normandie, et l'on découvrit un tombeau antique contenant vingt squelettes d'hommes. Parmi les pierres qui servaient de chevet à ces cadavres, les unes étaient des cailloux jaunâtres de la nature de ceux dont on fait les pierres à fusil, aussi durs que l'agathe ; leur longueur était de six à sept pouces, leur largeur d'un pouce et demi, et leur épaisseur de trois lignes ; ils avaient deux bouts pointus comme ceux d'une pique, et les deux côtés tranchans, avec cette différence que l'un des côtés plats était uni, et l'autre raboteux. D'autres pierres étaient verdâtres, semées de quelques paillettes ou veines, qui tiraient sur l'argent ; ces pierres étaient coupantes par le côté le plus large, comme une hache, et percées par le côté le plus étroit, comme pour être emmanchées. On croit que ces pierres sont de giade d'Orient. Quelques pierres étaient d'un vert brun, bonnes à éprouver l'or et l'argent, comme la pierre de touche ; d'autres étaient de

marbre blanc et d'albâtre, et le reste de cailloux gris fort durs; cependant toutes ces pierres, malgré leurs différentes espèces, étaient uniformes, c'est-à-dire qu'un côté était tranchant comme une hache, et l'autre s'enchâssait ou s'emboîtait dans un andouiller de cerf ou dans la corne de quelqu'autre animal, percée par le milieu pour recevoir un manche, et tout cela faisait une espèce de nos haches d'armes. » (*Religion des Gaulois*; tome II, page 314.)

(13) *Peuples frères.*] « Strabon dit que *germanus* signifie *frère*, et qu'on donnait ce nom aux peuples d'outre-Rhin ; parce que les voyant semblables aux Gaulois, de stature, de chevelure, de figure et d'usages, les Romains les crurent frères germains des Gaulois. » (*Histoire de France avant Clovis*, par Mézerai ; liv. 2.)

« Les Germains ne portaient ce nom que parce qu'ils étaient les frères des Gaulois, avec lesquels on les trouve souvent compris sous le nom général de Celtes ou de Galathes, et parce qu'outre qu'ils avaient une même origine, ils observaient les mêmes pratiques. » (*Relig. des Gaulois* ; tome Ier, p. 119.)

(14) *Le taureau celte.*] « L'image du taureau était révérée des anciens Gaulois. Jusqu'au cinquième siècle il fut en vénération ; car on trouva dans le tombeau de Chilpéric une tête de taureau en or, qui était l'idole favorite de ce prince.

» Les anciens Celtes portaient le taureau sur leurs enseignes. » (Alexandre Lenoir ; *Monumens français* ; page 52.)

(15) *Les grues.*] « Les grues qu'on voit accompagner

le taureau du monument gaulois trouvé dans le chœur de la cathédrale de Paris, étaient un double emblème de la force et du courage. » (Alexandre Lenoir ; *Monumens français*; p. 75.)

« L'arc de triomphe d'Orange, nous découvre l'opinion des Gaulois sur les grues. Il est évident qu'ils les regardaient comme contribuant à leur faire remporter la victoire, et décidant du sort des armes en leur faveur. Ce ne pouvait être que ces vues, qui les avaient déterminés à en porter dans leurs enseignes. » (*Relig. des Gaulois* ; t. II, p. 76.)

(16) *Les abeilles du Sycambre.*] « Une révélation secrète persuadait aux Francs qu'ils étaient originaires de la Gaule, que leurs pères avaient quittée sous la conduite des neveux d'Ambigat, et loin de laquelle ils erraient comme des abeilles dont ils avaient adopté l'emblème. » (*Gaule poétique* ; Marchangy ; tome Ier, page 137.)

(17) *Longues framées.*] « S'ils allaient à l'attaque, ils poussaient le cri de guerre, faisaient voler la hache à deux tranchans ; et se servant de leurs longues framées, comme d'un point d'appui, ils s'élançaient dans l'air et tombaient comme la foudre devant l'ennemi troublé. » (*Sidoine*, *Agathias*, cités par Marchangy ; tome Ier, p. 121.)

(18) *Agréable aux dieux.*] « Quoique nos pères employassent dans leurs sacrifices des victimes humaines plus communément et plus volontiers que d'autres, il ne faut point douter qu'ils n'offrissent aussi quelquefois des sacrifices d'animaux. On voit la description d'un

de ces sacrifices gravé sur la porte de l'église de Beaujeu.

» Ce monument représente une rase campagne, où sont trois Gaulois bien reconnaissables à leurs habits. Le sacrificateur ou le prêtre marche le premier portant un panier de la main gauche; suit un victimaire, nu de la ceinture en haut, et portant la victime morte sur ses épaules; en dernier lieu vient un jeune victimaire, nu comme le premier, qui tient un pot (*olla*) de la gauche, et une masse qui a servi à assommer la victime, laquelle était un porc ou un sanglier. » (*Relig. des Gaulois*; t. Ier, p. 102.)

(19) *Sur sa poitrine.*] « Dans toutes les cérémonies de la religion, les druides portaient toujours de longues robes rayées de pourpre, de telle sorte que ces raies allaient successivement en diminuant de part et d'autre. Il y a des auteurs qui prennent ces raies pour des losanges, ou plutôt pour ce qu'on appelle, en terme de blason, *fusées*, qui étaient selon eux toutes plus petites les unes que les autres; ce sentiment est fondé sur la différence et la distinction des habits des druides de ceux des autres Gaulois, qui avaient aussi des raies de pourpre à leurs habits. » (*Religion des Gaulois*; tome I, page 91.)

« Sur un bas-relief de la ville d'Autun, on voit deux druides admirablement bien représentés. Tout en eux est majestueux: une taille avantageuse, un visage vénérable, un port noble, des habits fort amples. Un manteau à grands plis et traînant les couvre de tous côtés; celui de l'un est noué sur l'épaule gauche; une agrafe ou bouton attache celui de l'autre sur l'épaule droite. Sous le manteau, ils portent une tunique à manches, et si longue, qu'elle a tout-à-fait l'air d'une aube dont le poignet serait étroit et aurait par-dessus une espèce de fraise ou de manchette qui se replie à l'antique. » Voici la peinture et l'explication que l'auteur de l'antiquité a données de ce monument :

« Dans le bas-relief, on voit un druide couronné de feuilles de chêne ; c'est apparemment le sacrificateur et peut-être le prince des druides, dont parle César, qui avait une si grande autorité sur ceux de sa secte, marquée, à ce qu'il semble, par le sceptre qu'il tient à la main, etc. » (*Religion des Gaulois*, tome I, page 212.)

(20) *Forme sa couronne.*] « Les druides, qui sont chez les Gaulois ce que les mages sont ailleurs, n'ont rien de si sacré que le gui et l'arbre qui le porte, pourvu que ce soit un chêne ; aussi, ont-ils de cet arbre une si haute idée, qu'ils ne font pas la moindre cérémonie sans porter une couronne de feuilles de chêne, et c'est apparemment du nom que les Grecs donnent à cet arbre que vient celui de druides. (*Religion des Gaulois*, tome 1er.)

(21) *D'un croissant.*] « Une statue de bronze a été trouvée à Narbonne ; elle représentait un druide tenant un patère de la main droite, et de la gauche un sceptre, dont la partie supérieure s'élargit et se fourche, et soutient sur ses deux pointes un croissant de lune, tel qu'il est au sixième jour. » (*Religion des Gaulois*, tome I, page 214.)

(22) *Les fantômes.*] « Les druides n'avaient rien de plus sacré que le gui de chêne ; ils lui avaient donné un nom qui signifiait *qui guérit de tous les maux*. Si l'on vient à la couleur du gui, on peut se figurer l'éclat

qu'il jetait aux yeux des Gaulois, par celui que lui attribue Virgile. Ce poëte, après en avoir fait le rameau d'or consacré à Proserpine, sans quoi il n'était permis à personne de pénétrer les sombres détours des enfers; le poëte, dis-je, compare l'éclat du rameau d'or à celui du gui : Le rameau, dit-il, brillait à travers les branches, à peu près comme on voit en hiver le gui de chêne, sans avoir été semé, produit par un arbre d'une autre espèce, conserver sa verdure et revêtir de ses fruits jaunâtres les branches qui les portent. » (*Religion des Gaulois*; tome II, page 66.)

(23) *L'invincible Alcéus.*] « La force et le courage sont des dons de la nature : on les doit aux auteurs de ses jours. La fable suppose qu'Hercule en avait hérité de sa mère, et c'est dans ces vues qu'elle était appelée *Alcméné*. Le mot Alkmené est composé de *alké*, en grec *force*, et de *menos*, *animus*, ame, cœur. *Alkmené* signifie donc à la lettre *force animée*, ou force d'ame. Hercule, comme fils d'Alcméné, s'appelait premièrement *Alcéus*, c'est-à-dire, le fort, le robuste, le vigoureux. » (*Rép. des Champs-Élysées*, par de Grave ; tome I, page 221.)

(24) *Les monts Pyrènnes.*] « La Gaule a fait à des hôtes fameux le présent qu'on fait à des frères. Elle ne t'a point oublié, sublime Hercule! quand vainqueur du triple Gérion, tu laissas l'Ibérie pour l'Aquitaine, et, lorsqu'épris de la belle Galathée, tu la rendis mère d'un roi célèbre.» (Marchangy; *Gaule poétique;* tome I, page 62.)

(25) *De sa victoire.*] « Je ne veux pas passer sous silence la fable que quelques anciens ont débitée à l'oc-

casion de la grande quantité de pierres qui couvre la terre d'un endroit de la Gaule narbonnaise, situé dans la Provence. C'est le *campi lapidii* des Romains et la *crau* des Français. Hercule, disent-ils, pendant le séjour qu'il fit dans les Gaules, eut une guerre avec les Liguriens. Un jour qu'il était aux mains avec eux, et pendant la chaleur du combat, ne pouvant se défendre ni attaquer, il invoque Jupiter son père ; aussitôt, il vit pleuvoir à ses côtés des pierres dont il se servit si bien contre les Liguriens qu'il les défit entièrement.

» Pomponius Mela, en rapportant ce fait, ne dit mot des Liguriens ; mais, en leur place, il parle d'*Albion* et de *Bergion*, fils de Neptune, qu'il dit s'être battus contre Hercule dans le lieu dont nous parlons. (*Strabon* ; liv. 4. *Pline* ; liv. 3. Cités par Dom Martin.)

(26). *Sur nos rochers.*] « Nicolas Bergier, dans son traité des chemins romains, cite le témoignage de Denis d'Halicarnasse, pour prouver qu'Hercule n'a été nommé *Saxeus*, ou *triomphateur des rochers*, que parce qu'il a fondé des villes en des régions désertes, détourné le cours des fleuves et ouvert des chemins à travers les montagnes.

» Hercule était honoré à Norroi, entre Nancy et Metz, sous le nom d'Hercule Saxan. (Montfaucon, *Histoire de Metz.*)

(27) *De notre orgueil.*] « Les Germains marchaient sur les traces des Gaulois ; ils prétendaient qu'Hercule avait habité leur pays ; qu'il y avait donné de si grandes marques de valeur, qu'ils le regardaient comme le plus fort de tous les hommes : aussi quand ils allaient au combat, ils chantaient ses victoires pour s'encou-

rager. Ils assuraient avec confiance que c'était chez eux que ce héros avait planté les fameuses colonnes qui portent son nom. Il est vrai qu'ils ignoraient absolument en quel endroit : ce qui fit perdre bien du temps à Germanicus, pour les trouver. Le mauvais succès des recherches de ce prince, n'a pas empêché quelques nouveaux auteurs d'assurer, les uns qu'elles étaient sur les bords du Rhin, d'autres dans la Gaule belgique, d'autres dans la Frise occidentale, ceux-ci enfin au pays des *Ségusiens* ou Gaule lyonnaise. » (*Relig. des Gaulois* ; tom. II, p. 22.)

(28) *Sa ville chérie.*] « Hercule de retour de son expédition d'Espagne, où il avait été combattre Gérion, bâtit dans les Gaules la ville d'Alexia, aujourd'hui Alise en Bourgogne. Pendant qu'il était occupé à cet ouvrage, il toucha le cœur de la belle Galathée, fille d'un roi qui commandait dans les Gaules. Cette princesse avait refusé jusques-là tous les amans qui s'étaient présentés, n'en croyant aucun digne d'elle, soit par vanité à cause de son admirable beauté. soit par fierté à cause de sa force au-dessus de celle de son sexe ; mais elle ne put tenir contre la gloire et les rares vertus d'Hercule : elle devint son épouse. » (*R. des Gaulois* ; tome II, p. 21.)

« De ce mariage naquit Galatès, dont la grande réputation fit donner son nom à tous les Gaulois, et celui de Gallicie ou Gaule au pays qu'ils habitaient. Quoi qu'il en soit de ce récit, les Gaulois montraient encore du temps d'Ammien Marcellin d'anciens monumens qui attestaient tous ces faits. » (*Religion des Gaulois* ; tome II, p. 21.)

(29) *Celui d'Alcéus.*] La mémoire d'Hercule s'était

aussi conservée dans la dénomination de plusieurs endroits du pays ; telles sont les villes d'*Herkel* et *Erkelen*. Ammien Marcellin fait mention de plusieurs places qui portaient ce nom dans les Gaules. Il cite entre autres celle nommée *Castra Herculis*. C'était une des sept villes de la Hollande que l'empereur Julien fit réparer à la hâte. » (*République des Champs-Elysées*; t. Ier, page 252.)

(30) *Ces récits merveilleux.*] « Les Gaulois, après avoir gravé sur leurs rochers les exploits d'Hercule, les racontaient dans leurs camps ; leurs enfans répétaient encore ces chants après que leurs yeux avaient cherché vainement sur la roche les caractères tracés par leurs pères, et effacés par le temps. « (Xavier Audoin, *Histoire de l'administration de la guerre*; t. Ier, page 124.)

(31) *Consacrer cette union.*] « Les Gaulois assistent tout armés à leurs assemblées. Les rois ou les anciens haranguent le peuple ; les prêtres font observer le silence, et si le peuple approuve le discours, il le témoigne par le choc de ses armes. » (Dom Calmet ; *Histoire de Lorraine* ; tome Ier.)

(32) *Des vengeances du pontife.*] « Les druides étaient arbitres de tous les différens et intérêts de la nation, tant publics que particuliers. S'il était question d'un crime, d'un meurtre, d'un héritage ou d'apposer des bornes, c'étaient les druides qui prononçaient en dernier ressort, et qui adjugeaient le gain, le prix ou la perte. Si quelqu'un, tant de ceux qui étaient en charge, que d'entre les particuliers, ne voulaient pas s'en tenir à leur sentence, ils lui interdisaient les sacrifices, ce qui

passait parmi les Gaulois pour la dernière des peines ; car ceux contre qui cet arrêt était prononcé, étaient regardés comme des impies et des scélérats ; ils n'étaient point écoutés ni reçus en justice, et n'étaient élevés à aucune dignité : tout le monde les fuyait de peur que leur abord ou leur entretien ne portât malheur. » (*Dion*, *Diodore de Sicile*, et *Commentaires de César*; livre 6.)

(33) *Choisir ses rois.*] « On voit des rois dans les Gaules; mais ils sont élus par le peuple, ou établis par la faveur et la brigue ; dans les assemblées d'État, les principaux de la nation ont voix délibérative : ils ont une si haute opinion de leur force et de leur valeur, qu'ils disent que le monde entier ne saurait résister à leur assemblée, ou à ce qui y a été arrêté. » (*Cés.*, l. 7, *Justin*, livre 4 ; Hirtius, *De la guerre d'Afrique* ; *Strabon*, livre 4.)

(34) « La femme gauloise suivait son époux à la guerre et combattait à ses côtés ; elle le suivait au conseil où elle avait le droit d'opiner. » (*Gaule poétique*; tome I , p. 37.)

LIVRE DIXIÈME.

Le Combat ; — La Victoire ; — Les Gauloises.

Quelque temps avant ces événemens, Drusus qui résidait à Lugdune [a], avait failli faire soulever toute la Gaule, en y établissant le cens pour la seconde fois [1]. On fit le dénombrement des peuples; on compta les hommes comme de vils esclaves, et cette odieuse flétrissure irrita au plus haut point la fierté gauloise. Les cités, surtout celles qui avoisinent le Rhin, ne purent la supporter : dans leur douleur, elles tournaient leurs yeux en pleurs vers la Germanie, contrée où s'était réfugiée la liberté publique. Mais l'adroit Drusus arrêta

---

[a] Lyon.

l'incendie général par un moyen dont la religion voilait le motif.

Lors de l'entier asservissement de la Gaule, soixante peuples avaient concouru à élever un temple à Auguste, aux lieux où l'impétueux Rodanus [a] s'unit à la tranquille Arare [b]. Au moment où les émissaires de Drusus lui transmirent la nouvelle des dispositions hostiles des Gaulois, le chef romain les convoqua à la fête religieuse qui devait consacrer l'autel érigé à l'empereur. La crainte et l'espoir y conduisirent les envoyés de la plupart des cités; mais celles de la Gaule querelleuse n'y parurent pas [2]. Drusus inquiet de l'esprit de révolte qu'annonçait cette absence, résolut d'en prévenir l'effet. Il donna l'ordre à ses lieutenans de redoubler d'activité pour plier au joug de Rome, les peuples de ces contrées [3].

Valérius qui commandait les légions d'Aquila, au pays des Trèvires, exécuta ces or-

---

[a] Le Rhône.
[b] La Saône.

dres. Tout un peuple avait échappé à l'esclavage : la perte des Arduènens fut jurée; mais il fallait se hâter de les vaincre, de peur que leur résistance ne fût un appel au soulèvement général qui se méditait. Des émissaires se glissèrent de nouveau dans les forêts; on feignit de ne vouloir obtenir la soumission d'Arduène que par des bienfaits; on flatta en secret l'ambition du druide Hemdal. En même temps, des troupes s'approchèrent des vallons de Minérica et remontèrent les eaux de la Sure. Instruits par le pontife du jour où devait s'assembler le peuple, les Romains espéraient le surprendre sans défense et le subjuguer par la force, après l'avoir enchaîné par l'adresse. Un heureux hasard vint encore servir les projets de Valérius : il reçut le message nocturne de Hemdal : « Hâte-toi, disait le traître; de jeunes factieux suivis d'un ramas d'étrangers, sont arrivés dans nos murs. Le monarque d'Arduène sera proclamé avant l'heure du midi; approche de nos demeures par les vallons déserts; qu'une attaque feinte attire cette tumultueuse jeunesse hors des limites d'Arduène; elle se précipitera au-devant de vos coups, tandis que suivi des chefs qui me sont dévoués je me rendrai à ton camp pour faire le traité d'alliance que nous ambitionnons tous deux. »

En lisant cet écrit, Valérius devina les craintes du druide et le motif secret de cet avis. Aussitôt il fit avancer ses légions, et, à l'exemple de César, se faisant précéder par l'épouvante, il fit embraser une partie de la forêt[4].

Tel avait été le plan de ceux qui voulaient l'asservissement de la patrie. Le succès n'avait pas entièrement répondu à leur attente, et l'intervention des dieux était venue s'opposer aux sourdes intrigues d'un prêtre ambitieux. Cependant Hemdal n'avait pas perdu courage; au moment du prodige qui déroba Idoïne à tous les yeux, il avait subitement calmé le désespoir d'Isarn : « Cédons à la force, lui avait-il dit à voix basse; confie ton espoir à ma foi, suis la foule des guerriers, et viens me retrouver lorsque vous aurez franchi les limites du Pagus. Je serai au sentier des trois chênes : là, je t'indiquerai moi-même la marche à suivre pour arriver au but de tes désirs. »

Isarn obéit à cet ordre secret.

Cependant, par le conseil de Théodemir, les troupes se partagent en plusieurs corps : les unes descendent les rives du ruisseau qui baigne la vallée d'Érézée ; les autres font un détour derrière les sommets du Benal : ils sont destinés à une attaque furtive. Une troupe fidèle est placée à l'entrée du vallon principal, et quelques-uns de ces courageux guerriers en occupent les hauteurs.

Isarn doit commander la gauche ; Théodemir s'est réservé le poste le plus périlleux. Averti de la position de l'ennemi, par les coureurs qu'il envoie sans cesse en avant, il a tout disposé pour l'attaque, et ses ordres ont été exécutés avec intelligence et promptitude. Après un détour dans les bois, le héros se présente au débouché de la plaine où était campée l'armée romaine qui, sur la foi du druide, attendait le signal de la marche, ou l'arrivée des ambassadeurs annonçant la soumission du peuple.

A la vue des aigles d'or qui brillent au loin, les Gaulois poussent d'effroyables clameurs [5]. A peine le Romain a-t-il le temps de saisir ses armes. Les chefs rangent à la hâte leurs cohortes. Théodemir jaloux de l'habileté déployée dans cette manœuvre, l'imite, et fait faire les mêmes mouvemens à ses troupes. Les deux armées sont en présence [6]. Il harangue ses compagnons : « Guerriers, dit-il, modérez votre ardeur ; la victoire ne vous échappera pas. Restez inébranlables au poste où l'honneur vous place; que l'épée gauloise, la framée sycambre et la hache salienne, s'agitent dans vos mains vigoureuses. La gloire vous attend, la patrie vous contemple. » Aussitôt les bardes rangés sur les collines, entonnent le chant de guerre [7] ; et les Gaulois frappant en cadence leurs boucliers [8], accompagnent de ce bruit belliqueux l'hymne du dieu des combats.

BARDIT.

———

« Oiseaux des funérailles, vautours affamés de carnage, qui suivez les traces des héros, accourez; la proie immense s'apprête : venez, repaissez-vous ! »

———

« Il luit enfin le jour de la vengeance, jour appelé par tant de vœux ! Les fils de la patrie sont armés ; le courage et la joie brillent sur leurs fronts guerriers, et les plus braves, marchant au combat comme aux fêtes d'Andarté, ont couronné de fleurs leur blonde chevelure 9. »

« Oiseaux des funérailles, venez, repaissez-vous ! »

———

« Perfides étrangers, qui vous attire dans nos forêts ? Nous ne possédons point les richesses de nos frères; le marbre et l'or n'éclatent point dans nos demeures ; nous sommes pauvres, mais fiers; mais pleins de haine contre l'oppresseur de la Gaule, et nos mains vaillantes portent l'épée. »

« Oiseaux des funérailles, venez, repaissez-vous ! »

———

« Beaux vallons de Phaemanie, collines témoins de notre valeur, fleuves ignorés, gardez le souvenir de ce jour mémorable! Dites aux nations futures : C'est ici que les enfans d'Arduène brisèrent les aigles romaines et sauvèrent la liberté! »

« Oiseaux des funérailles, venez, repaissez-vous! »

« Tandis que le sombre Irminsul [10] tiendra ses balances d'or et pèsera nos destinées, Camulus, dieu des batailles [11], dieu cher à nos contrées, porte devant nous tes boucliers d'airain; que le cri formidable de ta bouche, jette dans l'ame de nos ennemis la stupeur, l'effroi, et les pressentimens de la mort! »

« Oiseaux des funérailles, venez, repaissez-vous! »

« Andarté [a], divinité brillante, vole devant nos phalanges et donne-nous les augures. Souvent la mort, dans les combats, forme de ses ailes grisâtres le panache des héros; mais qu'importe, la mort à celui qui tombe avec gloire! son nom sera

[a] Voyez le livre premier.

répété par les bardes, et son ame, sous la forme d'un astre radieux [12], brillera sur l'azur céleste ! [13] »

« Oiseaux des funérailles, venez, repaissez-vous ! »

« Dieux du carnage, de la terreur et de la mort, voici !... votre offrande se prépare. Vaillant Camulus, nous te dévouons les coursiers aux crins flottans. Un trophée d'armures te sera consacré, ô divin Teutatès ! Génie des fleuves, vous recevrez l'or dans vos ondes ! Le sang des captifs rougira tes autels, Hésus, dieu fort ! dieu terrible ! »

« Oiseaux des funérailles, vautours affamés de carnage, qui suivez les traces des héros, accourez ! La proie immense s'apprête ; venez, repaissez-vous ! »

A cet instant Théodemir donne le signal de l'attaque ; les guerriers impatiens du combat, tombent sur l'ennemi avec furie. Le Romain étonné rappelle son antique courage, et les vieux soldats de César cherchent le souvenir de leurs victoires [14]. Trois fois ils soutiennent l'attaque impétueuse, trois fois leurs cohortes sont enfoncées. Ils serrent leurs rangs, portent des yeux inquiets vers leurs aigles et font des prodiges de valeur ; mais si le Romain combat pour la gloire, le Gaulois combat pour la patrie, pour la liberté! et celui que ces déesses inspirent, doit vaincre tous les obstacles!

Après une lutte opiniâtre, les fils de Mars sont vaincus; ils traversent un marais à la hâte et fuient devant ces barbares qu'ils nommaient par dérision un peuple de chasseurs. Les Gaulois poursuivent les fuyards; ils massacrent tout ce qui tombe sous leurs mains vengeresses. L'ennemi s'arrête au bord d'un lac profond; la forêt embrasée protège sa droite. Sa gauche seule est accessible : c'est là que Valérius cherche à rallier ses troupes. Mais bientôt ses gardes avancées viennent l'avertir qu'une partie de l'armée gauloise s'est déployée derrière les collines et le tient investi sur ce point. En effet, Voran, Salsk, Arnord, Isimar, dont la blessure était légère, s'avançant par des chemins secrets, tandis que Théodemir dirigeait la principale attaque sur le front des ennemis, étaient parvenus à leur couper toute retraite.

Cependant la nuit approchait. Maître du champ de bataille, Théodemir fait cesser le carnage et placer le camp; des feux sont allumés sur toute la ligne qu'occupe l'armée victorieuse, et la vigilance veille autour de l'enceinte.

C'est alors que les femmes gauloises exercent les saintes fonctions qui leur ont valu l'amour et la vénération des peuples. Elles se sont emparées des guerriers tout sanglans, et leurs mains délicates lavent les nobles blessures reçues au champ d'honneur. Entourées de l'appareil des douleurs, ces femmes magnanimes conservent seules un front paisible. Leur bouche sourit et leur voix caressante inspire le courage et l'espoir. La divine Égra[15], et Bélisana la bienfaisante, montrèrent à leurs mères les herbes enchantées qui guérissent les atteintes du glaive. Fières de cet héritage, et rappelant tous leurs souvenirs, les Gauloises écrasent entre deux pierres la blanche achillée, l'âche odorante, le rumex aux veines sanglantes, l'actée azurée, le jaune hypéricum et la fleur de jovis, aux sucs onctueux, dont les feuilles éternelles et les bouquets rosés se plaisent à croître sur le chaume des cabanes. Elles appliquent ces plantes savantes sur les plaies profondes; et par des chants magiques elles arrêtent le sang et calment les souffrances [16].

Pendant la bataille, ces mères courageuses, ces vierges intrépides, se sont avancées dans la mêlée. C'est là qu'elles ont ravi à la mort plus d'une victime. Quand un guerrier frappé d'un coup funeste ployait les genoux, pleines d'audace elles couraient au milieu des armes étincelantes, soutenaient le guerrier chancelant, l'enlevaient au sol poudreux, et l'emportant à l'écart, étanchaient son sang et lui présentaient de salutaires breuvages, propres à ranimer ses forces.

O femmes des temps antiques, dignes en effet des adorations de nos ancêtres, que vos filles dégénérées sont loin d'un tel héroïsme! Faibles et timides, elles peuvent à peine y croire tant ces vertus leur paraissent gigantesques!

Mais, que dis-je? Nos plus saintes vestales, liées, ainsi que nos anciennes druidesses, au culte des autels, ne nous présentent-elles pas encore le spectacle auguste de la piété, du savoir, consolant l'infortune et apaisant la douleur? Ah! ces femmes bienfaisantes, douées d'une vertu surhumaine, sont encore des Gauloises!

Honneur donc à la nation à qui vingt siècles n'ont pu ravir ses vertus primitives! Honneur aux Françaises dignes de ce nom glorieux! [17]

Après avoir pourvu à la sûreté du camp et aux besoins des braves qui sont sous leurs ordres, les chefs se réunissent près de Théodémir. Isarn seul ne paraît point. Les guerriers déclarent qu'il les avait quittés avant la bataille pour examiner avec deux des siens une position plus avantageuse. Bientôt, les Gaulois envoyés à la recherche du fils de Tordak se présentent: l'effroi, la honte et la douleur se peignent sur leurs visages. L'un deux porte la parole : « D'après vos ordres, illustre Théodemir, nous avons parcouru les sommets du Bénal, les bois et les vallons qui l'entourent. Nos voix ont fait entendre à plusieurs reprises le nom d'Isarn. A nos cris s'avança un esclave qui gardait des bagages; il nous dit avoir vu le fils de Tordal et le pontife d'Arduène prendre la route du camp romain. Doutant du récit du mercenaire, ne pouvant croire à tant de lâcheté, nous regagnions nos lignes, lorsqu'à distance égale des deux camps, nous vîmes deux fortes javelines plantées en terre, supportant des têtes sanglantes. Nous approchons. O spectacle d'horreur! l'une d'elles, jeune et superbe, se distingue par une chevelure ardente; l'autre, auguste et vénérable, porte un diadême d'or enlacé de feuilles de chêne; sa longue barbe blanche, flottant au gré des vents, est souillée de sang et de poussière. »

Le guerrier se tait : l'assemblée a reconnu le druide et l'ambitieux Isarn. L'indignation que cause leur trahison n'est point tempérée par la pitié que devait inspirer un sort aussi funeste. Les Gaulois abhorrent les traîtres; leurs mains, guidées par la justice, eussent elles-mêmes puni les transfuges du dernier supplice [a], si le ciel n'eût prévenu leur vengeance. Un noble courroux se manifeste dans tous les rangs. L'horreur qu'inspire cette infamie rehausse encore la gloire de Théodemir. Les guerriers, pleins d'enthousiasme, lui décernent à l'envi le titre de libérateur. L'un d'eux s'écrie : « Qu'attendons-nous ? Guidés par le vaillant Théodemir, nous avons vaincu les oppresseurs de la Gaule : la victoire n'est-elle pas la voix des dieux ? Qu'il soit notre roi ! — Qu'il soit notre roi ! » répètent avec transport les enfans d'Arduène.

Soudain, on apporte un bouclier d'airain; les chefs y placent le héros; et, l'élevant à la vue de toute l'armée, le proclament souverain. Les guerriers font bruire leurs armes; les femmes, montées sur les charriots qui servent de

---

[a] On pend à un arbre les traîtres et les transfuges. (*Tacite.*)

retranchemens, répondent aux acclamations par des cris d'allégresse. Des milliers de flammes s'agitent dans les airs; ces brillans signaux transmettent au loin l'annonce des événemens du jour, et les élans de la joie publique portent le trouble et la consternation dans le camp ennemi.

Quelques captifs échappés à leurs gardiens vont encore augmenter l'effroi des Romains. Témoins de la solennité qui accompagna l'élévation de Théodemir et des ordres émanés de son nouveau pouvoir, ces guerriers racontent que des signaux vont, cette nuit même, porter dans toute la Gaule le bruit de leur défaite [19]. Ils peignent avec l'exagération, compagne de la peur, les forces des Gaulois, l'habileté de leurs chefs et les dangers de la situation présente.

Valérius, découragé d'un revers qu'il croit le résultat de la perfidie du druide, assemble son conseil. Drusus lui a donné l'ordre de ménager ces peuples, et de les séduire plutôt que de les subjuguer. Il craint que leur premier succès n'excite une révolte générale. Placé entre des forêts impraticables, un marais dangereux et une armée victorieuse, il remet sa vengeance à d'autres temps et se détermine à offrir la paix.

Ce fut alors que la justice des dieux éclata par un de ces grands exemples qu'elle se plaît à donner quelquefois à la terre, afin de retenir les faibles, d'épouvanter les méchans et de punir les coupables.

Isarn et le druide, impatiens de conclure avec l'ennemi de la patrie le traité d'alliance qui doit satisfaire l'ambition de tous deux, s'étaient retrouvés au sentier des trois chênes; mais les savantes manœuvres de Théodemir avaient déjoué leurs projets : toutes les issues étaient gardées. Le druide et son complice, forcés de faire un long détour dans la forêt, ignorant le résultat de l'action, n'étaient arrivés que fort tard au camp romain. A la vue de la saye gauloise, une fureur vengeresse saisit les soldats de Valérius; ils se précipitent sur les traîtres, auxquels ils attribuent leur défaite. Sans pitié pour la jeunesse d'Isarn, sans respect pour la profession du druide, ils les massacrent tous deux sans écouter leurs prières; et, dans l'ivresse de la colère, ils exposent à la vue des deux camps les têtes des coupables.

Valérius feint d'ignorer cet excès : on se sert de l'infâme, on se réjouit de sa punition. Le Romain envoie vers Théodemir deux guerriers précédés d'un héraut portant l'olivier et les bandelettes sacrées. Attiré peut-être par le désir de voir le jeune barbare dont la renommée publie la magnanimité, mais pour assurer le succès de la négociation, Valérius quitte les marques de sa dignité et se joint à ses envoyés. Ils parviennent au camp des Gaulois et font part du motif qui les amène.

Aussitôt, Théodemir fait avertir les chefs qui formeront désormais le sénat de la nation. Les bardes, les eubages et les autres interprètes des dieux sont appelés au conseil qui se tiendra à l'heure solennelle où la nuit, sur son char, est au milieu de sa course. Leur cœur saigne douloureusement de la perfidie de Hemdal. Ils sont sans pontife, car la race du druide est éteinte et ils ignorent encore sur qui tombera leur choix. Toutefois, sans ambition personnelle, ils écartent ces pensers, et, tout entiers au sort de la patrie, ils remettent à un temps plus paisible les intérêts du sacerdoce.

FIN DU LIVRE DIXIÈME.

NOTES

DU LIVRE DIXIÈME.

(1) Pour *la seconde fois.*] « Drusus ayant fait un cens ou dénombrement avec plus de rigueur que le premier, cette flétrissure de servitude irrita les Gaulois de telle sorte que les villes voisines du Rhin se révoltèrent, tournant leurs yeux et tendant les bras vers le pays de la liberté. En effet, les Sycambres et leurs alliés, croyant que ce mécontentement serait général, se mirent aux champs pour le hâter. » (Mézerai ; *Histoire de France avant Clovis ;* livre 1, page 73.)

(2) *N'y parurent pas.*] « L'an 736 de Rome, Auguste envoya Drusus dans les Gaules pour arrêter les courses des Sycambres. On craignait un remuement de la part des Gaulois à cause du dénombrement que l'empereur faisait faire de leurs biens. Il semble même que les peuples voisins du Rhin avaient pris les armes, afin qu'on ne les surchargeât pas de tributs ; mais Drusus eut assez de prudence et d'ascendant pour pacifier toutes choses ; il sut engager d'honneur les principaux du pays à concourir avec lui à la dédicace d'un autel fameux, qu'il dédia à Auguste, dans la ville Lyon où il invita tous les plus considérables des Gaules ; la dédicace s'en fit

le premier août, et soixante peuples y envoyèrent leurs députés, y firent inscrire leurs noms et y dédièrent chacun une statue qui représentait leur province.

» Les peuples de Trèves, Metz et Toul y parurent sans doute, mais l'histoire n'en fait pas mention. » (Dom Calmet ; *Histoire de Lorraine* ; tome I.)

(3) *De ces contrées.*] « Auguste avait huit légions dans les Gaules : quatre dans la supérieure, aux environs de Mayence, quatre dans l'inférieure, dont deux à Bonn pour servir de barrière aux Germains et de brides aux Gaulois.

» La légion était composée de six mille fantassins et trois cents chevaux, sans compter les valets de l'armée et les mercenaires. » (*Histoire de France avant Clovis*; livre I, page 78.)

(4) *Une partie de la forêt.*] « Florus, historien latin, en décrivant la guerre de César, cite les exécutions militaires que plus d'une fois le vainqueur exerça contre des peuples indomptables. « Les cavernes, dit-il, ser-
» vaient de retraites aux *Aquitains*, il les fit fermer;
» les forêts offraient un asile aux *Moriniens*, il les fit
» embraser ; on peut dire même que c'est à la lueur des
» incendies qu'il marchait aux conquêtes. » (M. Henry; *Recherches archéologiques du département des Basses-Alpes*.)

(5) *D'effroyables clameurs.*] « Les Gaulois n'allaient jamais au combat qu'en chantant les louanges de leurs héros, pour s'encourager eux-mêmes, et se porter à imiter leur valeur. Quand ils étaient sur le point d'en venir aux mains, ou même pendant la chaleur du combat, ils poussaient de grands cris, pour porter la

terreur et le trouble dans le cœur des ennemis. Le *tavos* des Grecs répond au *can* des Gaulois ; il exprime la vigueur et la promptitude avec laquelle on court au combat, car les Gaulois s'y préparaient par de grands cliquetis d'armes. » (Hesychius. Cité par l'auteur de *la Religion des Gaulois*.)

(6) *Sont en présence*.] « Lorsqu'ils sont rangés en bataille et qu'ils attendent l'ennemi, ils demeurent assis, soit pour se reposer, soit pour marquer une plus grande assurance ; à cet effet, ils portent avec eux des fascines sur lesquelles ils s'asseyent. » (*César*, liv. 8.)

(7) *Le chant de guerre*.] « Les Celtes, les Scandinaves, les Germains et les Gaulois ne combattaient jamais sans avoir près de leurs drapeaux leurs bardes. La verve de ceux-ci s'échauffait à la vue de tant d'exploits. Ils peignaient avec vérité les faits héroïques dont ils avaient été les témoins. Ces poëmes étaient appris par les enfans ; devenus soldats, ils les chantaient dans les maisons, à table, dans les marches, sur le champ de bataille ; mais, quand les bardes eux-mêmes chantaient en s'accompagnant de la lyre, le respect pour leur personne ajoutait à leur voix tant de charme, ils avaient sur les guerriers un empire si grand, qu'ils allumaient ou calmaient à leur gré leur courage. Ils précipitaient les coups des combattans, ou bien ils arrêtaient les bras levés pour frapper. Cette influence des bardes était méritée : leur morale était pure ; ils ne louaient que ce qui était louable. Ils excitaient à la pratique de toutes les vertus guerrières et de tous les devoirs de l'humanité ; tous les hommes vaillans et bienfaisans étaient leurs héros ! On l'a sou-

vent observé : la poésie et l'harmonie enflammaient le courage. La gloire du soldat était le génie qui enflammait le barde : ainsi s'alliaient dans les camps, la harpe du barde et le fer du guerrier. » (*Histoire de l'administration de la guerre*, par Xavier Audoin ; tome I, page 125.)

« L'influence des bardes sur l'esprit des Gaulois était telle que le premier soin dont s'occupa le féroce Édouard après la conquête du pays de Galles, fut de réduire au silence des voix qui auraient pu un jour réveiller dans ses nouveaux sujets l'idée de leur ancienne indépendance. Tous les infortunés bardes gallois périrent par le dernier supplice ; Édouard les fit étrangler. L'âme pénétrée de douleur s'indigne au récit d'une telle atrocité ; mais elle s'élève par la contemplation des vertus qui la provoquèrent !... Cet assassinat politique fut consommé l'an 1284. » (*Origines gauloises* de Latour-d'Auvergne ; page 159.)

(8) *Sur leurs boucliers.*] « Les Gaulois chantent, dansent, et frappent leurs boucliers les uns contre les autres à la vue de l'ennemi, pour marque d'intrépidité et de valeur. » (*Tite-Live* ; liv. 38.)

(9) *Leur blonde chevelure.*] « Ils vous diront que des sermens et des vœux solennels les liaient au culte de la Victoire ; que leur devise était *vaincre* ou *mourir* ; que leurs plaisirs et leurs jeux étaient dans les batailles, et que dans les combats ils ne portaient, au lieu de casques, que des couronnes de fleurs. » (*Justin*, liv. 4 ; *Florus*, liv. 12 ; *Athenée*, liv. 4 ; cités par M. Marchangy, *Gaule poétique*, tome Ier, p. 38.)

« Les Gaulois, pour montrer l'assurance avec laquelle ils marchaient au combat, et le mépris qu'ils avaient de la mort, ne portaient pour tout casque, dans un jour de bataille, qu'une couronne de fleurs. » (*Histoire de la vie privée des Français*, par Legrand D'Aussi; tom. II, p. 145.)

(10) *Le sombre Irminsul.*] » Les Saxons adorent le sombre Irminsul, qui d'une main agite son étendard, et porte dans l'autre une épée et des balances, emblème des hasards des combats. » (*Eginhard, Lelaboureur*; cités par Marchangy, *Gaule poétique*, t. I, pag. 214.)

« Eginhard qui accompagna Charlemagne dans toutes ses expéditions et ses conquêtes au-delà du Rhin, remarque que l'on voyait encore de son temps, dans plusieurs contrées de la Germanie, des pierres colossales nommées Irminsul, sur lesquelles le soleil était représenté sous la forme d'un homme à demi-nu, avec la tête rayonnante; et que ces mêmes pierres étaient l'objet de la vénération des Germains. Le moine Vitikind regarde ces monumens runiques comme des effigies de Mars. » (*Origines celtiques et bugesiennes*; tome II, p. 161.)

« Il y avait un temple à Mersburg où les Germains adoraient une idole qu'ils appelaient Irminsul. La montagne où était ledit temple a été appelée Eresberg. Aucuns l'interprêtent la statue de Mercure qui a été appelée *Ermes*; mais Mars a obtenu l'honneur, tellement qu'il est aujourd'hui appelé Mersburg. Aucuns exposent Irminsul statue publique. On peut conjecturer qu'elle a été appelée Irminsul, comme le refuge commun et franchise de tous; et le Mars commun, qui est incertain en guerre et longuement douteux, pour ce qu'on ne sait de quel côté doit être la victoire. Son effigie était armée de pied-en-cap, tenante en sa main une enseigne de guerre, en laquelle était peinte une rose, qui est une fleur bientôt venuë, et bientôt abattuë: ainsi est-il de l'issuë des guerres. En la senestre était une balance pour peser la fortune douteuse des combattans, laquelle se tourne bien aisément d'un côté ou d'autre. La poitrine n'était point armée, mais avait la figure d'un ours qui représente le courage félon des combattaus, qui ne peut être effrayé. Au bouclier il y avait un lion qui domine sur les autres bêtes, et montre une impétuosité invincible pour les grandes prouesses. Le champ auquel cette statue se tenait debout, était semé de fleurs, pour ce qu'il n'y a rien qui soit plus agréable aux gens de grand cœur que se montrer vertueux en bataille. » (*Cosmographie universelle de Sébastien Munster*; folio 807, édition de 1552.)

(11) *Camulus dieu des.*] « Quoique nous venions de dire que *Camulus* est le véritable Mars de nos ancêtres, nous ne prétendons donner à cette proposition qu'autant d'étendue que les inscriptions le permettent, et il est constant qu'à s'en tenir aux inscriptions, il n'est guère que Reims et son canton où l'on puisse assurer que Mars était reconnu sous le nom de *Camulus*. Cette opinion sera bien plus recevable, si l'on a égard aux trois sortes de langues qu'on parlait dans les trois diverses parties des Gaules : ce qui faisait qu'une même chose devait être appelée d'une manière, dans un coin des Gaules, et autrement ailleurs. » (*Religion des Gaulois*; tome Ier, p. 490.)

(12) *D'un astre radieux.*] « De tous les malheurs

possibles, le refus du chant funéraire était regardé comme le plus terrible; des chants du barde dépendait non-seulement leur réputation dans ce monde, mais encore leur félicité dans l'autre. Cette persuasion ne pouvait manquer d'avoir une heureuse influence sur leur conduite, puisqu'elle les excitait sans cesse à des actions nobles et généreuses. » (*Note des poésies Erses*; traduction de Hill.)

(13) « Mais semblable au point brillant qui part de l'Orient, tu t'élèves dans les airs, tu vas rejoindre les ombres de tes ayeux, tu vas t'asseoir avec eux dans le palais du tonnerre. Un nuage domine la colline de Cona; ses flancs azurés touchent au firmament ; il s'élève au-dessus de la région où soufflent les vents : c'est là qu'est la demeure de Fingal. Le héros est assis sur un trône de vapeurs : sa lance aérienne est dans sa main ; son bouclier à demi couvert de nuages ressemble à la lune, quand la moitié de son globe est encore plongé dans l'onde et que l'autre luit faiblement dans la campagne. Les amis de Fingal sont assis autour de lui sur des siéges de brouillards ; ils écoutent les chants d'Ullin ; le barde touche sa harpe fantastique, il élève sa faible voix, etc. » (*Berrarthon*, poëme d'Ossian.)

« La description de ce palais idéal est poétique et conforme aux opinions du temps. » (*Note* de M. Létourneur.)

(14) *De leurs victoires.*] « Les soldats d'Octave n'étaient plus ceux de César; la prospérité les avait amollis, en même temps que ce grand capitaine s'était appliqué à exclure des camps l'antique amour de la patrie. On en peut juger par le dépit que manifesta la

dixième légion révoltée, lorsque le général feignant de la licencier, affecta de donner aux soldats la qualification de citoyens. L'orgueil national avait déjà fait place aux préjugés soldatesques, aussi cherche-t-on vainement désormais de ces traits immortels de grandeur et dévouement qui illustrèrent si long-temps les légions romaines, pour lesquelles le joug de la discipline militaire devenait insupportable, et le titre de citoyen un outrage. » (*Hist. des guerres des Gaulois en Italie*, par le général Jubé; tome Ier, p. 63.)

(15) *La divine Egra.*] « Egra était la déesse de la médecine, et c'étaient les femmes qui pansaient les blessés.

» Egra conduit les filles des Scandinaves aux lieux déserts, où fleurissent les plantes qu'elles doivent appliquer aux blessures. » (Marchangy; *Gaule poétique*; tome I, page 262.)

(16) *Calment les souffrances.*] « Les noms vulgaires de ces plantes sont : *la mille-feuille*, *l'ache* ou *herbe aux coupures*, *le sang de dragon*, *l'herbe aux charpentiers*, *le millepertuis* et *la joubarbe*.

Le peuple les regarde encore comme vulnéraires et leur attribue de grandes vertus.

(17) *De ce titre glorieux.*] Il est sans doute digne de remarquer que la France seule donne ce beau spectacle à l'humanité; on assure qu'il n'existe de sœurs hospitalières dans aucune autre contrée.

(18) *Sur un bouclier d'airain.*] « Quand ils élisaient un roi, ils l'élevaient sur un bouclier et le promenaient ainsi parmi le camp. » (*Histoire de Lorraine*, par dom Calmet; livre 3, page 125.)

(19) *De leur défaite.*] « Aussitôt qu'il arrive quelque

chose d'extraordinaire dans les Gaules, ses habitans s'en avertissent par des cris redoublés qui sont entendus d'un lieu à autre, si bien que ce qu'on avait fait à Orléans au lever du soleil fut connu vers huit ou neuf heures du soir en Auvergne. » (*Commentaires de César*; tome I, page 189.)

« L'invasion des Bretons fut sue dans toute la Gaule au moment où ils commencèrent à l'exécuter, car les Gaulois allumaient des feux sur les montagnes, et, par le nombre de ces feux et l'épaisseur de leur fumée, ils donnaient des avis plus vites que des oiseaux. » (*Arcadie*, page 144.)

LIVRE ONZIÈME.

L'Apparition; — L'Avenir.

Cependant Théodemir, tout entier aux vastes pensées qui l'agitent, cherche la solitude et sort de l'enceinte du camp. Non loin de là, entre deux collines, s'étend la vallée funéraire, lieu redoutable où les enfans d'Arduène déposent les cendres sacrées des morts. C'est là que s'arrêtent les pas du héros. La cime aiguë des sapins projette sur les tombeaux des ombres fantastiques; le bruissement des feuilles desséchées, le murmure plaintif de la cascade, semblent la voix prophétique des fantômes. Sans troubler la rêverie du jeune monarque, ces sons aériens ont ému son ame. Partagé entre les souvenirs du passé, les soins du présent et les inquiétudes de l'avenir, il jette devant lui un regard préoccupé. Du haut d'une roche escarpée entourée de chênes vénérables, se précipite une source limpide; ses flots, blanchis d'écume, répandent dans les airs une poussière humide. Tout-à-coup, ô surprise! ces vapeurs se condensent et prennent des formes animées : debout sur les eaux bondissantes et comme sur un trône d'argent, s'élèvent, appuyées l'une sur l'autre, trois figures majestueuses. La première, à demi-couverte d'un voile diaphane, laisse voir sa robe de pourpre rattachée d'une ceinture d'or et chargée de figures hiéroglyphiques, dont les hommes ont depuis long-temps perdu la connaissance; elle porte un rouleau à moitié déployé. La seconde se repose sur ses compagnes; une couronne de chêne presse sa chevelure en désordre; la douleur et la fierté contractent sa belle bouche; son œil, fatigué de pleurs, se tourne vers la troisième : d'indignes entraves compriment ses pieds, et ses bras portent les marques sanglantes des fers auxquels elle a voulu se soustraire. La dernière enfin, couverte d'un voile épais, se dérobe à tous les regards. Immobiles et muettes encore, les trois déesses attachent leurs yeux attentifs sur le jeune héros.

« Vainqueur des oppresseurs de la patrie, dit enfin la déesse non voilée, rassure ton ame magnanime. Tu vois devant toi les redoutables destinées; Urd, Veranda, Skuld, sont nos noms mystérieux, emblèmes des temps [*a*]. Ta mémoire possède les souvenirs de la première; ma voix va t'instruire, et les secrets de la dernière te seront dévoilés.

» Tu as humilié l'insolence des tyrans de la Gaule, continua la déesse; que cette victoire te suffise. Ton peuple est libre encore; hâte-toi de le soustraire au joug qu'on lui apprête. Abandonnez la terre de la patrie, réfugiez-vous dans les vastes forêts de Germanie; Hercinie vous offrira un asile '. Emportez avec vous le plus cher de tous les biens, la liberté.

[*a*] Le passé, le présent et l'avenir.

Transmettez ce généreux sentiment à vos enfans; et quand les temps seront accomplis, ils chasseront sans retour l'étranger de cette terre sacrée.

» Toi, ma sœur, dit-elle à la déesse voilée, montre-toi toute entière au héros, et que ton aspect prophétique lui serve de leçon dans la suite! »

A ces mots l'ample draperie qui couvrait la divine Skuld, s'entr'ouvre; sa main la soulève avec lenteur, et laisse voir à Théodemir attentif toute la stature de l'auguste divinité : sa robe, bigarrée de couleurs éclatantes ou sombres, est serrée par une agraffe brillante. A mesure que le voile mystérieux s'écarte, l'impatient guerrier découvre une taille céleste et des proportions divines. Il voit enfin la radieuse figure toute entière. Son front, couronné de lauriers éternels, est ceint d'une lame d'or, sur laquelle sont écrits en feux étoilés les mots sacrés *honneur, patrie*. La main de la déesse s'appuie sur un bouclier immense, disque éblouissant formé d'un acier incorruptible;

et cette même main soutient à la fois des chaînes et des fleurs, des palmes et des lyres, des diadêmes et des fouets vengeurs. Soudain la mystérieuse Skuld agite le disque éclatant, un rayon lumineux en jaillit et frappe les yeux du héros. A cet instant sa vue intérieure est débarrassée des nuages terrestres qui l'offusquaient; et fixant son avide regard sur l'acier fatidique, il voit la longue suite des siècles se dérouler devant lui.

D'abord se présentent à sa vue les temps qui vont suivre son départ de la Gaule. Il voit sa nation généreuse et les fils de ses fils enflammer de leur haine les peuples innombrables de ces vastes contrées. Il les voit tour à tour vainqueurs et vaincus; mais les défaites mêmes excitent leur vengeance, et leur sang cimente le pacte saint qu'ils ont formé contre l'ennemi commun ².

Il vous voit briller à l'envi, héros immortels qui, semblables à des astres radieux, ranimâtes plus d'une fois les espérances de la patrie! Toi, le premier, vaillant Arminius;

toi qui, méditant long-temps la perte des légions d'Auguste, sus endormir avec adresse la prudence de leurs chefs [3]. Tes amis sont avertis; les glaives sont aiguisés; tous les chemins sont gardés, et, terrible, tu te précipites sur l'ennemi qui tant de fois versa le sang des peuples-frères : tu lui ravis ces aigles d'or, désormais l'emblème de la plus brave de tes nations [4], et les rives sanglantes de l'Amisius garderont long-temps les souvenirs de ta victoire.

Théodemir voit à diverses reprises les Gaules, auxquelles les tyrans, fatigués de tant de valeur, donnèrent le surnom de Querelleuses; il les voit s'ébranler pour repousser le joug odieux qui pèse sur elles. Tour à tour l'impétueux Sacrovir, le courageux Florus [5] saisissent un fer vengeur. Généreux Vindex! une fatale erreur te ravit à l'espoir de la nation; mais à la voix de la renommée qui proclame tes succès, le parricide Néron a pâli; et si la Gaule ne recueille pas le fruit de ta noble entreprise, du moins elle applaudit à la joie du monde délivré de son tyran [6].

Tu lui succèdes, valeureux Civilis! Germain de naissance et Gaulois par le cœur [7]; tu recommences la lutte sanglante qu'avaient déjà entreprise Classicus et le vaillant Tutor [8]; tu jures les sermens les plus saints de vaincre ou de périr, et le fer ne dépouillera point ta tête auguste, que le sang romain n'ait baigné le sol natal affranchi. Les dieux entendent tes superbes vœux, et t'accordent un gage éclatant de la victoire; l'incendie du Capitole éclaire la scène du monde [9], ses flammes s'élèvent jusqu'aux cieux. A cette vue, les peuples secouent leurs chaînes! Velleda, vierge inspirée, a prédit tes succès [10] : les légions romaines éperdues fuient de toutes parts; encore un effort, et la patrie est libre!.... Mais l'odieux génie, qui tant de fois causa la perte de ces belles contrées, rend inutile le courage de ses libérateurs : la division règne parmi les chefs, et la Gaule reprend ses fers!

Il ne vous appartenait pas, Gaulois dégénérés, de rendre à la patrie sa première splendeur : il faut des mains libres du joug de l'or et des honneurs pour soutenir l'étendard de la liberté, et le front empreint des stygmates de l'esclavage porte mal son chapeau de fleurs! C'est aux fils de Sigovèse, aux fiers enfans des Sycambres que cet honneur est réservé! [11] En vain, pour conjurer leur haine et asservir leur courage, les maîtres du monde leur offrent des trésors et toutes les délices de Rome [12]; les Germains sourient avec dédain. D'une main, ils reçoivent l'or, qu'ils attachent à leurs arbres sacrés; et de l'autre, agitant leurs longues framées, ils en menacent leurs éternels ennemis. Leur inaction, achetée par des dons si superbes, est le repos du lion, qui puise dans le sommeil des forces nouvelles et une soif de carnage plus ardente. Bientôt ces tribus guerrières se réveillent, et l'aigle impérieux baisse enfin sa tête humiliée; il fuit les ailes éployées devant d'innombrables peuplades qui, se levant pour la dernière fois, traversent audacieusement le fleuve paternel, si long-temps asservi; pénètrent dans la Gaule et s'y établissent, malgré les forteresses, leurs remparts de fer, et les légions des empereurs [13].

Le grand Pharamond paraît; l'épée vengeresse et les fers recourbés de l'angon étincèlent sur ses fiers étendards [14]. Les Francs rentrent dans leur héritage, et les fils des antiques Celtes rebâtissent les demeures de leurs pères, sous l'ombrage sacré d'Arduène [15].

Mais ne vous hâtez pas tant, valeureux descendans de Théodemir, ne remettez point la redoutable épée dans le fourreau : des hordes presque sauvages envient votre conquête; le doux ciel de la France les appelle, comme les vapeurs embaumées du miel attirent des multitudes d'insectes dévorateurs. Un barbare, à la tête de ses innombrables phalanges, a franchi les ondes du Rhin : semblable au rapide fléau qui brise sur l'aire les gerbes entassées, de même le farouche Attila brise et disperse devant lui les peuples épouvantés. Les campagnes sont dévastées, les cités sont en flammes, les vierges de Lutèce frémissent. Le barbare approche à pas de géant ; il se dit envoyé par la colère céleste. Qui sauvera la patrie de ce vaste incendie ? [16]

O nymphes des Gaules, fées protectrices ! vos promesses ne seront point vaines ! En cessant d'apparaître parmi nous, vous continuerez d'animer nos vierges de vos inspirations généreuses !... Une simple bergère, Geneviève, rassure les peuples éperdus : *Le superbe passera comme une ombre*, dit sa voix prophétique ; *invisible à ses yeux, la cité reine sera préservée, et l'orgueil du barbare expirera dans les champs catalauniques* [17].

Le ciel accomplit l'oracle de la céleste fille, et les enfans de Lutèce la proclament leur protectrice.

Mais voici la suite des rois à la longue chevelure. Les lois se forment ; les cités s'édifient ; des routes nombreuses traversent le royaume. Déjà les paisibles abeilles remplacent sur les enseignes de la nation les armes meurtrières [a]. Une femme inspirée proclame un Dieu juste, humain, auquel plaît un cœur pur et de simples prières. Clovis triomphe en son nom de tous ses ennemis; et, courbant sa tête altière, le Sycambre maudit les dieux de la terreur et bénit celui de Clotilde [18].

Ici d'obscurs nuages dérobent à Théodemir les temps sinistres qui suivent ces jours mémorables [19]; mais bientôt un rayon plus vif les dissipe. Il voit un homme d'une taille majestueuse s'asseoir sur un trône d'or [b]. Son front est ceint d'une double couronne; ses mains portent à la fois le sceptre et l'épée, et semblent n'en pas sentir le poids; la pourpre des Césars le décore; les perles et les pierreries de l'Inde éclatent dans toutes les salles de son palais. Un ver industrieux, apporté de l'Orient, vient suspendre ses globes d'or aux mûriers de la Provence; les vierges de

---

[a] Voir la note 11 du livre 9.
[b] Charlemagne.

Lugdune [a] en développent les fils merveilleux, et de riches étoffes, nuancées de mille couleurs, naissent sous leurs doigts habiles. Tous les arts accourent à la voix du monarque, et font éclore autour de lui leurs prodiges.

A cette vue, le cœur du généreux Théodemir tressaille : sans doute le bonheur et la gloire de sa nation sont assurés à jamais !... O douleur ! un léger mouvement de la divine Skuld a suffi pour faire évanouir le brillant tableau. De funestes images lui succèdent : la patrie, partagée entre des loups furieux, va succomber dans cette lutte sanglante ; une nouvelle espèce de druides, altérant par d'indignes terreurs la raison du fils du grand Charles [20], osent porter une main hardie sur son front sacré, et le dépouiller de cette chevelure ondoyante, apanage des rois [b]. C'en est fait, la barbarie impose de nouveau sur la France ses voiles funèbres et son sceptre de

---

[a] Lyon.
[b] Louis le débonnaire.

plomb ; trois siècles passent comme des morts ensevelis dans de tristes linceuls.

Cependant la flamme du génie n'est point entièrement éteinte ; cachée sous la cendre, elle n'attend que le souffle généreux d'une ame noble et fière, pour se ranimer et briller d'un nouvel éclat. Un jeune roi s'assied sur le trône antique de Pharamond. La candeur est sur son front, l'équité dans son cœur; son nom, aussi doux que les fleurs qui lui servent d'emblème, est Loïs le saint, le juste, le vénérable. Arbitre entre les rois comme entre ses sujets, son règne est celui de la justice ; un chêne vénérable abrite de son ombre l'auguste et simple tribunal où chaque aurore il vient lui-même veiller aux intérêts de ses peuples. Remettant aux mains d'une mère prudente [a] le gouvernail de l'État, il conduit sous un prétexte pieux les peuples demi-barbares aux rives du Nil, dans la patrie des sciences et des lumières ; et, satisfait d'avoir

---

[a] Blanche de Castille, déclarée régente.

donné à son pays des plantes précieuses et des arts utiles [a], il meurt sans regret sur la terre étrangère.

De cette époque, la gloire française ne s'obscurcira plus, et chaque siècle fournira de nouveaux alimens à sa céleste flamme. En vain un étranger, un odieux insulaire, précédé par d'horribles léopards, prétend asservir la patrie à son joug détesté. En vain un monarque insensé [b], auquel les crimes d'une mégère ont ravi la raison, ouvre à l'ennemi les portes de nos nobles cités. En vain la marâtre, oubliant le fils de son amour, pose l'antique diadème de nos rois sur le front débile de l'Anglais. En vain la France abattue gémit sous les pieds des soldats d'Albion : des rangs du peuple, du sein des forêts de la Lorraine, s'élève une jeune héroïne. O Jeanne d'Arc! qui t'a révélé ta noble mission? qui

---

[a] Quelques auteurs ont donné ce prétexte aux croisades de Louis IX.

[b] Charles VI.

a donné à ton ame le mâle courage des héros? C'est la haine pour l'étranger; c'est l'amour de la patrie.

Seule au milieu de ses vallons, inquiète des bruits de guerre qui parvenaient jusqu'au hameau qu'elle habite, la simple fille sent son cœur se remplir d'une ardeur belliqueuse. Qui consultera-t-elle? A qui fera-t-elle part de ses desseins? Le mépris et la raillerie accueillent ses timides questions... C'est à Dieu seul, c'est à la vierge des grands chênes, qu'elle adressera ses vœux secrets et ses véhémentes prières. Plus d'une fois, cédant au charme impérieux qui l'attire, elle s'est approchée de la fontaine redoutable que visitent les génies des forêts; aux rayons de la lune, l'intrépide villageoise a vu leur troupe aérienne se jouer autour des chênes [21]. Ils ont attaché sur elle leurs regards, et Jeanne n'a point frémi; elle a entendu leurs concerts et recueilli leurs paroles fugitives... Ils l'ont appelée par son nom, et son cœur magnanime a répondu: Me voici!...

Émue, mais inspirée par ces visions célestes,

la vierge Lorraine plante sa houlette dans la plaine, dit adieu à ses troupeaux, et vêtue encore de ses simples habits, elle va se présenter au brave et fidèle Baudricourt. L'aspect des soldats n'intimide point la bergère : les anges l'accompagnent ; elle suit la troupe guerrière jusqu'à la cité fidèle où le roi attendait des secours. Là, Dieu lui-même prend soin de justifier la noble fille. Ses yeux brillent du feu du courage ; sa main soulève l'épée avec dextérité ; toutes ses paroles sont des oracles, et chacune de ses actions un prodige. Charles lui confie l'élite de ses guerriers. Aussitôt elle revêt, sur sa robe de laine, une cuirasse éblouissante ; un casque de fer ombragé d'un panache couvre son front délicat ; la forte épée fleurdelisée étincèle à son côté ; sa main porte un étendard qu'elle agite dans les airs. Elle marche à la tête des héros, parvient à Orléans, repousse l'odieux étranger, lui fait prendre la fuite, le poursuit et crie à ses compagnons d'armes : *Courez-sus ! Dieu les a livrés à vos mains*. La victoire couronne ses généreux efforts. La tâche de l'héroïne est remplie : que lui importe les flammes du bûcher et la rage de ses bourreaux ? [22]. La patrie victorieuse l'a proclamée sa libératrice, et la postérité reconnaissante couvrira de palmes et de fleurs son tombeau et le lieu qui la vit naître [23].

Cependant ce siècle est marqué par de nouveaux miracles. Désormais elles ne périront plus, les nobles pensées de ces êtres privilégiés, que le ciel envoie quelquefois à la terre. L'histoire reçoit des mains de l'industrie des tablettes mouvantes qui, se multipliant des milliers de fois, propagent partout les découvertes utiles aux hommes, et le souvenir des actions vertueuses. Un pouvoir secret, invisible, attire vers le pôle l'aiguille vacillante, qui tournant dans un cercle mystérieux, trace de nouvelles routes au sein des mers. Un hardi navigateur donne à sa patrie un monde nouveau ; il en rapporte des trésors inconnus.

Le héros gaulois voit sortir des ruines de Rome la gracieuse peinture, fertile en merveilles.

Un homme dont le nom est celui d'un être céleste, présente aux yeux ravis de l'antique Italie, les figures animées des anges, et fixe sur la toile les souvenirs fugitifs de la beauté.

Un art divin, la sainte et sublime poésie, retrouve la lyre d'Homère. A ses accens, tous les arts, charmes de la vie, s'éveillent. Leur troupe enchanteresse traverse les monts glacés et vient s'acclimater dans les champs de la France. Les vierges de la Durance entendent avec surprise de nouveaux scaldes moduler sur ses rives, des chants mélodieux ; ils célèbrent tour à tour la patrie, les dieux et l'amour. Ces combats pacifiques rappellent ceux des frais bocages de la Sicile, où la flûte à deux tuyaux, la coupe de bois de hêtre, la lampe d'argile, étaient le prix offert aux accords des simples bergers. Plus superbe que Syracuse, l'antique Capitole de Tolosa voit accourir dans son sein des rois et des princes rivaux de gloire, qui, délaissant un instant leurs sceptres pesans, viennent se mêler à la foule nombreuse des trouvères et des sirventes, chantres harmonieux.

Une vierge célèbre, la noble Isaure, apprête les dons charmans qui doivent décorer le triomphe de la lyre : trois fleurs de nos climats, la douce églantine, l'odorante violette, et le souci, emblème des cœurs malheureux, couronneront tour à tour le vainqueur. Mais afin que ces fleurs participent à l'immortalité des chants divins dont elles sont le prix, l'or et l'argent, ciselés par une main savante, empruntent leurs contours délicats, s'élèvent en tiges, s'arrondissent en calices et se découpent en feuillages.

Heureux le tendre fils ou l'amant timide, dont les doctes veilles obtiendront ces gages précieux de la victoire! Symboles de respect et d'amour, ils orneront le front maternel ou le sein de la beauté.

Plus puissant que le dieu des batailles, le génie des arts change la face de la France.

L'antique Lutèce, cité superbe, fécondée par lui, enfante chaque jour de nouveaux prodiges. Qui pourra décrire ta grandeur, ô siècle de merveilles ? La langue grossière de nos aïeux est devenue sonore et facile : elle se prête aux grâces, à l'innocent badinage ; elle prononce avec solennité les austères devoirs des rois ; se plie aux lois de l'harmonie, et redit avec clarté les discours de la sagesse.

Nos rapides vaisseaux portent dans cent contrées les produits éclatans de notre industrie, et nous rendent en échange les précieux végétaux, les plantes salutaires, justes tributs de l'admiration étrangère. Rival de l'oiseau des augures, l'homme ose enfin s'élancer dans les plaines de l'air, et dérober la foudre au dieu des tempêtes. O patrie ! que manque-t-il à ta gloire, à ta prospérité ?

Le siècle se termine.... mais avec ses derniers jours un sombre orage s'est amassé. Peuple infortuné ! où courez-vous épouvanté ? Quel délire vous saisit ? Pendant le sommeil du chef, vous avez touché à l'outre mystérieuse qui tenait les vents renfermés; le vaisseau est en danger... C'en est fait, le pilote est massacré! tous veulent s'emparer du gouvernail; ils s'y précipitent, et c'est sur des monceaux de cadavres qu'ils parviennent à goûter quelques momens le souverain pouvoir. Le trône, les autels sont renversés; des torrens de sang abreuvent la terre; l'étranger attentif médite notre perte; il assemble contre nous ses cohortes. La patrie désolée envoie la jeunesse aux combats, et reste seule sans défense, le front couvert de voiles funèbres, exposée aux coups d'un assassin qui se dit son appui. Stupide et féroce, tel est le tyran: à lui seul il réunit tous les vices des plus cruels animaux. Son imagination délirante crée un dieu de la terreur, et dans son zèle exécrable, il lui offre des hécatombes humaines. O France! faut-il te voir périr au plus haut point de ta splendeur, à l'aurore de ta liberté? Qui te délivrera du monstre qui dévore tes entrailles? Divinités des Gaules, avez-vous fui pour jamais? Parmi tous les hommes qui tremblent sous le nouveau Caligula, n'en est-il donc aucun qui, le cœur animé d'une juste fureur, se lève pour venger la patrie ?.. Non, c'est à toi, jeune Cordai, qu'est réservé cet insigne honneur. Belle, attrayante, tu caches avec soin le vaste dessein que ton ame altière a conçu. Ton sourire, tes grâces trompent les satellites du tyran ; à ton aspect il a frémi. Exaltée par le saint amour de ton pays, tu plonges, sans pâlir, dans son sang, le fer vengeur que ta main avait apprêté.

A cet instant, la liberté se relève, et jette un cri formidable. Les tyrans l'ont entendu; c'est en vain qu'ils espèrent prolonger leurs triomphes impies, leur règne sanglant et leur culte insensé. A l'aspect de la déesse, ils veulent fuir, leurs pieds chancelans les trahissent : c'en est fait, ils sont vaincus. Nos armées victorieuses balayent nos frontières des ennemis conjurés; la victoire amène enfin la paix. Les chefs-d'œuvre des arts, prix glorieux de leurs nobles conquêtes, ornent la pompe triomphale. Tout un peuple enivré accourt au-devant des dieux de la Grèce, des dieux du Capitole. Le Louvre, dont le nom seul dit la splendeur, commencé sous tant de rois, s'achève enfin par les mains de la gloire. C'est sous les dômes de ce nouveau Panthéon, qu'exposés à l'admiration publique, ces augustes trophées recevront les hommages de l'univers. Lutèce est la reine du monde : des fontaines jaillissantes rafraîchissent ses places et ses rues populeuses ; des ponts merveilleux, illustrés par des noms éclatans, traversent la Seine, et de solides remparts contiennent ses eaux profondes ; les temples, les palais se relèvent ; leurs brillantes coupoles étincèlent dans les airs. Au-dessus de l'un d'eux resplendit une étoile, emblème de la récompense que la patrie accorde à l'honneur, au génie ; récompense auguste, qui réunit par des nœuds fraternels tous les cœurs vertueux.

Les étendards enlevés aux ennemis ornent à la fois l'antique basilique, le temple des lois, la demeure des guerriers et le séjour somptueux des monarques.

Formée du bronze des nations, une colonne s'élève. Les trophées des vaincus décorent sa base majestueuse; sur son fût colossal, une main savante a gravé la longue histoire de nos conquêtes : monument sacré, qui portera jusqu'aux siècles à venir le nom et la gloire de la France !

A ce moment Théodemir, fatigué d'une longue attention, tourne son regard sur la belle Véranda : elle paraissait sourire et oublier ses maux. Le jeune héros reporte de nouveau les yeux vers le disque magique ; mais la vénérable Skuld avait laissé retomber ses voiles. « O déesse ! » s'écria Théodemir avec regret. *Souviens-toi!* dit la première des immortelles. *Agis!* dit la seconde. *Espère !* murmura la troisième.

Le jeune monarque se précipite sur la terre, et recueille en son cœur les paroles des destinées : il relève les yeux ; le divin spectacle avait disparu.

FIN DU LIVRE ONZIÈME.

NOTES

DU LIVRE ONZIÈME.

(1) Vous *offrira un asile.*] « Il y a des auteurs qui s'efforcent de prouver que les Français n'étaient autre chose que des Gaulois même qui revenaient d'au-delà du Rhin où ils étaient passés autrefois. Et de ceux-là, quelques-uns, comme Bodin, l'entendent de ces Gaulois qui étaient allés en Germanie, long-temps avant Jules César; mais les autres prétendent que c'étaient de ces peuples des Gaules que Jules César et Auguste avaient laissés *libres*, lesquels, depuis, fuyant la vexation insupportable des publicains et des gouverneurs, se seraient retirés parmi les Germains, généreux vengeurs de la liberté; et que là, conservant aussi chèrement que la vie leur nom de *libres* (c'est *francs* en langue tudesque), ils auraient toujours, depuis, fort harcelé les oppresseurs de leur première patrie, et fait de continuels efforts pour y rentrer. » (*Mézerai*, livre 2.)

(2) *Contre l'ennemi commun.*] « Tantôt vainqueurs, tantôt vaincus, assaillans ou assaillis, jamais découragés ni rebutés, les Francs ont même attaché à leurs

défaites un caractère de grandeur et d'illustration. »
(*État de la Gaule au cinquième siècle*, par Fournel ;
tome I, page 305.)

(3) *La prudence de leurs chefs.*] « Un jeune Allemand nommé Arminius, d'une naissance distinguée, d'une valeur reconnue, plein de sens et d'esprit, se sentit animé d'une noble ardeur de rendre la liberté à sa patrie. Il profita de la négligence de Varus, qui commandait les légions de Germanie, pour exécuter son dessein. Aidé de quelques amis, il prend son temps et dispose tout pour la réussite. Varus en fut informé par un nommé Ségeste, mais ne tint compte de l'avis. Arminius et les conjurés prirent si bien leur temps que l'armée romaine, une des plus vaillantes, des mieux disciplinées et des plus expérimentées qui fût dans l'empire, fut enveloppée des ennemis et égorgée sans pouvoir se défendre. Varus, voyant qu'il ne pouvait sauver ses troupes, se perça le cœur d'une épée ; les Germains le déchirèrent, coupèrent sa tête et la portèrent à Marobodus, roi des Marcomans. Il y eut trois légions, trois corps de cavalerie et six cohortes de perdus. On prétend que c'est la plus grande perte que les Romains aient éprouvée dans les pays étrangers, après celle de Crassus. » (*Velleïus Paterculus* ; liv. 2.)

(4) *De tes nations.*] « Les premiers Français, élite des nations guerrières au-delà du Rhin, réunissant toutes les qualités des autres peuples, chargèrent à la fois leurs enseignes du lion, de l'aigle et du dragon. L'aigle, qui plane sur l'univers et voit tout à ses pieds, convenait également et aux légions romaines qui avaient asservi l'univers, et aux peuples appelés à renverser la

puissance de Rome. Et ce signe fut conquis bien avant que sa puissance lui fût enlevée. Lorsque Octave envoya contre les Germains Quintilius Varus, avec les trois légions dont la valeur était la mieux reconnue, Arminius, chef de la tribu des Saxons, les attendit dans une embuscade, les défit, leur enleva deux aigles, et aussitôt les Germains placèrent sur leurs étendards deux aigles adossés l'un à l'autre, trophée que Charlemagne, vainqueur de l'Occident, reporta sur l'écu de France, mais que ses successeurs se laissèrent arracher avec l'Empire. » (*Histoire de l'administration de la guerre*; tome I, page 103.)

(5) *Le courageux Florus*.] « L'an 21 de Jésus-Christ, sous le règne de Tibère, une grande révolte souleva de nouveau les Gaules. Les tributs et les dettes dont les peuples étaient accablés en furent la cause ou le prétexte. Julius Florus de Trèves, et Julius Sacrovir d'Autun, furent les auteurs de la rebellion. » (*Tacite*; livre 3, page 90.)

(6) *De son tyran*.] « Deux chefs distingués, Florus et Sacrovir, essayèrent d'affranchir leur pays; ils échouèrent, et toujours dignes de leur patrie, ils ne voulurent point survivre à tant d'inutiles efforts.

» Le généreux Vindex eut un sort semblable, après avoir cependant provoqué par sa révolte la mort de Néron, et bien mérité de l'humanité. » (*Histoire des guerres des Gaulois en Italie*; tome I, page 66.)

(7) *Gaulois par le cœur*.] « Claudius Civilis était le plus illustre des Bataves; il profita du mécontentement de ses compatriotes, pour se venger des affronts qu'il avait reçus des Romains, car il avait été mis dans les

fers, d'abord sous Néron, et enfin sous Galba, où il avait été en danger de perdre la vie. Le souvenir de ces injures et les dispositions de ceux qui l'entouraient lui firent concevoir l'espoir d'affranchir sa patrie du joug des Romains. » (Dom Calmet; *Histoire de Lorraine.*)

(8) *Le vaillant Tutor.*] Les succès de Civilis entraînèrent dans son parti, les Trèvois, les Langrois, les Nerviens et les Tongres. Trois seigneurs gaulois, Tutor, Classicus et Sabinus, se rangèrent avec lui. Ayant tenu une assemblée clandestine à Trèves, ils se servirent des soldats mutinés pour débaucher les légions qui aimaient mieux leur obéir qu'à Vespasien ; en conséquence, Classicus fit tuer Vocula par un de ces factieux : après ce coup, il entra dans leur camp avec les ornemens impériaux, et reçut le serment, non pour lui, mais pour l'empire des Gaules. Les légions que Civilis avait, pour la seconde fois, assiégées dans Vétéra, se rendirent aussi, après avoir souffert les dernières extrémités de la famine; il en massacra tous les officiers, hormis quelques-uns qu'il envoya en présent à Velleda, l'oracle de cette guerre. La ville de Cologne obtint avec peine sa grâce, par l'intercession de cette même fée; mais tous les camps des Romains qui étaient sur cette frontière furent démolis à la réserve de Mayence et de Vindisch. (Mézerai ; *Histoire de France avant Clovis* ; livre 2.)

(9) *La scène du monde.*] « Les généraux du cruel Vitellius commirent de si grandes cruautés dans les Gaules, qu'ils réveillèrent encore l'audace de cette nation valeureuse, et fournirent à l'illustre Civilis un prétexte honorable pour faire reprendre aux Gaulois leur attitude menaçante, dans le même temps que l'in-

cendie du Capitole semblait présager l'entière décadence de l'empire romain. Mais après deux campagnes pleines de faits militaires et d'actions d'éclat, la jalousie divisa les Gaulois et contraignit Civilis à recevoir la paix. » (*Histoire des guerres des Gaulois en Italie*, tome Ier, p. 66.)

(10) *A prédit tes succès.*] « Tacite parle d'une nommée Velleda, druidesse de la nation des Bructères. Elle était vierge, et pour s'attirer un plus grand respect, elle demeurait invisible à ceux qui venaient la consulter; elle demeurait sur le haut d'une tour. Un de ses parens lui proposait ce qu'on désirait savoir d'elle, et rapportait ses réponses, comme les oracles d'une divinité.

» Elle eut beaucoup de part à la guerre que les Bataves joints à ceux de Trèves et aux peuples d'outre-Rhin, firent aux Romains au commencement du règne de Vespasien. On la rendait arbitre des plus importantes affaires ; elle prédit même la défaite des légions romaines, et les généraux lui faisaient part de ce qu'ils avaient pris sur l'ennemi. » (*Religion des Gaulois*, Dom Martin; tome II.)

(11) *Que cet honneur est réservé.*] « Ambigat, roi des Celtes, était contemporain de Tarquin l'Ancien. Il régnait sur la même étendue de pays qui compose aujourd'hui la monarchie française, en y joignant toute la Flandre. Bourges était la capitale de ses États. Son peuple était si nombreux, que les provinces en étaient surchargées. Il fit publier qu'il voulait envoyer Sigovèse et Bellovèse, fils de sa sœur, établir des colonies dans les pays où les dieux et les augures les condui-

raient. Trois cent mille de ses sujets, vers l'an 600 avant Jésus-Christ, suivirent ces jeunes princes. Bellovèse franchit les Alpes et s'établit le long des rives du Pô. Sigovèse traversa la forêt Hercinie, entra dans la Bohème ; il laissa une partie de son armée et alla avec le reste terminer ses courses entre l'Elbe et le Weser sur les bords de l'Océan. Quelques auteurs prétendent que les Semnons dont parle Tacite et qui étaient les plus puissans parmi les Suèves, descendaient de ceux du pays de Sens (Sennonensès), qui avaient suivi Sigovèse : ce sont aujourd'hui les Saxons. » (*Note de Saint-Foix*; tome III, p. 85.)

« La première demeure des Francs était sur les bords et au-delà du Rhin vers Mayence, en s'étendant vers le nord et les embouchures de ce fleuve dans l'Océan, dans la Westphalie, le pays de Hesse et quelques États voisins ; on doute si c'était une nation particulière, ou un amas de différens peuples réunis et ligués ensemble pour conserver leur liberté, car on comprend souvent sous le nom de Francs, les *Sycambres*, les *Saliens*, les *Attuaires*, les *Bructères*, les *Camaves*, les *Chérusques* et les *Cauces*. » (Dom Calmet; *Histoire civile de Lorraine*; liv. 3, p. 124.)

« Un des peuples Germains qui furent déplacés par l'irruption des barbares, fit la conquête des Gaules; c'était les Francs issus des Gaulois que Ségovèse avait conduits dans la forêt noire, et dont une partie s'était établie entre le Mein et l'Elbe. » (*Histoire de la nation française*; Dom Martin ; tome. I, p. 40.)

« Divers témoignages prouvent que les Francs faisaient partie de la nation des *Suèves* et qu'ils habitaient les deux rives de l'Elbe, jusqu'à son embouchure : or les Suèves et les Francs étaient originairement des Gaulois qui étaient venus terminer leurs courses dans cette contrée. Ainsi les Francs, en conquérant les Gaules sur les Romains, ne firent que rentrer dans la patrie de leurs ancêtres. » (St.-Foix ; *Essais sur Paris*; t. II, p. 85.)

(12) *Toutes les délices de Rome.*] « Alexandre Sévère chercha tous les moyens de faire la paix avec les barbares ; il leur envoya des ambassadeurs en offrant de leur fournir toutes les choses dont ils avaient besoin et de leur donner autant d'or qu'ils en pourraient demander. » (*Hérodien* ; liv. 6.)

(13) *Les Légions des empereurs.*] « Quelques tribus des Francs faiblement armées, sans cavalerie, sans machines de guerre, sans discipline, abordent une contrée hérissée de fer, affrontent ses triples murailles et les forteresses que Valentinien fit élever sur les rives du Rhin, pour rompre les courses des barbares ; attaquent des armées composées des Romains, vainqueurs du monde, et des Gaulois, jadis vainqueurs des Romains: mais aussi, qui peut arrêter ceux qui meurent en souriant ; ceux dont les orateurs Eumènes, Nazaire, Libanius, nous ont raconté des choses incroyables, et que Sidonius Apollinaris regardait comme une race supérieure à celle des autres hommes ? » (*Tacite*; *Agathias*, liv. 1 ; *Ammien Marcellin*; Fournel, *Etat de la Gaule au cinquième siècle*, etc. Cités par Marchangy ; *Gaule poétique* ; tome I, p. 143.)

(14) *Sur ses fiers étendards.*] « l'enseigne nationale des Celtes était une épée nue ; celle des premiers Francs, trois fers de lance. » (Saint-Foix ; *Essais sur Paris* ; tome IV, p. 195.)

(15) *L'ombrage sacré d'Arduène.*] « De ces divers ta-

bleaux et de cette similitude dans les mœurs des Gau-
set des Francs, il résulte la conviction que ces derniers en venant des bords du Weser, et en se jetant
sur les champs arrosés par le Rhin et la Moselle, ne
faisaient que revenir sur les terres que leurs ancêtres
avaient cultivées. » (*Histoire des guerres des Gaulois
en Italie* ; tome I, page 70.)

(16) *De ce vaste incendie.*] « Attila entra dans les
Gaules à la tête de deux cent mille combattans. Il conduisit ses soldats au confluent du Necker, et leur fit
passer le Rhin sur d'innombrables bateaux qui couvraient la surface du fleuve. Un grand nombre de villes
furent saccagées. A Reims, l'évêque fut massacré à
l'autel. L'armée des barbares s'avançait au milieu du
carnage et de la désolation. Attila, précédé par le fer
et la flamme, s'annonçait pour être *le fléau de Dieu*;
il détruisit Metz; des bords de la Moselle marcha vers
la rivière d'Yonne, qu'il passa près d'Auxerre, et, d'intelligence avec Sangibanus, roi des Alains, établit dans
cette partie son armée dans la campagne et marcha
sur Orléans. » (*Histoire de la nation française*; page 75.)

« Attila, roi des Huns usait de ces titres dans ses lettres : Attila, fils de Mundizic, issu de la lignée du grand
Nimbrod, natif d'Engade; par la bénignité divine, roi
des Huns, des Goths, des Daniens, la crainte du monde
et le fléau de Dieu. » (*Cosmographie universelle* de Sébastien Munster; folio 1063, impression de 1552.)

(17) *Les champs catalauniques.*] « Dans ce temps, vi-
vait à Paris sainte Geneviève que sa piété, son esprit et
ses mœurs ont rendue célèbre; elle était fille du seigneur
de Nanterre, et se fit connaître principalement lorsque

Attila vint dans les Gaules. On craignait pour la ville de Paris ; la frayeur avait gagné les habitans : ils voulaient transporter toutes leurs richesses. Geneviève assembla les principales dames et blâma hautement cette imprudente résolution. « Nous attirerons, disait-elle,
» l'attention de l'ennemi ; adressons des prières au
» ciel, et reposons-nous sur la Providence du soin de
» nous préserver des barbares. » On suivit le conseil de sainte Geneviève, et Paris ne fut point assiégé. Une autre fois, Childéric attaquait la ville de Paris ; les habitans souffraient la famine : sainte Geneviève, par son courage et son adresse, fit entrer un convoi par la rivière. Le roi Childéric lui-même en conçut de l'admiration pour elle, et lui accorda la grâce de plusieurs personnes condamnées à mort. Elle obtint, sous le règne suivant, de faire bâtir sur la montagne une église qui porta son nom. » (*Histoire de la nation française* ; page 100.)

(18) *Celui de Clotilde.*] « La victoire de Tolbiac assurait le repos des Gaules contre de nouvelles invasions. Clovis revint à Reims jouir de sa gloire. A la prière de Clotilde, saint Remy le disposa à recevoir le baptême. Clovis assembla son armée, et dit aux soldats qu'il allait remplir sa promesse faite sur le champ de bataille, de suivre le culte du Dieu qui les avait rendus victorieux ; les soldats répondirent par des acclamations et manifestèrent le désir d'embrasser la même religion que leur chef : saint Remy voulut rendre cette cérémonie pompeuse et imposante.

» On choisit la veille du jour de Pâques 496. Le peuple remplissait les rues, les places publiques et les avenues du temple. Toute la ville était dans l'ivresse de la joie, de voir entrer dans le sein de l'Église le jeune prince qui venait de remporter une si heureuse et si importante victoire. De riches tapisseries paraient les murailles de l'église, illuminée de toutes parts. Les prêtres, revêtus de leurs habits sacerdotaux, accompagnaient saint Remy, qui paraissait rayonnant de la majesté du Dieu dont il était le ministre. Clovis, suivi de ses guerriers et de tout l'appareil militaire, marchait au milieu des grands de sa cour, couvert des ornemens royaux, et distingué par ses longs cheveux flottans sur ses épaules. Les voûtes du temple retentissaient de chants harmonieux; mille parfums s'exhalaient dans les airs. Saint Remy vit à ses pieds la fierté royale et tout l'éclat dont brillait Clovis; le monarque fléchit devant le ministre des autels. *Humilie-toi, Sycambre*, lui dit saint Remy au moment de verser sur sa tête l'eau du baptême; *brûle désormais les faux dieux que tu adorais, et adore le Dieu dont tu as ravagé les temples.* » (*Histoire de la nation française* ; page 119.)

(19) *Ces jours mémorables.*] « J'arrive à des temps de malheurs et de crimes. Des trahisons, des parjures, des meurtres, des vengeances, des enfans égorgés, des fils révoltés contre leurs pères, des villes détruites de fond en comble ; les habitans transportés en esclavage dans d'autres contrées ; des tortures nouvelles ingénieusement inventées ; la calomnie triomphante ; l'innocence et la vieillesse traînées au supplice ; la guerre civile ; la famine ; la peste ; le ciel armé contre la terre ; tous les fléaux réunis pour accabler les hommes : voilà le tableau de la France après Clovis. » (*Histoire de la nation française;* page 149.)

(20) *Du grand Charles.*] Cependant, quelques sei-

gneurs et quelques évêques ayant reconnu que les Français commençaient à être touchés de pitié pour leur ancien empereur, et appréhendant d'être sévèrement punis s'il remontait sur le trône, s'avisèrent de l'en exclure entièrement en le dégradant et le condamnant à se mettre en pénitence publique. Ebbon, archevêque de Reims, son frère de lait et son compagnon d'école, fut le principal auteur et promoteur de ce conseil.

» La forme de cette dégradation fut telle : les évêques lui ayant remontré ses fautes, il envoya quérir son fils Lothaire, et, en leur présence, se réconcilia avec lui. Après, on le conduisit dans l'ég'ise de Saint-Mard de Soissons, où, prosterné sur une haire devant l'autel, il confessa qu'il avait été cause de grands maux et troubles dans la France ; et, les évêques l'ayant exhorté de dire publiquement ses crimes, il les déclara selon l'écrit qu'ils lui en avaient donné, puis il présenta ce papier aux évêques qui le posèrent sur l'autel; ensuite, ils lui détachèrent sa ceinture militaire, ils le dépouillèrent de ses habits séculiers et le revêtirent de celui de pénitent qu'on ne pouvait jamais quitter lorsqu'on l'avait pris. » (Mézerai; *Abrégé chronologique de l'Histoire de France*; tome I, page 334.)

(21) *Autour des chénes.*] « Quand on fit le procès à la Pucelle d'Orléans, les docteurs lui demandèrent pour première question *si elle n'avait pas connaissance de ceux qui allaient au sabbat avec les fées, ou si elle n'avait pas assisté aux assemblées tenues à la fontaine des fées proche Domprein et autour de laquelle dansent les malins esprits.*

» Le journal de Paris, sous Charles VI et Charles VII, prétend qu'elle avoua qu'à l'âge de dix-sept ans elle allait souvent malgré son père et sa mère, *à une belle fontaine au pays de Lorraine, laquelle elle nommait bonne fontaine aux fées notre seigneur.* » (*Note des Fabliaux* recueillis par M. Legrand-d'Aussy, tome I, page 76.)

« On voyait des curieux gravir la montagne à laquelle Domremy est adossé, pour voir où était jadis *l'arbre des dames, des fées, le beau mai*; d'autres visitaient *la fontaine aux rameaux*, si renommée du temps de Jeanne. Il était amusant d'écouter les conversations des bons villageois. Sans elle, disaient-ils, nous ne serions pourtant pas Français, mais esclaves des Anglais : elle valait plus que tous les gros d'alors, puisqu'elle a fait seule ce qu'ils ne pouvaient tous ensemble. » (*Narrateur de la Meuse, le 15 septembre 1820.*)

(22) *La rage de ses bourreaux.*] Je ne donne pas ici de détails historiques sur l'auguste fille à qui la France dut sa liberté ; le nom de Jeanne d'Arc, célébré par des lyres harmonieuses, est devenu populaire ; les honneurs que lui décerne aujourd'hui la patrie rajeunit sa gloire et la rend plus éclatante. Si la foi sainte qui jadis animait cette femme magnanime ne trouve plus parmi nous d'imitateurs, au moins pouvons-nous dire avec un noble orgueil : « De nos jours celle qui sauva la patrie du joug de l'étranger n'eût pas trouvé parmi nous un traître pour la vendre et des bourreaux pour la brûler ; elle eût trouvé dans chaque Français un vengeur, et, au pied de ce trône qu'elle défendit, la gloire et les honneurs qu'il rend aujourd'hui à sa mémoire. »

(23) *Qui la vit naître.*] Un tardif, mais éclatant hom-

mage, vient d'être offert au souvenir de cette femme célèbre à qui l'antiquité eût élevé des autels; à l'exemple des anciens qui consacraient des monumens d'utilité aux héros bienfaiteurs de la patrie, c'est par des monumens de bienfaisance qu'on honore le berceau de Jeanne d'Arc : une fontaine publique supportant l'image révérée de la vierge lorraine, une école gratuite d'enseignement mutuel pour de jeunes filles, établie dans la simple demeure où elle reçut la vie, tel est l'hommage à la fois touchant et glorieux rendu à l'héroïne nationale.

Le 10 septembre 1820, une fête destinée à célébrer l'inauguration de ces monumens, réunit dans les prairies de Domremi toute la population de ces contrées et les députations de plusieurs villes. Celle d'Orléans, en rappelant un souvenir glorieux, donnait encore quelque chose de plus solennel à cette fête civique. Après les discours d'usage, les chants, les danses, les festins et les jeux commencèrent, et d'unanimes acclamations portèrent jusqu'aux nues le nom et la gloire de Jeanne d'Arc.

Tous les journaux ont rendu un compte assez fidèle de cette solennité. Je ne répéterai pas leurs récits ; je rapporterai seulement un fait que je n'ai lu que dans *le Narrateur de la Meuse*. Ce fait est d'autant plus intéressant qu'il consigne un primitif hommage rendu par des braves à celle qui jadis, après de cruels revers, ramena sous nos drapeaux la victoire fugitive. La première légion de la Manche, passant à Domremi avant la fête, désira contempler les nobles traits de l'illustre guerrière et rendre hommage à sa mémoire. Le buste a été découvert à ses regards ; alors, les tambours ont battu au champ, le corps a présenté les armes, et les drapeaux se sont inclinés devant l'héroïne; la musique a joué des airs nationaux. Les habitans, dont les yeux étaient pleins de larmes d'attendrissement, se sont jetés au cou des militaires. Le colonel de la légion a remis au directeur des travaux une plaque en cuivre sur laquelle on lit :

A Jeanne d'Arc.
La Ire légion de la Manche.
Le 6 septembre 1820.

« Cette plaque a été placée au-dessous de la statue érigée sur le pont de la Meuse. » (*Extrait du Narrateur de la Meuse*, le 15 septembre 1820.)

LIVRE DOUZIÈME.

La Résolution; — Le Départ; — L'Adieu.

Après la disparution des déesses du destin, d'autres prodiges attendaient le héros. Il voit devant lui la belle Ardoïna, qui, avec un divin sourire, lui présente Idoïne; *Sulmina* l'accompagne. La fée d'Arduène porte dans ses mains le bouclier d'azur aux abeilles d'or et le glaive rompu du Sycambre. « Fils de Marcomir, dit la déesse, reçois de mes mains et ton épouse et les marques glorieuses de ta naissance. Les fées des Gaules te dérobèrent jadis aux tendres soins de ton père. Il fallait que ton enfance s'écoulât au sein de ta patrie primitive, afin d'y puiser l'amour des tiens, et d'obtenir celui d'une Gauloise, libre encore du joug des Romains. Les destinées sont accomplies ; le sang des oppresseurs a coulé ; l'épée du Sycambre est sortie du fourreau. Elle commence, continua-t-elle avec un accent prophétique et les yeux élevés vers le ciel, elle commence la lutte terrible qui ne doit finir qu'à la chute de l'empire de Rome [1]. Une première victoire est le présage des triomphes que les siècles doivent amener. Ainsi l'on voit un fleuve dont la source inconnue serpente, faible, silencieuse, entre les côteaux déserts, grossi dans sa course par les eaux des plaines et des montagnes, parcourir, majestueux, cent contrées diverses ; illustrer les empires et les cités qu'il arrose, et porter enfin à la mer des ondes fameuses et un nom révéré. O peuple magnanime ! semblable à l'oiseau merveilleux qui renaît de ses cendres, ta gloire est immortelle ! — Jeune héros, ajoute Ardoïna en s'adressant à Théodemir, Marcomir, instruit par nos révélations, attend son fils. Hâte-toi, fuis la terre de l'oppression, arrache ton peuple à l'esclavage : ainsi l'ont ordonné les dieux ! Conservez dans vos cœurs le sentiment d'une fière indépendance, jusqu'au jour marqué où tous les enfans de la Gaule rentreront dans le sein de la mère-patrie ! »

La déesse a dit : plaçant la main d'Idoïne dans celle du héros, elle les unit, tandis que Sulmina dépose à leurs pieds les armes du Sycambre.

Théodemir ne peut en croire ses sens ; il touche avec respect ces insignes sacrés ; et dans un muet ravissement, il porte un regard enivré sur Idoïne. Les pleurs de joie qui coulent sur les joues de la vierge, lui attestent qu'il n'est pas le jouet d'un songe. Il presse contre son cœur sa jeune épouse, et tombant avec elle aux pieds de la fée d'Arduène: « O déesse ! s'écrie-t-il enfin avec une pieuse exaltation, tes ordres me sont sacrés, je les exécuterai, et tes bontés ne sortiront jamais de mon souvenir !

Dans ce moment un épais nuage obscurcit le disque de l'astre des nuits ; et quand ses doux rayons éclairèrent de nouveau la contrée, le noble couple ne vit plus près de lui que la vénérable druidesse : Ardoïna, à la faveur des ombres, s'était dérobée à leurs yeux.

L'heureux Théodemir soutenant la tremblante Idoïne, se hâte de rentrer dans le camp, et Sulmina les suit.

La lueur d'un immense bûcher éclaire l'enceinte où le conseil est assemblé. Les chefs attendent l'arrivée de leur roi ; son absence leur causait quelque inquiétude ; mais bientôt Théodemir paraît et leur présente la fille de Diciomar. A cette vue, les guerriers font éclater leurs joyeux transports ; le héros commande leur attention, et leur parle en ces termes : « Compagnons de ma gloire, voilà la fille de votre roi ; une divinité bienfaisante vient de la remettre en mes mains et me confie son bonheur. O vous qui m'avez accordé les mêmes droits sur votre sort, guerriers, vieillards, peuple généreux, écoutez ce que les dieux m'ont révélé :

» Vous avez combattu vaillamment ; mais nos ennemis sont innombrables ; leurs légions couvrent la Gaule entière. Pour réparer l'affront que nous leur avons fait subir, ils précipiteront leurs cohortes dans cette contrée, naguère si paisible. Nous comptions sur l'alliance de nos frères : vain espoir ! Subjugués par le tyran, ils s'uniront à lui pour nous anéantir.

» Déjà la ville consacrée aux déesses-mères, oubliant son antique et sainte origine, Divodure a reçu les Romains dans ses murs. Elle s'honore de leur être soumise, et ses vierges travaillent jour et nuit pour teindre et tisser les laines destinées aux vêtemens des vainqueurs [3].

» Trèves exerce et dresse pour eux ses coursiers rapides [4]; les habiles ouvriers de l'ancienne Bibracte [a] polissent leurs brillantes cuirasses ; la cité de Durocortum [b] forge

---

[a] Autun.
[b] Reims.

leurs épées ; Samarabriva [a] enrichit d'or leurs boucliers échancrés, et la belle Argentoréum [b], assise au bord du Rhin, garde leurs vastes arsenaux [5]. Toutes les cités des Gaules quittent leurs vénérables noms pour porter celui d'un empereur. Enfin, opprobre éternel! les peuples avilis se font honneur d'oublier la langue de la patrie, pour apprendre celle de l'odieux étranger [6]. L'ennemi emploie tour à tour contre nous la ruse, l'audace, la force et la séduction : encore un peu de temps, et tout ce qui nous reste de sacré nous sera ravi sans retour. Le pouvoir et la richesse de nos druides excitent l'envie de Rome : elle est impatiente de s'en emparer et de faire régner ses préteurs à la place de nos rois [7]. Un seul frein la retient encore : la crainte de la puissance mystérieuse de nos prêtres. Mais, en attendant, cette dominatrice des nations déverse le mépris et la rail-

---

[a] Amiens.
[b] Strasbourg.

lerie sur nos divinités; et son Panthéon, ouvert aux dieux de toute la terre, reste fermé pour ceux de la Gaule [8].

» Plus d'une fois les Cimbres et les farouches Teutons ravagèrent nos contrées; mais moins cruels que les Romains, ils nous laissèrent nos lois, nos dieux et notre indépendance. Que veulent les soldats de Rome, fils dégénérés du dieu des batailles? Jaloux d'une liberté qu'ils croient digne d'eux seuls, ils prétendent nous imposer une éternelle servitude. C'est dans ce but que leurs légions parcourent la terre; et si vous ignorez ce qui se passe dans le reste du monde, jetez les yeux sur cette Gaule narbonnaise que, par leurs séductions, ils ont détachée du faisceau de la grande alliance; voyez-la asservie aux haches des licteurs, privée de ses droits, de ses coutumes, et réduite à ignorer si elle est gauloise ou romaine. O mes compatriotes! subirez-vous tant d'infamie? Non! écoutez ce que m'inspire l'intérêt de notre nation, son bonheur, sa gloire peut-être? Quittons ces lieux près d'être subjugués ; transportons dans les forêts des Sycambres nos enfans, nos armes et notre plus cher trésor, la liberté ! Chassée du reste de l'univers par les soldats d'un peuple corrompu, cette sainte déesse s'est réfugiée au-delà du Rhin : c'est là que, dans l'enceinte des vallons sauvages, elle a pour compagnes et pour gardiennes la pauvreté, l'innocence, la frugalité, la pudeur [10]. Joignons notre fierté, notre courage à tant de vertus ! fuyons la honte de l'esclavage ! un peuple généreux donna jadis ce grand exemple. Les fils de Massalius, désespérant de briser le joug imposé par leurs vainqueurs, résolurent d'abandonner la terre natale et de se créer une patrie au-delà des mers. Ils emportèrent leurs pénates et leurs arts; ils dirent adieu au doux pays de la Grèce [11], et nos côtes hospitalières leur offrirent un asile. Imitons de si beaux modèles, les dieux souriront à nos efforts : terre ne peut nous manquer pour y vivre ou pour y mourir [12]. Vous avez juré au vénérable

Diciomar de vivre libres ; guerriers, vous tiendrez vos sermens ! »

Les Gaulois applaudissent au discours de Théodemir, et témoignent leur adhésion par de bruyantes clameurs.

Les envoyés romains sont introduits : gardés jusqu'alors hors de l'enceinte, ils n'ont pu entendre que les acclamations guerrières. Les compagnons de Valérius portent la parole, et proposent, au nom du peuple-roi, une alliance avec les habitans d'Arduène. Ils s'attachent à faire ressortir les avantages qui peuvent résulter pour ces derniers, d'une union fondée sur la valeur et la bonne foi; ils leur offrent pour exemple le sort des Gaules narbonnaise et celtique. Leur discours insidieux serait persuasif pour une nation moins jalouse de ses droits ; mais il est sans charme pour les agrestes habitans des forêts.

Théodemir, qui a lu dans les regards de l'assemblée, laisse parler l'orateur sans l'interrompre. Dès qu'il a cessé, le héros, avec la fierté d'un Sycambre et toute la majesté d'un roi des Gaules, lui adresse ces paroles :

« Retourne, guerrier, vers celui qui t'envoie, et dis-lui : Les Gaulois victorieux baissent la pointe de leur épée ; ils ne frapperont point tes cohortes que le dieu des combats avait livrées à leurs mains; mais ils abhorrent toute alliance avec l'oppresseur de la patrie : leur front superbe ne saurait supporter le joug. Les vrais enfans de la Gaule préfèrent l'exil à la honte, la mort à l'infamie. Libres encore, ils abandonnent la terre souillée par l'esclavage, et vont chercher ailleurs l'indépendance et la liberté.

» Que les passages nous soient ouverts jusqu'au Rhin : voilà nos seules conditions. »

« Je les accepte, magnanime Théodemir, s'écrie tout-à-coup Valérius, touché de cette grandeur d'ame ; j'ai voulu voir par moi-même celui dont la valeur a résisté à nos armes. Je suis Valérius, je le dis sans crainte : la noblesse de vos sentimens m'est un garant de ma sûreté au milieu de vous !

« Que ton noble dessein s'accomplisse; les ordres les plus précis vont être donnés pour t'ouvrir la route et protéger ta marche jusqu'au fleuve. Rome perd en vous un ennemi aussi généreux que redoutable. Il lui eût été plus doux de vous conquérir par ses bienfaits; mais les dieux, qui disposent de toutes choses, t'ont sans doute inspiré cette résolution; qu'elle soit exécutée selon tes désirs. » Il dit, et se retire vers les siens, en admirant la noble contenance des Gaulois.

Cependant la nuit s'écoule dans des soins divers; les guerriers se séparent et portent les ordres du monarque. Les uns s'occupent à rassembler les armes et les chars; les autres, dispersés dans les environs, amènent les troupeaux, douce richesse des enfans d'Arduëne. Le vigilant Théodemir est partout; il envoie dans la cité chercher les vieillards, les enfans et les esclaves restés pour garder les cabanes. Tout le Pagus est averti de la résolution prise par les chefs de la nation, et les préparatifs qu'ont faits les habitans, dans l'incertitude des événemens, leur permettent de se rendre avec promptitude aux ordres du roi.

A peine l'aurore rougissait l'horizon, que tout le peuple est rassemblé : les chars, les coursiers, les bagages, sont prêts au départ; les conducteurs, vêtus de sayes azurées, tiennent en main les fouets retentissans dont la poignée est ornée de franges de cuir [13] : Théodemir et Idoïne, debout sur une éminence, contemplent cette scène, d'un œil attendri. Les anciens de la nation et le cortège sacré des ministres de la religion, entourent les jeunes souverains. Chaque guerrier est armé; chaque mère retient près d'elle ses nombreux enfans; les jeunes Gauloises relèvent leur longue chevelure, et la ceignent encore une fois des fleurs de la terre natale.

Soudain, le peuple inspiré par leur exemple, coupe avec respect des branches de chêne et se forme des couronnes de leur feuillage sacré. A cette vue, le doux instinct de la patrie parle violemment à leurs cœurs émus; un gémissement éclate parmi les vierges ; les vieillards contemplent la terre avec tristesse; elle ne pressera pas leurs os, ils mourront sous un ciel étranger!

Idoïne tourne ses yeux en pleurs sur la contrée où repose son père; elle étend ses bras vers la vallée des morts, et un cri déchirant s'échappe de son sein : « O cendres de nos ayeux! dit-elle avec un long sanglot, faut-il vous laisser seules, à la merci de nos persécuteurs? Peut-être, pour ravir l'or et l'airain qui vous entourent [14], un vil esclave osera violer votre asile sacré; peut-être le pied d'un insolent vainqueur dispersera-t-il vos nobles poussières, et, troublant la paix de vos tombes révérées, fera-t-il rouler ses chars et paître ses coursiers dans cette vallée que la piété vous avait consacrée! ...... Mais non, chères et saintes reliques, continue Idoïne animée du plus pur enthousiasme; vous nous suivrez dans la terre de l'hospitalité! vos ombres vénérées accompagneront nos pas, et sous les chênes de la nouvelle patrie vous recevrez un culte héréditaire et les hommages de nos fils!...

O femmes, suivez-moi, s'écrie la pieuse orpheline; vierges des Gaules, oubliez le soin de vos parures! que vos mains innocentes, chargées de ces augustes dépouilles, dédaignent tout autre trésor; et que nos tyrans, nous voyant traverser leurs cohortes, frémissent à la vue de ces trophées de la mort, arrachés à leur impiété. »

A cet accent filial, à ces regards inspirés, toutes les femmes s'élancent et se rendent en foule au vallon où sommeillent les pères de la nation. Idoïne et son époux les accompagnent; les prêtres les suivent. Là, pour la première fois, leurs mains saintement sacrilèges, ouvrent les tertres consacrés; ils en retirent les urnes qui conservent au milieu des parfums, les cendres et les ossemens des ancêtres. La fille de Diciomar reçoit des eubages le vase funéraire qui depuis peu de jours reposait dans la tombe royale. Elle l'arrose de religieuses larmes; et l'entourant de son voile, elle le presse avec respect contre son sein. Déjà son ame généreuse reprend courage; il semble que ces vénérables restes, enlevés à la profanation, aient rompu les derniers liens qui l'attachaient à la contrée où elle reçut la vie!

« O Théodemir! dit-elle à son époux, de ce moment je suis digne de toi. Tu seras ma patrie, je te consacre mes jours, et tous deux nous ferons le bonheur de ce peuple, partout où la volonté des dieux nous conduira. »

Ces paroles, prononcées avec exaltation par la vierge naguère si timide, sont recueillies par la multitude. Elle écoute avec ravissement sa jeune souveraine, dont le courage et les sentimens lui promettent un si doux avenir; et Théodemir, en la pressant sur son cœur, remercie secrètement les dieux de tant de félicité.

Bientôt un char, attelé de blancs taureaux, s'arrête au pied de la colline; les roues, le timon et le joug de l'attelage sont recouverts de lames brillantes qui, par un art que le divin Volcanus [15] enseigna aux seuls Gaulois, ont pris au feu l'apparence et la solidité de l'argent le plus pur [16]. Ce char, couvert de molles fourrures, est décoré de guirlandes : les enseignes conquises sur l'ennemi l'ombragent, et lui prêtent leur parure étrangère. Il est destiné à la fille des rois; Idoïne y monte, tenant l'urne paternelle entre ses bras. Les vierges, le front ceint de fleurs, portant ainsi qu'elle les cendres sacrées, entourent le char; les mères, les enfans, doux espoir de la nation, les bardes et les vieillards, forment le saint cortége; et les guerriers, couronnés de feuillages, suivent en chantant des hymnes : on dirait les pompes religieuses d'un peuple libre, célébrant au sein de la paix les solennités de ses dieux domestiques.

Cependant, le jeune monarque a pris place aux côtés de la belle Idoïne; la fidèle Sulmina est à leurs pieds : c'est ainsi que ces heureux époux, suivis de leur noble escorte, s'avancent vers les régions qui doivent servir d'asile à un peuple trop fier pour reconnaître un maître [17].

En montant sur le char, Théodemir a donné le signal du départ. Un cri prolongé perce les nues; liberté! patrie! ces mots sacrés font retentir les forêts. La marche commence.

Les bardes ont accordé leurs harpes; leur grave et touchante harmonie soutient la voix des vierges, des guerriers, des chasseurs et des vieillards, qui, tour à tour, adressent leurs adieux à la patrie.

CHANT DE L'ADIEU.

CHOEUR DES VIERGES.

« Adieu, séjour de notre enfance, lieux fortunés témoins de nos plaisirs. »

« Nous ne parcourerons plus vos frais bocages, vallons silencieux où paissaient nos nombreux troupeaux. Un autre peuple foulera les bruyères pourprées qui tant de fois s'enlacèrent à nos tresses flottantes. »

« Champs paternels! les vierges d'Arduène vous disent un long adieu! Pour toujours, adieu! adieu! »

Des bruits belliqueux étouffent ces tendres plaintes; ils accompagnent le chant des guerriers.

CHŒUR DES HÉROS.

« Plutôt mourir que d'être esclaves ! Qui possède ses armes n'a rien perdu. D'autres forêts couvrent la terre, et le soleil, roi des cieux, leur prête sa lumière et sa chaleur féconde. Le glaive des héros sait ouvrir tous les chemins ; c'est lui qui tracera l'enceinte de la cité nouvelle, et nos lances élèveront le toit des cabanes. »

« Champs paternels ! les guerriers d'Arduène vous disent un long adieu ! Pour toujours, adieu ! adieu ! »

A l'hymne du courage succèdent les naïfs regrets des jeunes chasseurs. Ils n'ont point encore vu la fumée des toits de l'étranger ; la patrie n'a point encore confié la lance à leur main timide, et leur glaive, innocent comme eux, n'a donné la mort qu'aux hôtes des forêts.

CHŒUR DES CHASSEURS.

« Qui nous rendra nos collines boisées qu'habitent les daims et les chevreuils ? La fontaine entourée de lierre et couverte de mousse, où s'étanchait notre soif ardente? Et ces sombres ravines, où, lorsque nous poursuivions le cerf aux pieds légers et la biche tremblante, le riant Cernunos nous apparaissait à travers les ombrages et fuyait en secouant ses colliers d'or? »

« O forêts paternelles! les chasseurs d'Arduène vous disent un long adieu! Pour toujours, adieu! adieu! »

Les vieillards, qu'un antique amour attache au sol natal, se dévouent aux destins, et laissent parler leur douleur.

CHOEUR DES VIEILLARDS.

« Fuyant les oppresseurs et l'esclavage, nous vous délaissons, terre sacrée qui nous vis naître, cité édifiée par nos mains, champs fertilisés de nos sueurs; et vous aussi, divinités propices qui faites votre demeure dans le creux des chênes et dans les grottes de la montagne. Tout un peuple porte à la terre étrangère son espérance et ses vœux.... »

« Champs paternels! les vieillards d'Arduène vous disent un long adieu! Pour toujours, adieu! adieu! »

Ici le monarque, inspiré par le souvenir des visions de la nuit, élève la voix, et ses mâles accens, dominant la mélodie, font entendre cette strophe prophétique qui termine l'hymne des adieux.

THÉODEMIR.

« Mais les dieux l'ont juré, et leurs promesses ne seront point vaines! Dans les vallons de la nouvelle patrie, le Peuple-Vengeur croîtra en silence ; et ses flots nombreux, pareils à ceux de la mer [18], inonderont un jour ces contrées. Oui, les fils de nos fils sauront laver nos affronts : précédés de la victoire, ils rentreront triomphans dans la terre natale [19]. »

« Noble tige des héros, accomplissez vos destinées. »

« Champs paternels! recevez de nous un long adieu, mais non pas pour toujours! Adieu! adieu! »

Ces chants, à la fois belliqueux et mélancoliques, éveillent dans leurs grottes les nymphes endormies : elles élèvent leurs têtes divines au-dessus des ondes; leurs yeux en pleurs suivent la nation fugitive à travers la plaine. En la voyant s'éloigner, elles poussent de mélodieux soupirs qui se mêlent aux sons déjà éloignés des instrumens, et ajoutent à la tristesse solennelle de cet instant. Penchées sur leurs urnes, ces douces divinités écoutent les derniers accens du peuple : cette mélodie lointaine, répétée par les échos des vallées ombreuses et des champs déserts, s'affaiblit et meurt enfin, comme le souffle des vents lorsqu'il se perd dans la profondeur des forêts.

FIN DU DOUZIÈME ET DERNIER LIVRE.

NOTES

DU LIVRE DOUZIÈME.

---

(1) De *l'empire de Rome.*] « Quelques années après qu'Auguste eut rétabli l'ordre dans les Gaules, les Sycambres, peuples d'en-delà du Rhin, ennemis du repos et craignant que cette servitude ne passât jusqu'à eux, commencèrent une longue guerre qui ne finit qu'à la chute de l'empire romain dans l'Occident. » (Mézerai ; *Histoire de France avant Clovis* ; livre 1, page 73.)

(2) *Aux déesses-mères.*] « Les Celtes habituellement occupés de la profession des armes, n'exerçaient ce pénible métier qu'en laissant nécessairement un nombre infini de malades et de blessés, dont la cure était confiée aux femmes, qui commencèrent à étudier les propriétés des plantes médicinales avec un succès qui les rendit recommandables à la république. Quelques-unes y ajoutèrent un peu d'astrologie et se vantèrent d'être en état de prédire l'avenir. Les plus âgées acquirent le talent d'expliquer les songes et s'y distinguèrent d'une façon qui leur mérita les honneurs divins. Tel est, selon les auteurs de Leipsick, le principe des déesses-mères, dont les plus anciens monumens, découverts à Metz,

ont persuadé à un savant moderne que les Médiomatriciens en avaient emprunté leur nom. Cette conjecture est appuyée sur la manière dont l'itinéraire d'Antonin et la carte de Peutinger l'ont ortographié, en ne faisant qu'un mot de *Divoduromédio*, puis ajoutant au-dessous, en commençant par une lettre majuscule, *Matricorum*. » (*Antiquités de Metz* ; p. 60.)

(3) *Aux vétemens des vainqueurs.*] « On lit dans la Notice de l'empire, écrite sur la fin du troisième siècle, que Metz avait non-seulement une fabrique de draps pour les légions romaines, mais aussi un dépôt dans lequel les empereurs faisaient conserver les habits à leur usage, et une partie des ameublemens de la couronne, afin que les affaires les appelant d'une province à l'autre, ils trouvassent sur leur route les choses qui leur étaient nécessaires, sans être obligés de les faire conduire à leur suite; c'est ce qu'ils appelaient *cinègium* ou *geynecium*. On en avait établi dans les quinze principales villes de l'empire, situées sur les voies militaires, et l'on donnait à l'officier qui en avait l'intendance le titre de *procurator geynicii*. Metz était donc l'une des villes les plus considérables de l'empire, puisqu'elle servit de place forte à Julien l'apostat, pour garder les prisonniers et les bagages qui étaient le fruit de ses victoires auprès de Strasbourg. » (*Ammien Marcellin*; liv. 17, chap. 1; *Antiquités de Metz* ; chap. 2, pag. 34.)

(4) *Ses coursiers rapides.*] « Les Tréviriens passaient pour les plus vaillans et les meilleurs cavaliers de toute la Gaule, et ils conservèrent leur liberté jusques sous Vespasien. » (*Histoire ecclésiastique et civile de Lorraine* ; tome I.)

(5) *Leurs vastes arsenaux.*] « Il n'y avait, dans la Gaule, que huit fabriques ou officines d'armes : elles étaient distribuées en sept villes. Chacune de ces fabriques avait son attribution particulière: celle de Mâcon, pour les flèches et javelots ; Autun, pour les cuirasses ; Soissons, les épées et les arbalètes ; Reims, les épées ; Amiens, les épées et les boucliers ; Trèves, deux fabriques, l'une pour les épées et l'autre pour les arbalètes. Il n'y avait que celle de Strasbourg qui eût le droit de faire toute espèce d'armes. » (*État de la Gaule au cinquième siècle*, par M. Fournel ; p. 29.)

(6) *De l'odieux étranger.*] « Les Belges, en quelque sorte devenus Romains, méprisèrent tout ce qui servait à leur rappeler d'une façon humiliante leur férocité primitive. Rome, pour ne rien faire à demi, les engagea à se servir du latin, et se conduisit en cela d'une manière si captieuse, dit saint Augustin, que tout le monde aurait cru qu'elle agissait par un principe d'union, bien qu'elle n'y fût portée qu'en vue d'affermir sa domination. » (*Antiquités de Metz* ; chap. 1, p. 301.)

(7) *A la place de nos rois.*] « Tous reconnaissaient que Rome ne combattait pas comme eux pour la gloire et par amour pour les armes, mais par intérêt, mais pour les asservir, pour changer leurs lois, pour substituer ses préteurs à leurs chefs particuliers, pour lever sur eux des impôts énormes, et pour armer ensuite leurs bras en faveur de sa propre cause. » (*Guerre des Gaulois en Italie* ; tome I, page 65.)

(8) *De la Gaule.*] « C'est sans doute une chose digne de méditation, de voir que les Romains qui, par politique, avaient ouvert leurs temples à tous les

dieux, et dont la ville était le centre de toutes les religions, aient précisément, aussi par politique, anéanti le culte des Gaulois, proscrit leurs rites et leurs cérémonies, et poursuivi le fer à la main les ministres de leurs autels; et de remarquer que, de tous les peuples conquis, nos ancêtres aient été les seuls dont les dieux n'aient pu trouver une place dans le Panthéon.

» La fureur dont étaient animés les Romains contre la religion druidique, fut le prélude de celle qu'ils devaient ressentir bientôt contre la religion évangélique : et les martyrs de la secte expirante couvrirent de leur sang la même terre qui, peu d'années après, devait être rougie encore par celui des propagateurs de la doctrine du Christ.

» Le prétexte d'anéantir un culte qui permettait l'immolation de victimes humaines, accusation dont la vérité ne fut jamais bien prouvée, couvrit le vrai motif de la proscription des druides; leur magique pouvoir devait porter ombrage aux Romains qui voulaient régner sans partage....... Les raisons politiques se couvrant alors, comme dans d'autres temps, du manteau de l'humanité, le sang coula à grands flots dans les Gaules; toutes les classes des prêtres, les druides qui régissaient la nation, les bardes qui chantaient ses exploits et les eubages qui cherchaient l'assurance de ses succès dans les entrailles des victimes, furent enveloppés dans la même condamnation, poursuivis dans leurs retraites, forcés et massacrés dans les sombres forêts que la hache avait respectées jusqu'alors, et qui virent tomber leurs arbres antiques, leurs autels abattus, et leurs simples monumens brisés en éclats. » (*Recherches historiques et archéologi-*

ques sur le département des Basses-Alpes ; pages 27 et 28.)

(9) *Gauloise ou romaine* (p. 400, l. 19).] « Les Cimbres et les Teutons, après avoir ravagé notre pays, l'abandonnèrent et nous laissèrent au moins la liberté. Mais que veulent les Romains? Nous opprimer d'une éternelle servitude. Ils ne font point la guerre à d'autre dessein ; et si vous ignorez ce qui se passe dans les provinces éloignées, jetez les yeux sur la Gaule narbonnaise qui languit depuis tant de temps sous les haches, les faisceaux, privée de ses lois et de ses coutumes. » (*Discours de Critognatus aux Gaulois bloqués dans Alise en Bourgogne, et pour les encourager à la défense de cette place;* Commentaires de César ; liv. 7, p. 245.)

(10) *La frugalité, la pudeur.*] « Jamais peuple n'a été plus jaloux de sa liberté et ne l'a plus long-temps et plus heureusement défendue que les Germains. On peut même dire qu'ayant été chassée de tout l'univers par les Romains, elle s'était réfugiée au-delà du Rhin, où elle avait pour compagnes et pour gardiennes, la pauvreté, l'innocence, la frugalité, la pudeur. C'est dans l'enceinte de ces forêts et de ces marécages, que tantôt attaquée et tantôt faisant de courageuses sorties, elle combattit durant cinq cents ans contre la tyrannie et toute sa suite, je veux dire l'ambition, le luxe, les voluptés, la flatterie, les divisions et tous les moyens dont cette cruelle ennemie du genre humain se sert pour forger des chaînes et des menottes. » (Mézerai ; *Histoire de France avant Clovis* ; p. 57.)

(11) *Au doux pays de la Grèce.*] « Leur liberté mourante vint tomber aux pieds du grand Cyrus; alors

échappant au joug qu'ils ne pouvaient briser, les citoyens de Phocée résolurent de chercher au-delà des mers une patrie indépendante, et firent un salut d'adieu à l'odorante Ionie, second ciel des déités du paganisme. » (Marchangy ; *Gaule poétique*.)

(12) *Ou pour y mourir.*] « Ce fut la réponse que fit, soixante-treize ans plus tard, le chef des Ansivares, peuplade malheureuse, qui chassée par les *Cauces* ses voisins, demandait d'habiter les terres en friche de la Belgique. Leur conducteur se nommait Bojocalus, homme d'une vieillesse vénérable, et d'une grande réputation parmi les siens ; mais qui ne devait pas moins être estimé par les Romains, parce qu'il avait servi sous leurs armes ; aussi leurs chefs ayant écouté ses remontrances, lui offrirent des terres en son particulier ; mais le vieillard les refusa comme le prix d'une trahison, et ajouta ces généreuses paroles : *Terre ne peut nous manquer pour y vivre ou pour y mourir*; après quoi il rompit l'entretien et se retira fort en colère. » (Mézerai ; *Histoire de France avant Clovis*; liv. 2, p. 132.)

(13) *De franges de cuir.*] « Les voituriers étaient vêtus d'une robe courte de toile, et tenaient un fouet dont la poignée était couverte de cuir. » (Lureau; *Histoire de France avant Clovis* ; tome I, p. 40.)

(14) *Qui vous entourent.*] « La vallée qui s'étend depuis Fauçon jusqu'à St.-Paul, département des Basses-Alpes, était connue autrefois sous le nom de *Vallis mutia* ; ce nom lui avait été donné, dit-on, par un chevalier romain qu'on y avait exilé et dont on crut retrouver les ossemens au commencement du

siècle dernier; mais ce squelette, dont le crâne était entouré d'une bande d'airain, semblerait plutôt être celui d'un Gaulois, ainsi que cet ornement l'annonce. » (*Recherches archéologiques sur le département des Basses-Alpes*, par M. Henry; p. 36.)

(15) *Le divin Volcanus.*] « Les Gaulois reconnaissaient la divinité de Vulcain et lui donnaient place parmi leurs autres dieux; son culte était très-ancien dans les Gaules, car, deux cents ans avant Jésus-Christ, les Gaulois ayant déclaré la guerre aux Romains, pour réparer les pertes qu'ils avaient faites en deux différentes guerres, leur roi Viridomarus fit vœu de consacrer à Vulcain toutes les armes des ennemis. » (*Plutarque; Florus*, livre 2, chap. 4.)

(16) *L'argent le plus pur.*] « L'adresse des Gaulois à mettre en œuvre les métaux et à faire des ouvrages curieux et utiles où le secours du feu était nécessaire, leur avait été un motif pressant de prendre Vulcain pour un de leurs dieux, peut-être pour lui référer la gloire de l'invention, car Pline remarque qu'ils avaient les premiers trouvé l'art d'étamer si proprement les vaisseaux de cuivre qu'on ne pouvait guère les discerner des vaisseaux d'argent, et qu'ils avaient porté la perfection de cet art jusqu'à vernisser avec de l'argent les harnois des chevaux et l'attelage des chars.

» C'est aussi de cet art des Gaulois et de cette invention que parle Philostrate quand il dit que les barbares qui habitaient l'Océan enduisaient fort délicatement d'or, d'argent et d'autres couleurs le cuivre sortant rouge du feu, en sorte que tout ne faisait qu'un seul corps solide et un mélange d'émaux excellens. » (*Religion des Gaulois*; tome II, livre 4, page 6.)

(17) *Reconnaître un maître.*] Un peuple victime d'une infâme déloyauté vient, de nos jours, d'offrir à l'Europe ce spectacle attendrissant. Parga, vendue aux Turcs par ses protecteurs, a préféré la pauvreté à la honte, l'exil à l'esclavage ; elle a quitté ses murs antiques, ses moissons florissantes, ses champs d'oliviers, et n'a emporté dans sa fuite que les ossemens de ses pères, les regrets de la patrie et le noble sentiment de son indépendance. Voyez l'*Exposé des faits qui ont précédé et suivi la cession de Parga*; publi. par Amaury Duval.

(18) *Pareils à ceux de la mer.*] « Il y a, sur le Rhin, une nation de Celtes. La nature les a tellement formés pour la guerre, qu'on leur a donné le nom de *Fracti*, qui, dans la langue grecque, exprime cette vigoureuse constitution (forts et puissans), nom que le vulgaire ignorant a changé en celui de *Francs*.

» Lorsque ce peuple combat, il ressemble aux flots de la mer ; quand son premier flot s'est brisé, il en succède un second, puis un troisième, ainsi de suite, jusqu'à ce que le vent soit apaisé.

» C'est ainsi que combattent ceux auxquels nous donnons le nom de *Fracti*. Leur fureur dans l'action est portée à un tel excès, qu'à peine un corps avancé est détruit, qu'il en paraît un autre sous la conduite d'un nouveau chef. » (*État de la Gaule au cinquième siècle*; tome II, page 311.)

(19) *La terre natale.*] « Les savans Spencer, Audigerius, Volateran, Bodin et Trivorius ont soutenu cette identité entre les Gaulois et les Francs, et l'on ne peut se dissimuler combien est poétique ce système aussi

vraisemblable que tout autre. N'éprouve-t-on pas, en effet, un intérêt mêlé de surprise en reconnaissant dans ces Francs intrépides des Gaulois échappés à la servitude et à la corruption où languissaient leurs frères sous les Romains; en voyant cette ancienne portion de la patrie, qui, conservée pure et vierge dans les frimas de la Germanie, est restée dépositaire de l'indépendance et des vertus primitives, rapporter ces trésors à la Gaule asservie et lui rendre les pénates de la liberté qu'elle a sauvés. » (Marchangy; *Gaule poétique*; tome I, page 139.)

« Reconnaissez vos frères à leur haine implacable pour les Romains; reconnaissez en eux ces intrépides compatriotes qui ont porté sur toute la terre la gloire du nom gaulois, les compagnons d'Annibal et de Mithridate, recherchés par les plus puissans princes de l'Asie et de l'Afrique, et souvent l'objet de leur terreur. Honorer la nation *des Francs* c'est vous honorer vous-mêmes: leurs exploits, leurs succès, leur renom vous appartiennent; car la gloire acquise par une colonie devient commune à toute la nation. » (*Justin*; liv. 38, chap. 4. *Josèphe l'historien*; liv. 1, chap. 15. Pausanias, *État de la Gaule au cinquième siècle*; tome II, page 384.)

« Il est assez piquant pour l'amour-propre des Français d'aujourd'hui de retrouver leurs ancêtres dans ces *colonies gauloises* qui ont rempli la terre de leur nom, qui ont saccagé Rome au plus haut degré de sa puissance, et réduit ses fiers habitans à se réfugier sur le haut d'un rocher; qui ont visité Alexandre à Babylone et battu ses successeurs; franchi le défilé des Thermopyles et attaqué Delphes; qui ont été tour à tour l'effroi et l'espoir des princes d'Asie et d'Afrique ; qui ont, à leur gré, donné ou ôté des couronnes, élevé, rétabli ou renversé des trônes, changé des républiques en empires et des empires en républiques.

» Quand on se rappelle que tous ces exploits sont l'ouvrage de ce même peuple qui est aujourd'hui connu sous le nom de peuple français, et lorsqu'on les compare avec les événemens de nos jours, alors on trouve l'explication de ces prodiges d'audace et d'intrépidité qui ont étonné l'Europe, et l'on en conclut seulement que les enfans n'ont pas dégénéré des pères. » (*État de la Gaule au cinquième siècle*, par M. Bouquel, tome II, page 387.)

FIN.

www.ingramcontent.com/pod-product-compliance
Lightning Source LLC
Chambersburg PA
CBHW051826230426
43671CB00008B/852